THE REPORT ON THE FRONTIERS
OF CHINA ECONOMICS RESEARCH

中国经济学研究动态报告

罗润东　等／著

社会科学文献出版社
SOCIAL SCIENCES ACADEMIC PRESS (CHINA)

目　录

CONTENTS

结论篇

前　言

2000 年后，中国经济学领域研究进入新阶段，在关注的问题、研究方法、创新方向等方面表现出一系列新的特征和趋势，亟待从文献研究角度给予解读和刻画，以便为中国经济改革实践和理论研究提供科学依据。本书内容由三部分组成：第一部分为阐述文献计量的相关基础理论和主要分析模型；第二部分为实证研究，分别对理论经济学和应用经济学中的二级学科进行文献计量分析；第三部分为结论，将实证研究结果综合分析，提炼出对 2000 年后中国经济学领域研究文献的特征与趋势判断。

本书研究内容分为二十章。第一章是导论（理论基础和分析路径构建）。其包括研究主题结构形成的机理：知识单元的游离与重组、共词网络中的知识单元重组、从关键词到研究主题的知识重组、核心关键词在研究主题结构中的作用，以及研究主题结构分析的主要路径，即共现矩阵或关联矩阵的构建、研究主题结构的分析路径、可视化图谱的分析路径。第二章是文献计量的分析模型及计量指标，包括（1）分析模型的建构：研究主题结构分析的一般模型、研究主题象限结构的分析模型、可视化分析模型；（2）文献计量指标的选取：余弦指数、新颖度和关注度、频数和中介中心性。第三章是文献计量的主要分析方法和研究框架，包括（1）采用的主要分析方法：共词分析方法、聚类分析方法、战略坐标分析方法、可视化分析法；（2）研究主题的象限结构分析和可视化分析：关键词共现矩阵、研究主题的生成方法、可视化分析软件 CiteSpace 描述。

第四章至第九章对理论经济学进行文献计量分析（包括政治经济学、经济思想史、经济史、西方经济学、世界经济、人口资源与环境经济学 6 个二级学科）。第十章至第十九章对应用经济学进行文献计量分析（包括国民经济学、区域经济学、财政学、金融学、产业经济学、国际贸易学、劳动经济学、统计学、数量经济学、国防经济 10 个二级学科）。第二十章为全书结论，提出了关于中国经济学科研究的脉络特征并对未来趋势做出判断。

本书通过文献计量研究，对比分析中国经济学各分支学科 2000 年以后的发文情况与趋势，依据关注度和新颖度两个核心指标，归纳、提炼各学科的研究热点、研究方向及理论动态。根据文献计量结果，得出我国经济学科研究趋势的基本判断是：第一，2000～2012 年，我国经济学领域研究中，应用经济学的文献成果产出量多于理论经济学。其中在理论经济学中，政治经济学等基础学科发文量总体呈下降趋势；而在应用经济学中，金融学科发文量远高于其他经济学科。第二，2000～2012 年，无论是在理论经济学还是应用经济学领域，各个分支学科的研究热点在"关注度"与"新颖度"中均表现出新的特征转向（详见各章实证研究分析）。第三，2000～2012 年，由于理论经济学与应用经济学两个一级学科之间以及两学科内部的二级学科之间，在研究问题上存在大量学科融合现象，本书从学科交叉角度对高产作者的研究方向、科研机构的优势研究领域做了进一步归类整理，避免了学科划分造成的对研究问题、文献数量的片面描述与理解，便于研究者突破学科划分限制，全方位把握问题，从而易于形成理论研究创新。

本书的文献整理与研究工作量大，历时较长，参加写作的人员包括有关教师以及博士、硕士研究生。罗润东、沈君、李超负责研究框架设计与主体内容部分撰写，沈君撰写理论方法部分相关内容。各经济学科的文献计量分析与写作分工为：政治经济学（徐丹丹、罗润东）、经济思想史（李超）、经济史（撒凯悦）、西方经济学（徐丹丹）、世界经济（撒凯悦）、人口资源与环境经济学（张岩、罗润东）、国民经济学（陈天公）、区域经济学（张岩）、财政学（张哲）、金融学（马中姝）、产业经济学（姜欢）、国际贸易学（李娟）、劳动经济学（沈君、罗润东）、统计学（马中姝）、数量经济学（张哲）、国防经济（李晓晴）。

用文献计量方法对我国经济学科进行大规模的文献计量研究是我们的尝试，其研究方法应用与具体内容分析难免有尚待完善之处，敬请各位同行专家与读者批评指正。

理论方法篇

第一章 导论：理论基础和
分析路径构建

关于知识计量学（Knowmetrics）创建的构想是由大连理工大学刘则渊教授在科学计量学与情报计量学的国际研讨会上提出的。他指出："将科学计量学拓展为'知识计量学'，并与经济计量学结合起来，对知识生产和应用，知识投入和产出，知识存量和流量，知识分配与转移，知识价值和价格等，进行广泛的跨学科的计量研究。"[①] 他对创建知识计量学的研究对象、研究方法做了初步讨论。[②] 2002 年在《关于知识计量学研究的方法论思考》一文中，他将知识计量学定义为："知识计量学是以整个人类知识体系为对象，运用定量分析和计算技术对社会的知识能力和知识的社会关系进行综合研究的一门交叉学科，是正在形成的知识科学中的一门方法性的分支学科。"[③] 从此以后，以知识单元为分析基础的知识计量学，逐渐成为人们分析知识结构的一个新视角。

一　理论基础及相关概念

比较而言，已经发展成熟的文献计量学、科学计量学和信息计量学，与

[①]　刘则渊：《赵红州与中国科学计量学》，《科学学研究》1999 年第 17（4）期，第104～109 页。

[②]　刘则渊、冷云生：《关于创建知识计量学的初步构想》，王战军、蒋国华主编《科研评价与大学评价：第二届科研绩效定量评价国际学术会议暨第六次全国科学计量学与情报计量学年会论文集》，红旗出版社，2001，第 401～405 页。

[③]　刘则渊、刘凤朝：《关于知识计量学研究的方法论思考》，《科学学与科学技术管理》2002年第 23（8）期，第 5～8 页。

知识计量学中的知识单元的计量研究有所不同：知识计量学包含文献计量学、科学计量学的主体部分，知识计量学是信息计量学的主体部分，展示着信息计量学的深化方向。[①] 知识计量学吸取了文献计量学、科学计量学和信息计量学中的研究思路和方法，将之运用于知识单元的微观和宏观的计量分析。

知识计量学的研究具有层次性，可以在纵向与横向、微观与宏观等层面上展开研究。在横向上，知识计量学从理论到应用包括普通知识计量学、知识类别计量学、知识过程计量学、知识产品计量学、知识评价计量学五个基本研究领域。在纵向上，知识计量学包括知识单元、知识链索、知识群落、知识网络、知识体系五个层面。其中通过知识单元、知识链索的微观层面的研究，提取文献、句子、短语和词汇等知识单元，探究学术概念、科学问题、研究专题的生成机理、演进路径，解析知识单元的涌现性、脆性和自组织性等特征；通过知识群落、知识网络等中观层面的研究，通过聚类分析、共被引分析、可视化分析等手段，探究知识领域、基元学科、学科群组的结构、热点问题、前沿方向、演进动力、演进机理等；通过知识体系的宏观层面的研究，运用网络分析、多元动态分析等方法辨识宏观知识结构等。[②] 知识计量学的创建虽然时间不长，理论还尚未成熟，但是在文献计量学和科学计量学的研究范式基础上，已经基本形成一个以知识单元为研究对象的研究范式，具有了相应的理论基础和方法基础。其理论基础与概念体系由以下内容形成支撑：

（一）知识网络理论

贝克曼（M. J. Beckmann）从概念层面把知识网络抽象定义为"知识网络是进行科学知识生产和传播的机构和活动"[③]。科巴斯（K. Kobashi）则认为知识网络是由节点的集合以及节点之间的联系而构成的动态系统。[④] 美国

① 王续琨、侯剑华：《知识计量学的学科定位和研究框架》，《大连理工大学学报》（社会科学版）2008 年第 3 期，第 50 ~ 54 页。

② 王续琨、侯剑华：《知识计量学的学科定位和研究框架》，《大连理工大学学报》（社会科学版）2008 年第 3 期，第 50 ~ 54 页。

③ Beckmann M J, *Economic Models of Knowledge Networks*: *in Networks in Action*, New York: Springer-Verlag Berlin Heidelberg, 1995.

④ 王晰巍：《知识供应链构建模式及运行机制研究》，吉林大学博士学位论文，2006。

国家科学基金会（NSF）认为知识网络是一种社会网络，可以提供知识和信息的利用。由于知识的载体不同，知识流动会形成不同的网络，主要有知识主体之间的网络、人为主体的网络、团队知识网络、知识与知识之间的网络以及多种类型的节点或关系构成的知识网络等。[1] 本书中的知识网络专指知识与知识之间的网络，是由知识单元、知识群落和知识链索构成的网络状知识体系，即以特定领域内的知识单元作为节点，以知识单元之间的关联作为边或者链而构成的网络。[2]

从知识场理论视角来看，知识网络是一个知识场网络，国内学者李喜岷认为，"知识场是建立在知识单元基础上的更高一个层次的知识体系，是科学发展到一定阶段的产物"[3]。知识网络中的知识节点在空间中相互作用构成了知识场，知识单元在场中按照一定规律流动，各个知识节点的知识势能不断变化，随着势能的变化知识节点不断运动，在场中通过知识流动完成知识的继承与创新。

从知识生命周期理论视角来看，知识（尤其是技术知识）和生物体一样具有孕育、成长、成熟和衰退等生命周期：孕育期包括知识的辨识与构思，成长期包括知识的确认与选择，成熟期包括知识的运用与标准化，衰退期包括知识的衰减与转移。

从知识链接理论视角来看，知识网络是知识单元链接网络，凸显了知识单元的独立性、知识单元的链接性和知识结构的完整性。特定领域内的知识链接网络是由该领域内的某一主题的每一知识链接所形成。

从知识地图理论视角来看，知识地图揭示了知识网络的本质和知识的有序性[4]：知识单元是知识有序化的起点，通过对知识单元的研究，将离散的知识单元按照一定的结构规律组合、集成和自适应之后，可以发现和挖掘隐

---

① 刘建国：《复杂网络模型构建及其在知识系统中的应用》，大连理工大学博士学位论文，2006。

② 顾东蕾：《论学科知识网络的理论基础》，《图书情报工作》2009 年第 52（9）期，第 32～35 页。

③ 李喜岷：《论知识场动力学及其定量研究问题》，《科学学与科学技术管理》2002 年第 23（8）期，第 18～20 页。

④ 马大川、马越：《信息有序的理论框架》，《情报理论与实践》2006 年第 29（6）期，第 677～680 页。

含的、未知的和潜在的有用知识；利用数据挖掘、知识发现、人工智能等技术实现知识单元的描述和标引，以及知识节点逻辑关系的揭示；通过揭示知识单元之间的关系，发现以往没有发现的某些知识之间的关系，从而产生新的知识，实现知识创新。①

20 世纪 70 年代，斯莫尔（H. Small）② 和玛莎科娃（I. Marshakova）③ 将共被引分析技术引入科学知识图谱的研究中，1981 年 ISI 出版了开创之作《生物化学和分子生物学的科学地图》；20 世纪 80 年代，共词分析方法也被引进一系列科学知识图谱的研究中。④ 20 世纪 90 年代以来是科学知识图谱研究的繁荣时期，新的分析软件和可视化技术的应用为科学知识图谱的研究提供了新的发展空间和便利条件。⑤

普赖斯较早对科学文献的知识网络进行了研究。他基于加菲尔德（E. Garfield）提出的利用文献之间的引证关系建构科学知识图谱⑥，以及"科学引文索引"数据库，详细研究了科学论文之间的引证与被引证关系，以及由此形成的"科学论文网络"⑦。他指出，在网络图上必有密集分布的小条或小块，如果把它们研究清楚，就可以绘制科学的地形图。随着"科学地形学"的建立，人们就可以指明各类期刊、各个国家、各国科学家和各类科学论文在科学地图上的位置，以及它们之间的相互关系。针对科学文

① 顾东蕾：《论学科知识网络的理论基础》，《图书情报工作》2009 年第 52（9）期，第 32～35 页。

② Small H.，"Co-citation in the Scientific Literature：A New Measure of the Relationship Between Two Documents"，*Journal of the American Society for Information Science*，1973，24（4）：265－269.

③ Marshakova I V.，"System of Connections between Documents Based on References（as the Science Citation Index）"，*Nauchno-Tekhnicheskaya Informatsiya*，*Seriya*，1973，6（2）：3－8.

④ 此类研究例如：Callon M，Courtial J P，Turner W A，et al. "From translations to problematic networks：An Introduction to Co-word Analysis"，*Social Science Information*，1983，22（2）：191－235；Law J，Bauin S，Courtial J P，et al. "Policy and the Mapping of Scientific Change：A Co-word Analysis of Research into Environmental Acidification"，*Scientometrics*，1988，14（3）：251－264。

⑤ Börner K，Chen C，Boyack K W.，"Visualizing Knowledge Domains"，*Annual Review of Information Science and Technology*，2003，37（1）：179－255.

⑥ Garfield E.，"Citation Indexes in Sociological and Historical Research"，*American Documentation*，1963，14（4）：289－291.

⑦ Price D J.，"Networks of Scientific Papers"，*Science*，1965，（149）：510－515.

献形成的网络，英国情报学家布鲁克斯（B. C. Brookes）提出了"认知地图"的概念，认为文献分析应该突破以组织文献为目的，分析文献中的知识内容或情报，发现人类在创造知识过程中的联系和规律，并把知识的结构像地图一样展示出来。布鲁克斯的思想展现了现代科学知识图谱研究的雏形。①

科学知识图谱属于科学计量学范畴，是以知识领域为对象，以知识网络形态展现知识的发展进程与结构关系的一种可视化知识图形与知识谱系。科学知识图谱的研究内容包括科学知识演化过程、科学知识结构、科学知识前沿，可以更好地使人们理解科学知识的结构与发展；并且可以展示知识点、知识类、知识领域之间的相互关联和特征，揭示趋于融合或潜在的学科新领域或前沿；还可以反映知识主体间、知识客体间的知识流动。它具有"可视化的知识图形"和"序列化的知识谱"的双重性质与特征，显示了知识单元或知识群之间结构、互动、交叉、演化或衍生等诸多复杂关系。

但目前的科学知识图谱的研究，多数集中在小的或单一的学科领域②，新的可视化技术可以绘制科学全景图，并能探测新兴学科前沿的发展趋势，众多学者已经做出了尝试，如巴瑟古拉德（E. Bassecoulard）和兹特（M. Zitt）绘制了 32 个学科、141 个专业、2000 种期刊的层级结构网络图③；雷德斯多夫绘制了 5748 种 SCI 期刊及 1682 种 SSCI 期刊的科学网络图④⑤；鲍亚克（W. Boyack）、克拉万斯（R. Klavans）和伯尔纳（K. Borner）绘制了 7121 种期刊的科学网络图⑥，等等。

---

① Brookes B C. The foundations of Information science, *Journal of Information Science*, 1981, 3 (1): 3 - 12.

② Tsay M, Xu H, Wu C. "Journal Co-citation Analysis of Semiconductor Literature", *Scientometrics*, 2003, 57 (1): 7 - 25.

③ Bassecoulard E, Zitt M., "Indicators in a Research Institute: A multi-level Classification of Scientific Journals", *Scientometrics*, 1999, 44 (3): 323 - 345.

④ Leydesdorff L., "Clusters and Maps of Science Journals Based on Bi-connected Graphs in", *Journal of Documentation*, 2004, 60 (4): 371 - 427.

⑤ Leydesdorff L., "Top-down decomposition of the Journal Citation Reportof the Social Science Citation Index: Graph-and factor-analytical approaches", *Scientometrics*, 2004, 60 (2): 159 - 180.

⑥ Boyack K W, Klavans R., "Börner K. Mapping the Backbone of Science", *Scientometrics*, 2005, 64 (3): 351 - 374.

（二）知识流动理论

知识流动，是指知识通过一定的媒介方式将知识内涵的信息内容从知识生产者传递到使用者，使知识进行空间传播、转移的过程。知识流动是知识生产的必要条件，知识网络是知识流动最重要的载体。

在知识与知识之间的网络中，各个节点所代表的知识水平（知识存量）是不同的，从而在节点之间产生了知识势差。在知识流动过程中，知识水平高的节点成为知识源，而知识水平低的节点成为知识的接受者。知识与流体类似，从高水平节点向低水平的节点流动。知识接受者并不表示他一定是知识需求者，其并不会无选择地吸收所有流向自身的知识，而是会根据自身的需要来决定是否吸收流来的知识，以及是否有必要在此基础上进一步知识创新。另外，知识接受者对知识的吸收能力和创新能力受其知识水平的限制。一般来讲，知识水平高的节点，吸收新知识的能力和创新能力都相对较高。该节点在完成知识的吸收和创新后，继续向下一节点传递知识。

在知识流动过程中，一个节点既可以是知识的供给者，也可以是知识的接受者。随着时间的推移，各个节点所拥有的知识水平也在不断地发生变化，在某一时段一个节点是另一个节点的知识需求者，在下一时段很可能这个节点就成为另一节点的知识供给者。随着知识流动，专有知识完成了向公共知识的转化，隐性知识完成了向显性知识的转化，是一个动态变化的过程。[1] 知识进化是一个自然选择、优胜劣汰的过程。知识优势是在知识流动过程中一条知识链相对于另一条知识链所表现出来的优势。知识优势包括：知识存量优势和知识流量优势。知识优势来源于知识链在成员已有知识基础上的知识流动过程中的知识共享和知识创造。

知识基因理论从知识基因遗传与变异的角度研究了知识的创建、增长、演化机制及其规律，认为知识是以知识基因的形式进行流动的。但其理论体系尚不成熟，有待探索。[2]

---

[1] 陶勇、刘思峰、方志耕等：《高校学科建设网络中知识流动效应的测度》，《统计与决策》2007 年第 17 期，第 37 ~ 38 页。

[2] 刘植惠：《知识基因理论的由来、基本内容及发展》，《情报理论与实践》1998 年第 21（2）期，第 71 ~ 76 页。

（三）社会网络理论

社会网络理论（Social-Network Theory）产生于 20 世纪 30 年代，是一种新的社会学研究范式。"社会网络"的概念从心理学、社会计量学、社会学、人类学、数学、统计学、概率论等领域不断深化，形成了一套系统的理论、方法和技术，已经成为一种重要的社会结构研究范式。[1] 英国人类学家拉德克利夫 – 布朗[2]（A. R. Radcliffe – Brown）最早使用"社会网络"的概念，但较成熟的"社会网络"的定义是由威尔曼（B. Wellman）于 1988 年提出的，即"社会网络是由某些个体间的社会关系构成的相对稳定的系统"[3]。

社会网络理论有两大分析要素：关系要素和结构要素。关系要素主要通过社会联结的密度、强度、对称性、规模等来研究行动者之间的社会性关系；结构要素通过研究两个或两个以上的行动者和第三方之间所构成的社会结构，揭示网络参与者在网络中所处的位置。具体包括强弱联结、社会资本、结构洞三大核心理论。

1973 年格兰诺维特[4]（M. S. Granovetter）最先提出联结强度的概念，将联结分为强联结与弱联结两种，强联结和弱联结在知识和信息的传递中发挥着不同的作用。强联结是获取冗余资源的主要通道，弱联结是获取无冗的新知识的重要通道。但是，资源不一定总能在弱联结中获取，强联结往往是个人与外界发生联系的基础与出发点，网络中经常发生的知识流动往往发生于强联结之间。[5]

① 梁永霞：《引文分析学的知识计量研究》，大连理工大学博士学位论文，2009。
② Brown A R R. *Structure and Function in Primitive Society*：*Essays and Addresses*，New York：Free Press，1952.
③ Wellman B，Berkowitz S D，*Social Structures*：*A Network Approach*，Cambridge，England：Cambridge University Press，1988.
④ Granovetter M S.，"The Strength of Weak Ties"，*American Journal of Sociology*，1973，78（6）：1360 – 1380.
⑤ Hansen M T. "The Search-transfer Problem：The Role of Weak Ties in Sharing Knowledge Across Organization Subunits"，*Administrative Science Quarterly*，1999，44（1）：82 – 111.

　　法国社会学家布迪厄[①]（P. Bourdieu）首先提出"社会资本"的概念。科尔曼[②]（J. S. Coleman）认为社会资本指个人所拥有的表现为社会结构资源的资本财产。个人参加的社会团体越多，其社会资本越雄厚；个人的社会网络规模越大、异质性越强，其社会资本越丰富；社会资本越多，摄取资源的能力越强。由于社会资本代表了一个组织或个体的社会关系，因此，在一个网络中，一个组织或个体的社会资本数量决定了其在网络结构中的地位。

　　1992 年，博特[③]（R. S. Burt）提出了"结构洞"概念。无论是个人还是组织，其社会网络均表现为两种形式：一是网络中的任何主体与其他主体都发生联系，不存在关系间断现象，从整个网络来看就是"无洞"结构，这种形式只有在小群体中才会存在。二是社会网络中的某个或某些个体与有些个体发生直接联系，但与其他个体不发生直接联系或关系中断的现象，从网络整体来看好像网络结构中出现了洞穴，因而称作"结构洞"。由于存在结构洞，就为活动于结构空洞中的个体或组织提供了机会，带来了信息，并使资源通过这种新联结而流动，从而增加了社会网络的价值。结构洞的重要性并不与关系的强弱有关，因为在结构洞存在的时候，处于两者联结状态的第三者拥有两种优势：信息优势和控制优势。博特的结构洞观点可以看作格兰诺维特的强弱联结观点的进一步发展、深化与系统化。

　　20 世纪 60 年代，社会网络分析在人类学领域兴起。人类学中主要有三个发展方向：（1）对社会网络概念层面的研究。如内德尔[④]（S. F. Nadel）认为社会不但是一个整体，更是一个由关系与模式构成的网络系统。关系取决于网络行动者相对于其他行动者扮演角色的能力。（2）利用亲缘关系构建小样本代际关系网络。（3）社会人类学家开始用基于网络的解释来说明一系

---

① Bourdieu P. "The Forms of Capital", *Handbook of Theory and Research for the Sociology of Education*, 1986: 241 - 258.

② Coleman J S. "Social Capital in the Creation of Human Capital", *American Journal of Sociology*, 1988, 94（S1）: 95 - 120.

③ Burt R S. *Structural Holes: The Social Structure of Competition*, Boston: Harvard University Press, 1992.

④ Nadel S F, Fortes M, *The Theory of Social Structure*, Cohen & West London, 1957.

列社会现象①，如鲍特②（E. Bott）对英国家庭中夫妻家务分工模式的研究。

20 世纪 70 年代，社会网络的研究重心转移到社会学，侧重于分析网络行动者所处的结构位置及其所扮演的角色③，并迅速扩展到其他领域。④ 结构上等价的个体面临相似的社会环境，对同样的事件会产生相似的反应，如相似的态度和行为。⑤

经过几十年的发展，"社会网络分析已经从初期的小群体研究扩展到社区、社会阶层、社会流动、社会变迁、社会整合与分化、城市社会学、经济社会学、政治社会学、组织社会学、社会工作、科学社会学、人类生态学以及一些边缘性学科如精神健康学、老年学等领域，甚至一些经济学家和心理学家也自觉运用社会网络分析的相关概念和方法研究经济与社会的关系和人与人之间的关系"⑥。

总体上，社会网络分析的发展过程表现出两种不同的研究取向⑦：一是整体网络分析，主要研究群体中不同角色在整体网络中的关系结构和地位，主要概念有簇、桥梁、紧密性、中距性、中心性、明星、联络人、孤立者、结合体、小团体等。二是自我中心网络分析，主要研究个体行为如何受到人际网络的影响，进而研究个体如何通过人际网络结合成社会团体，主要概念有网络的范围、密度、多元性、强弱联系等。

（四）知识计量的相关概念

1. 知识单元

知识，作为人的认识成果和人的活动要素，是人的主观世界对客观世界

---

① White H C. *An Anatomy of Kinship*：*Mathematical Models for Structures of Cumulated Roles*，Prentice-Hall Englewood Cliffs，NJ，1963.

② Bott E.，"Family and Social Network：Roles"，Norms，and External Relationships in Ordinary Urban Families，London：Tavistock Publications，1957.

③ Lorrain F，White H C.，"Structural Equivalence of Individuals in Social Networks"，*Journal of Mathematical Sociology*，1971，1（1）：49 – 80.

④ Burt R S.，*Corporate Profits and Cooptation*：*Networks of market constraints and directorate ties in the American economy*，New York：Academic Press，1983.

⑤ Burt R S.，"Social Contagion and Innovation：Cohesion Versus Structural Equivalence"，*American Journal of Sociology*，1987：1287 – 1335.

⑥ 肖鸿：《试析当代社会网研究的若干进展》，《社会学研究》1999 年第 3 期，第 1～11 页。

⑦ 肖鸿：《试析当代社会网研究的若干进展》，《社会学研究》1999 年第 3 期，第 1～11 页。

的概括和反映，是人类通过实践，在认识世界、改造世界过程中，对自然界、人类社会以及思维方式等规律性经验的认识与总结，也是信息通过人的思维，在大脑中进行重组后变成系统的信息集合。[1]

在科学计量学中，知识单元，也称知识的内容单元，是指在知识管理中用来处理知识的最小的、不可分割的、独立的基本单元。知识单元可以用主题、关键词、知识本体、知识概念等表示。国内学者赵红洲等[2]在《知识单元与指数规律》中将"知识单元"定义为"不再分解的量化科学概念"，并对"知识单元"做了精彩论述："以数学形式存在的科学概念（如物理量、化学量等），可以定义为'知识单元'，如只有用矢量或势场的梯度表示的'力'，才能称'力'为知识单元；量化的科学概念，就变成知识单元，而定性化的知识单元，就退化成科学概念；知识单元就是粒子化了的科学概念，而科学概念又是场化了的知识单元。""任何一种科学创造过程，都是先把结晶的知识单元游离出来，然后再在全新的思维势场上重新结晶的过程。"这种过程不是简单的重复，而是知识单元的游离与重组的过程，在重组中产生全新的知识系统、全新的知识单元；是在知识单元的重组中产生新的知识单元的创生过程，旧知识单元变为新知识单元的过程。

在知识计量学中，知识单元是文献计量和科学计量分析的基础，是可以对关联知识进行独立、自由、有效识别、处理与组合的基本单位。[3] 知识单元有广义和狭义之分，广义的知识单元泛指文献中任何一种相对独立的单元内容和形式，是从文献中游离出来的具有相对独立性的知识信息单元。狭义的知识单元特指不再分解的构成整个知识系统的最基本单元形态。[4] 从知识计量学与知识可视化关系来看："知识单元，是知识领域的基本单位，是知识计量学的核心概念；知识单元一般是以词语、概念、术语来表征的文献内容或信息内容，而且知识单元之间是相互联系的，存在各种复杂关系；在

① 庞杰：《知识流动理论框架下的科学前沿与技术前沿研究——以太阳能电池领域的计量研究为例》，大连理工大学博士学位论文，2011。
② 赵红洲、蒋国华：《知识单元与指数规律》，《科学学与科学技术管理》1984年第1（9）期，第39~41页。
③ 文庭孝：《知识单元的演变及其评价研究》，《图书情报工作》2007年第51（10）期，第72~76页。
④ 徐荣生：《知识单元初论》，《图书馆杂志》2001年第20（7）期，第2~5页。

一定条件下，某个关键的知识单元可能扮演'知识基因'的角色，决定着特定领域知识的进化与突变。基于知识单元的特定知识领域所构成的复杂自组织知识系统，能够在可视化的知识图谱上展示知识的产生、传播和应用，展示知识的基础、中介和前沿，展示知识的结构、演化和重组，展示知识的涌现、断层和变革等。"

知识单元不仅可以直接表述知识的内容，知识单元之间可以通过词频反映其在文献单元或一个领域中的重要程度，通过主题关联识别知识单元之间的学科关系、主题结构、关联程度，通过知识单元的不同组合发现新的知识单元。可以通过文献单元将使用该知识单元的文献单元关联起来，形成各种知识内容之间的内在网络化关联，蕴含着各学科专业交叉渗透的关系特征。因此，基于知识单元的文献计量和科学计量分析主要目的是揭示单篇文献中的知识单元与某领域知识结构的链接关系，识别出知识单元与知识结构链接的普遍规律。不仅要研究知识单元的自身特征，还要研究知识单元之间的相互关系，包括关系网、链式结构等。通过对科学文献或期刊文献中的知识单元进行可视化分析，以文献单元所包含的内容特征及其关系为基础，展示知识结构、知识发现和发展趋势等。

知识单元不同于文献单元，具有独特的属性[①]：①知识单元具有多维性。即每一个知识单元都可以同其他知识单元通过多种多样的形象、属性、关系相连。在固化的知识主题中，仅以知识单元自身的某一种或某几种形象、属性、关系而存在，其余的形象、属性、关系处于潜在状态。当其脱离固定的知识主题，作为独立知识单元而存在时，其所有的形象、属性、关系显现出来，呈现出知识单元的多维性或多向度性。②知识单元具有分合性。即较大容量的知识集合可以分解成较小容量的知识集合，分解成不再分解的知识单元。反过来，不再分解的知识单元可以组合成层次不同的各种容量和属性的知识单元。③知识单元具有重组性。即已有的知识单元按照某种实际的需要，进行创新性的元素重组和结构重组，生成新的知识单元或新的知识单元集合。④知识单元具有再生性。即通过知识单元的分解，促使知识的各种复杂层次结构和组成因素得以活化和激活，更加了解知识单元的构成因素

---

① 徐荣生：《知识单元初论》，《图书馆杂志》2001 年第 20（7）期，第 2~5 页。

和结构方式，根据实际需要对知识单元进行重组，生成具有再生性的新知识。路甬祥曾指出"对已有知识的科学整理与发掘，也可能有新的重大发现与理论创新"，如原子结构理论的建立、元素周期律的发现和 DNA 双螺旋结构模型的提出，等等，都是在已有研究的基础上，进行深入研究所获得的重大发现或理论创新。[①]

2. 知识群落

知识群落，即知识单元的集合，是由具有最紧密关联的一系列知识单元所构成的子簇[②]，常见于聚类分析中。知识群落通常可以看作某一学科领域内的子领域，在某一学科领域内知识群落的数量会随着学科的发展和研究的关注而不断发生变化，也可能会因为研究和关注的程度不同促使已有的知识群落的构成和形态被打破，形成新的、更多的知识群落。在共被引知识网络中，知识群落是由期刊文献或专利所构成，在共词知识网络中，知识群落是由共现的词汇所构成，本书从期刊文献计量的角度来定义知识群落，是指以知识单元表征的关键词的集群或聚类。

3. 知识链索

知识链索，即知识单元的链条，或知识群的链条，是一种知识的关联或链接。依据知识单元之间的链接强度可以分为强链接和弱链接。知识链索既属于对知识网络的结构维度的研究，也属于对知识网络的过程维度的研究。知识网络中知识节点通过知识关联形成知识链索，知识链索是知识网络结构的主要构成，在整体知识网络中，知识链索又是新知识节点产生的具体过程。形成知识链索的关键节点上的知识单元，往往是知识转折点、构成知识群络或知识网络的中介桥梁。

4. 知识网络

知识单元之间的联系。知识网络中的节点代表了知识单元，节点间的连线表示了知识单元间的联系，连线的粗细则表征了知识联系的强度。具体包括有向知识网络和无向知识网络两种形式。

[①] 路甬祥：《规律与启示——从诺贝尔自然科学奖与 20 世纪重大科学成就看科技原始创新的规律》，《西安交通大学学报》（社会科学版）2000 年第 20（4）期，第 3~11 页。

[②] 姜春林、刘则渊、姜照华：《知识群的知识流量计量及其动力学模型》，《科学学与科学技术管理》2010 年第 2 期，第 82~85 页。

二　研究主题结构形成的机理

（一）知识单元的游离与重组

知识同生命一样具有周期性，不断继承、更新和再造，从新知识的产生到衰变为旧知识，经过知识的重组与再造，产生新的知识。基于文献所形成的共词网络，实质是施引文献群对被引文献群知识汇聚的结果，这个过程并不是知识的简单叠加，而是经过消化加工、融合创新，重组产生新知识的过程。

知识单元重组就是知识生产的过程，即"对客观知识中的相关知识单元在结构上进行重新组合使之有序化后形成知识产品的过程"[①]。是知识集合化、知识精炼化、知识整序化的过程。知识单元重组的核心是内容上的重新组合，不仅是文献中知识单元的序化，而且包括知识内部结构的变化、全新知识的产生。

文献群是由若干单篇文献构成的，每篇文献发表的时间是不同的，其中所包含的关键词出现的时间也就有所不同，对于一个关键词而言，如果其共现频次随着时间的变化越来越大，则表明该关键词所代表的研究内容和方向越受到关注，如果其共现频次随着时间的变化出现衰减，则表明该关键词所表征的研究内容和方向已经被边缘化，甚至被淘汰。关键词共现关系的首次形成时间表征了知识重组的开始。在某一研究领域的整个时段中，如果共现关系出现的时间越接近早期开始研究的时间，则表明知识单元的重组时间较早，如果共现关系出现的时间越接近于当前，则表明知识单元的重组时间较晚，后一种情况一般发生在知识单元的差异性较大、不同领域的术语通用等情况下，通过知识单元的交叉与融合产生新的研究内容和方向。

在共词知识网络中，知识群落和知识链索是基于知识单元衍生出来的两个基本概念，也是知识网络中不可缺少的构成要素。知识群落是知识单元的集合，在共词知识网络中，知识群落一般是以知识单元表征的关键词的聚类或集群，也可以是若干聚类的叠加和组合。知识链索用来表示知识单元或知

---

① 于鸣镝：《知识重组随想（之二）》，《图书馆学刊》2004 年第 26（3）期，第 1～2 页。

识群落之间的链接关系。

在知识的继承与创新的过程中，文献作为学术研究成果的知识载体有着不可替代的作用。研发人员在具体的研发过程中，总是基于现有的文献或成果，从事新的学术研究。因此，知识单元的关联关系是文献之间形成知识关联的最典型方式之一，充分体现了知识单元的累积性、继承性和更新性，也展示了知识单元之间的离散、交叉与聚合或重组过程。

共词知识网络体现了知识单元的重组与再造过程，知识单元重组就是将现有的旧知识重组生成新的知识单元。在科学领域，知识单元重组把知识单元生成新思想、新概念、新技术和新产品等。知识单元重组不是简单的1＋1＝2，不单纯是形式上的重新组合，还有内容上的融合。知识单元的重组如同物质单元一样，从科学文献中分解出更小的知识单元，分解过程中构成了知识结构的演变规律，依据结构规律进行知识重组，就可以生成新的知识（或研究主题），该过程的实质就是知识单元的游离与重组（见图1-1）。

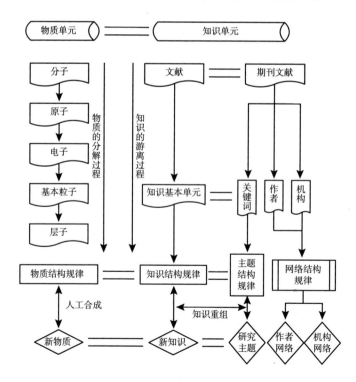

图1-1 知识单元的游离与重组

（二）共词网络中的知识单元重组

共词网络是由关键词之间的共现关系所构成的表达科学知识领域结构的客观知识网络（见图 1－2）。共词知识网络的提出源于布鲁克斯的认知地图①、知识领域绘图和共词分析。共词分析方法的完善、共词矩阵的生成、分析指标的改进等为分析学科领域的知识结构提供了理论基础。共词分析是由法国的卡龙（M. Callon）和克泰尔（J. P. Courtial）等引入情报学领域的。② 认为该方法不仅可以描绘特定学科领域的知识结构，还能结合时间序列揭示学科结构的演变。刘则渊和尹丽春③、王晓光④、伯纳尔⑤和昂央查（E. Onyancha）⑥ 等都通过关键词共现关系分析了特定学科领域的知识结构。

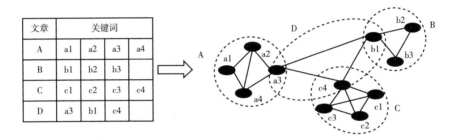

图 1－2　共词网络中的知识单元的游离与重组*

* 王晓光：《科学知识网络的形成与演化（Ⅰ）：共词网络方法的提出》，《情报学报》2009 年第 28（4）期，第 599～605 页。

---

① Brookes B C. , "The foundations of Information science", *Journal of Information Science*, 1981, 3（1）：3－12.

② Callon M, Courtial J P, Turner W A, et al. , "From Translations to Problematic Networks：An Introduction to Co-word Analysis," *Social Science Information*, 1983, 22（2）：191－235.

③ 刘则渊、尹丽春：《国际科学学主题共词网络的可视化研究》，《情报学报》2006 年第 25（5）期，第 634～640 页。

④ 王晓光：《基于社会网络的知识转移研究》，武汉大学博士学位论文，2007。

⑤ Mane K K, Börner K. , "Mapping Topics and Topic Bursts in PNAS", *Proceedings of the National Academy of Sciences of the United States of America*, 2004, 101（1）：5287－5290.

⑥ Onyancha O B, Ocholla D N. Is HIV/AIDS in Africa distinct? What Can We Learn From an Analysis of the Literature? *Scientometrics*, 2009, 79（2）：277－296.

在共词知识网络中，关键词间的关联强度并非完全一致。两个词在不同的文献中共现的次数越多，它们之间的关联强度就越大。根据主题词的受控性与规范性，主题词是文献研究主题的浓缩，如果两篇文献有两个以上的主题词相同，则表明这两篇文献在研究主题上相同或相近；反之，如果两篇文献的研究主题越接近，则相同的主题词就越多。如果一对主题词在文献集中的更多文献中共现，则表明这对主题词被关注的程度较高，属于该研究领域的一个主要研究内容和方向。如果这对主题词的年度词频不断攀升，则表明其代表的研究内容和方向是该领域未来的研究趋势。

关键词的共词知识网络也是一种复杂网络。当文献数据足够庞大时，关键词之间的共现关系非常复杂，两个或多个关键词之间的共现关系是通过关键词之间的连线来表征的，连线的粗细表征两个或多个关键词之间的共现频次的多寡，共现频次越多，表明具有共现关系的关键词之间具有高度的知识相似性或关联性。当一定数量的文献数据中的关键词之间建立了共现关系，关键词的共词知识网络也就随之形成，此时的关键词不仅是一个单纯的词汇，而且是与其他关键词一起表现出知识网络的整体特性，以及自身在知识网络中的个体属性和关系属性。

在由大量的关键词所构成的共词知识网络中，具有共现关系的关键词会依据知识的相似性或关联性，通过聚类重组为知识群落。此时由关键词组成的知识网络就浓缩成知识群落的知识网络，连线的粗细表征两个或多个知识群落之间关联关系的强弱。通过对知识重组过程的分析，可以展示知识发展过程中的知识基础、知识结构、新知识的产生和知识结构变迁。从而根据知识的继承性，在前人知识积累的基础上，吸收继承了与自身研究最相关、最有价值的知识，进行新的研究和探索。根据知识的变异性，结合研发经验进行知识创造，创立与前人不同的新理论、新方法和新成果。

（三）从关键词到研究主题的知识重组

共词知识网络的知识单元重组机制促进了新知识的产生与再造，实现了知识的发展与变迁，同时也体现了知识重组的系统性、复杂性和自组织性等特征。当共词知识网络的知识单元重组使新的知识达到一定累积量时，一个新的研究内容和方向便应运而生，新的知识网络结构便得以形成。

知识网络结构的概念最早是由波普尔提出的，认为客观知识世界类似于动物创造的蛛网、蜂窝等，是客观的，这种客观知识的结构类似于蛛网或蜂窝，是一种网状结构。[①] 在波普尔提出的客观知识的网状结构、卡龙等提出了共词分析方法的基础上，国内外专家学者开始应用共词分析方法和共词知识图谱来分析某学科领域的知识结构。但目前的研究只是从词与词之间的共现关系，运用聚类分析方法来揭示知识结构，而很少从知识群与知识群之间关联关系的视角来揭示知识结构特征。

在关键词之间形成的共词知识网络中，根据聚类分析方法，将从文献中游离出来的知识单元，按照一定的原则和方法重组成类群，每个类群代表一个研究主题，类群之间关系就形成了研究主题的知识网络。因此，在知识网络视角的研究主题结构分析中：首先，需要从期刊文献数据中提取出关键词，共现频次高的关键词将是知识重组的主要对象，关键词重组后，将会研究主题表征研究内容和方向。其次，在共词知识网络中，那些共现频次较高的关键词属于受关注程度较高的研究内容，会在共词知识网络中以其为核心形成汇聚效应，从而形成若干研究主题之间的关联关系，这些研究主题之间的关联就形成了研究主题知识网络结构。通过对研究主题知识网络中的核心研究主题的识别和分析，可以揭示所研究的学科领域的研究主题结构，以及研究主题在知识网络结构中的位置和地位。

一般来说，科学知识网络结构是由一定时期内的大量科学文献来体现的，即从文献中把知识单元游离出来，加以重组而形成新的知识群。其重组过程包括两个方面。

第一，科学文献集合中包含着大量游离的知识单元，而这些知识单元之间并不都是相互关联的，只有那些常常同时出现在同一篇文献中的知识单元之间才有关联性。从文献集合中将知识单元游离出来，运用共词聚类分析方法，将相互关联比较紧密的知识单元重组在一起形成知识群。在知识群中共现强度大的词对是知识群的核心主题词；这些重要节点在知识网络中起着重

① Popper K. R.：《客观的知识：一个进化论的研究》，舒炜光、卓如飞、周柏乔、曾聪明译，上海译文出版社，1987。

要作用。而那些共现频次低以及与其他词汇没有形成共现关系的词汇，仍然保持着游离状态。但并不表示这些词汇在该科学领域中的价值一定低，只是在目前的研究中，还没有与其他词汇形成共现关系。一旦共现关系形成，则可能意味着新的研究内容和方向的产生。

第二，在以核心主题词为核心通过共现强度而形成的共词知识网络中，具有知识关联和知识相似的词汇聚集一起形成共词聚类，由共词聚类之间的关联性构成知识网络。在聚类内部具有关联性或相似性的知识单元之间形成链接，在知识群之间会因为知识单元之间的链接形成诸多链接。知识群中的知识单元来自文献集合中的某篇文献，若集中在几篇文献中，则意味着这些文献之间具有知识关联性或知识相似性。通过选择相应的知识群的度量指标，来具体描述每个知识群在知识网络中的属性特征。因此，在文献集合中的一些有创见的科学文献中，既包含着对已有知识单元的继承与吸收，也包含着对知识单元游离与重组的结果，在重组中产生新的知识单元、形成新的知识网络。知识单元的学科差异性越大，知识单元重组的创造性越大，研究内容和方向越新。

（四）核心关键词在研究主题结构中的作用

在共词知识网络中，研究主题之间既有区别也有联系。一般来说，研究主题内部的链接数量或强度都要高于研究主题之间的链接数量或强度，而且研究主题内部的关键词之间都可以直接或间接形成链接。研究主题的起始词对研究主题内部的知识链接起着重要作用，因为研究主题是按照与共现强度最大的起始词中的一个具有较强的共现关系而形成的。在研究主题之间，会通过研究主题内的关键词与其他研究主题内的关键词形成链接，形成链接的这些关键词使两个研究主题之间建立了知识上的关联关系，但可能会因为研究主题之间的链接较多，使得两个研究主题之间的链接纷繁复杂，为了更清晰地描述研究主题之间的主要链接，可以确定在知识网络中的核心关键词，用来揭示知识单元在知识群内部和知识群之间的重要作用。

在知识群内部，研究主题的起始词与其他关键词具有较强的链接。因此，这些作为研究主题起始词的关键词在其所在的主题内部起着核心中介作用，与其他关键词共同构成一个研究方向。若核心关键词的作用发生改变，甚至将其移除，将会导致该研究主题内部无法形成全连通网络，关键词重新回到游离状态。

在研究主题之间，核心关键词促进跨主题间的知识重组。研究主题之间的关键节点是链接两个研究主题的主要通道或桥梁，表明两个独立发展的研究主题之间的关联关系。随着两个研究主题之间的链接数量和链接强度的提高，就会以核心关键词为链接，两个研究主题中的关键词被重组，两个研究主题之间发生交叉与融合，形成与原研究主题既有关联又不完全相同的新研究主题。这意味着学科学术研究领域中研究主题有了新的发展变化，同时关键词的重组也会导致研究主题结构发生改变。这种研究主题的交叉融合常常会发生在学科学术研究的实践过程中。

三　研究主题结构分析的主要路径

在研究主题结构分析模型的理论框架、形成研究主题结构的知识单元重组机理基础上，运用共词聚类分析、战略坐标分析、可视化分析等方法，对共现矩阵或关联矩阵和关键节点进行定量与定性分析，揭示一定时期内某一学科学术研究领域的研究主题的静态结构和动态变化。不同类型的共现矩阵或关联矩阵，其表征不同层次或不同知识单元的关联关系，因而研究主题结构分析的路径也有所不同。

（一）共现矩阵或关联矩阵的构建

本书的研究基础是共现矩阵或关联矩阵，因此，构建不同的共现矩阵或关联矩阵是本书的一个重要环节，直接影响分析结果和结论的合理性。

共现矩阵或关联矩阵是知识网络的一种特殊表示形式，在矩阵中蕴含着知识之间的各种关联关系。由于分析层次和研究对象的选取不同，因此需要构建不同的共现矩阵或关联矩阵。虽然本书分析的重点是研究主题结构，但是需要首先构建形成研究主题的基本知识单元——关键词的共现矩阵，这是本书分析中最基础的共现矩阵。研究主题的生成、结构分析都是基于关键词共现矩阵进行的深入研究，它主要涉及以下方面：

①在研究主题象限结构的分析中，需要从关键词共现矩阵中分离出每一研究主题内部的关键词间的共现矩阵，用于计算该研究主题的新颖度和关注度指标数值。

②在研究关键词共现知识网络的分析中，需要基于关键词的共现矩阵，计算出关键词之间的余弦指数值，绘制关键词共现知识网络图谱，识别中介中心性较高的关键词和共现频数较高的关键词。

③在研究高产作者共现知识网络的分析中，需要基于作者的共现矩阵，计算出作者之间的余弦指数值，绘制高产作者共现知识网络图谱，识别中介中心性较高的作者和共现频数较高的作者。

④在研究高产科研机构共现知识网络的分析中，需要基于科研机构的共现矩阵，计算出科研机构之间的余弦指数值，绘制高产科研机构共现知识网络图谱，识别中介中心性较高的科研机构和共现频数较高的科研机构。

（二）研究主题结构的分析路径

在本书中，我们通过共词分析来展示研究主题象限结构，其中并不是以关键词为知识网络节点，而是以由关键词所构成的研究主题为知识网络节点，从位置关系上来揭示研究主题的象限结构特征及其动态变化。

分别计算研究主题的关注度和新颖度，运用战略坐标分析静态展示研究主题的象限结构，即核心研究主题、次要研究主题、边缘研究主题和基础（或独立）研究主题在战略坐标中的象限分布。在静态结构分析的基础上，动态展示整个时段研究主题的象限结构变化。通过研究主题战略坐标的静态和动态分析，从位置维度揭示研究主题的象限结构及变化。

（三）可视化图谱的分析路径

本书主要是通过可视化分析方法来展示某一学科的学术研究现状，通常选择关键词、作者、机构等作为节点来研究，我们运用美国德克塞尔大学的陈超美教授研发的 CiteSpace 可视化软件，输入某一学科的文献数据，分别生成每一学科的关键词、作者、机构的知识网络图谱。我们具体按照国务院学位委员会和教育部《授予博士、硕士学位和培养研究生的学科、专业目录》（1997 年）的专业目录，涵盖了理论经济学 6 个学科、应用经济学 10 个学科进行可视化分析。各学科的专业解读按照检索的数据结果和软件运行结果相结合进行，主要参考指标有频数、中介中心性、被引频次等。

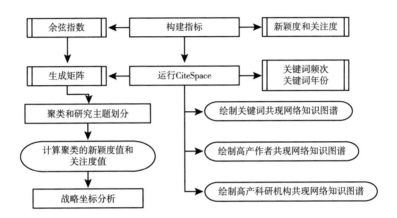

图 1-3 研究主题象限结构和可视化分析路径

第二章　文献计量的分析模型
及计量指标

　　期刊文献在科学知识发展和学术研究中具有极其重要的作用，它不单是科学知识研究成果的载体，还能为科研人员提供方向性参考信息。它既能表征期刊文献的研究内容和方向，同时也展示了知识单元之间的关联关系。从知识网络视角对经济学领域研究主题的象限结构、关键词共现知识网络、高产作者共现知识网络和高产科研机构共现知识网络进行可视化分析。关键词是在期刊文献的标题和摘要中提取的知识单元，它们是知识单元的重要载体，也是将隐性知识显性化的主要途径。我们从知识网络视角对经济学研究主题的象限结构、关键词的共现知识图谱、高产作者的共现知识图谱、高产科研机构的共现知识图谱进行分析与解读，本章对计量分析模型进行建构和指标选取予以说明。

一　分析模型的建构

（一）研究主题结构分析的一般模型

　　CNKI 中国期刊全文数据库是目前世界上最大的连续动态更新的中国期刊全文数据库，收录国内 8200 多种重要期刊，以学术、技术、政策指导、高等科普及教育类为主，同时收录部分基础教育、大众科普、大众文化和文艺作品类刊物，内容覆盖自然科学、工程技术、农业、哲学、医学、人文社会科学等各个领域，全文文献总量 2200 多万篇。期刊文献是科学知识单元的主要载体，其详尽的分类特征、广泛的数据来源、时间上的承接等特征，表明借助期刊文献来研究一个学科领域的研究主题的相关问题，目前最具客观性和可靠性，能够真实展示研究主题的结构特征及其变化。

经济学领域 16 个学科的文献数据的来源为 CNKI 中国期刊全文数据库，根据各个学科研究文献的多少，可以选择全部期刊或者核心期刊。为了保证各学科获得的文献数据客观合理，基本能够反映这一学科的学术研究的内容，对 16 个学科的数据检索式的设计进行了比较，基本遵循中图分类号、主题相结合的检索原则，检索下载获得数据后，人工去除会议通知、本刊记者发文、卷首语、会议介绍、信息公布等非学术论文，最后形成可分析数据。

综合运用共词分析方法、战略坐标分析法和可视化分析法，采用定量与定性相结合的研究方法，构建研究主题结构的理论框架和分析模型，从某一学科领域期刊文献的标题和摘要中抽取关键词，运用战略坐标分析方法展示研究主题的象限结构，运用可视化分析方法展示研究领域的关键词共现知识网络、高产作者的共现知识网络和高产科研机构的共现知识网络。因此，知识网络视角的研究主题结构和可视化分析需要着重解决以下 3 个问题。

1. 研究主题名称的生成

本书选用余弦指数作为计量指标，在关键词共现矩阵中，利用 MAX 函数找出余弦指数值最大的一对关键词，聚类的其他成员的选取要遵循至少和该对关键词中的一个有共现关系的原则。这对余弦指数值最大的关键词确定为该聚类的中心主题词，来表征该聚类的研究内容和方向，此聚类即为一个研究主题，其他研究主题的生成均采用同样的方法。

2. 时间区间的划分

为了展示研究主题的动态变化，需要对整个研究时段进行时间区间划分。由于期刊文献的时间在数据库中都是采用刊登时间标引的，即如果某年一个领域的刊发文献数量增加，则反映了该领域的学术研究成果增多，如果某时段的刊发文献较多，则反映此时段该领域的学术研究比较集中。为了增加各时段的可比性，同时也要降低划分时段的随意性和主观性，按照期刊文献数据的统计年份为标准来划分时段，本书主要研究 2000 年至 2012 年的学术研究现状，因此共划分为 13 个时段进行分析比较。

3. 关键节点的确定

在进行可视化分析时，需要确定关键节点。在关键词的共现知识网络的可视化分析中，将频次、中介中心性、余弦指数等指标综合考虑，再按照阈值的范围，来确定关键词节点。高产作者、高产科研机构的节点确定基本相同，不再赘述。

研究主题是有生命的、不断发展变化的，本书在前人研究的基础上，利用共词聚类分析、战略坐标分析和可视化分析，研究期刊文献的研究主题，展示研究主题的象限结构、可视化知识网络图谱。其分析模型可以由图2－1来描述。

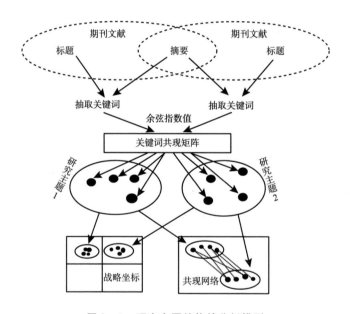

图 2 － 1　研究主题结构的分析模型

（二）研究主题象限结构的分析模型

基于战略坐标的共词分析，是将已有的关键词共现矩阵，运用聚类分析方法进行聚类划分，以二维的数对为坐标轴，将坐标平面分为四个象限，在二维的平面坐标图上直观展示研究主题的象限结构。处于不同象限的研究主题的含义依据二维数对的衡量指标具有不同的含义。共词网络中的节点是从某一领域的科学文献或期刊文献中提取出来的，节点的共现频次表征节点的大小，节点之间的连线粗细表征节点之间的相关度强弱。由节点和连线所形成的共现网络表征了该领域的主要研究内容及相互关系。在共现网络中的节点之间根据相关性汇聚成一个个聚类，每个聚类的主题表征该研究领域的研究内容和方向。因此，基于战略坐标的共词分析是将某研究领域的主题以可视化的方式直观展示出来，按照二维数对的指标含义，分析某一学术研究领域的研究主题的结构及其变化。

本书在共词聚类分析的基础上，基于关键词的共现矩阵，采用新颖度和关注度指标，展示中国经济学科学术研究领域在整个时段（2000～2012）的研究主题象限结构。同时基于研究主题的不同象限分布，依据新颖度和关注度指标的含义分析比较研究主题的象限结构及其变化，揭示研究主题的形成、分化、成熟和消亡过程。由于研究主题的发展变化比较复杂，本书仅对战略坐标的四个象限中具有明显变化特征的研究主题的形成、分化和消亡进行比较分析，其他研究主题暂不列入分析的范围。研究主题象限结构的分析框架，如图2-2所示。

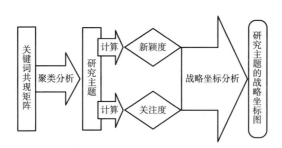

图2-2　研究主题象限结构的分析框架

（三）可视化分析模型

本书主要选择关键词、作者、机构作为可视化的节点，运用余弦指数的数值大小来显示节点之间的连线的粗细，运用CiteSpace先后生成关键词知识图谱、作者知识图谱、机构知识图谱。

在关键词知识图谱中，通过关键词的频数或中介中心性的高低来显示节

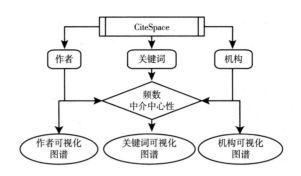

图 2 - 3　可视化分析模型框架

点的大小，节点间的共现关系通过节点间的连线来展示。节点的年份构成通过不同的颜色形成的年轮来显示。节点越大，表示该节点共现的频数或中介中心性越大。

在作者知识图谱中，由作者的频数和作者间的连线数组成，节点的年份构成通过不同的颜色形成的年轮来显示，分别代表在不同年份发表的论文数量。节点越大，表示该节点发表的论文数量越多；作者之间的连线表示作者之间的合作关系，连线数表示合作的次数，次数越多，连线越粗。

在机构知识图谱中，由机构的频数和机构间的连线数组成，节点的年份构成通过不同的颜色形成的年轮来显示，分别代表该机构在不同年份发表的论文数量。节点越大，表示该科研机构发表的论文数量越多；机构之间的连线表示科研机构之间的合作关系，连线数表示合作的次数，次数越多，连线越粗。

二　文献计量指标的选取

（一）余弦指数

余弦指数是用来测度共被引网络或共词网络中，文献之间的共被引关系和强度，或关键词之间的共现关系和强度的重要指标。其计算公式一般表示为：

$$Cosine = \frac{F(A,B)}{\sqrt{F(A)F(B)}} \qquad (2-1)$$

式（2-1）中，$F(A)$ 表示文献 A 在给定文献集合中出现的次数，$F(B)$ 表示文献 B 在给定文献集合中出现的次数，$F(A，B)$ 表示文献 A、B 共同出现的次数。该指数的取值范围在 0 至 1 之间，值越大，表明知识单元间的共现强度越高；值越低，表明知识单元间的共现强度越弱；若值为 0，则表示两个知识单元之间不存在共现关系。在知识网络图谱中，通过连线的粗细来表征知识单元间的共现强度，连线越粗，共现强度越强；若两个点之间没有连线，则表明两个知识单元间没有共现关系。

余弦指数主要表示给定的一对关键词在期刊文献集合中共现的概率，是在关键词共现的频次基础上计算出来的重要指标，与其他计量指标相比，余弦指数能在一定程度上降低采用共现频次来评价关键词间链接强度的局限性，能够客观地揭示关键词间的链接强度，余弦指数既考虑了频繁使用的关键词，也考虑了不经常使用的关键词，允许重要的关键词与最不重要的关键词进行链接。

（二）新颖度和关注度[①]

1. 新颖度

根据关键词共现的时间，计算每个聚类的平均共现时间，以此反映该聚类科学研究主题的平均年龄，再计算每个科学研究主题的平均年龄与全部共现关键词的平均共现年龄的离均差，称为"新颖度"。值有正负之分，若值为正数，表明研发的时间比较晚；若值为负数，表明研发的时间较早。

若设共现的关键词有 N 个，形成 K 个聚类，每个聚类中有 M 个关键词，用 Y 代表出现的年份，则"新颖度"的公式为：

$$ND_i = \frac{1}{M}\sum_{j=1}^{m} Y_{ij} - \frac{1}{N}\sum_{g=1}^{n} Y_g，(i = 1,2,\cdots K) \qquad (2-2)$$

式（2-2）中，ND_i 代表第 i 个聚类的研究主题的新颖度，$\frac{1}{M}\sum_{j=1}^{m} Y_{ij}$ 为第 i 个聚类的 M 个关键词的共现年度平均值，$\frac{1}{N}\sum_{g=1}^{n} Y_g$ 为 N 个共现关键词的共

---

① 沈君、王续琨、高继平等：《技术坐标视角下的主题分析：以第三代移动通信技术为例》，《情报学报》2012 年第 6 期。

现年度平均值。

2. 关注度

根据各关键词的共现频次，计算每个聚类科学研究主题的平均共现频次，再计算每个科学研究主题的平均共现频次与全部共现关键词的平均共现频次的离均差，以此反映该聚类的受关注程度，称为"关注度"。值有正负之分，若值为正数，表明该研究主题的研发受关注程度较高；若值为负数，则表明该研究主题的研究受关注程度较低。

若设共现的关键词有 N 个，形成 K 个聚类，每个聚类中有 M 个关键词，用 F 代表共现频次，则"关注度"的公式为：

$$C_i = \frac{1}{M}\sum_{j=1}^{m} F_{ij} - \frac{1}{N}\sum_{g=1}^{n} F_g, (i = 1, 2, \cdots K) \qquad (2-3)$$

式中，C_i 代表第 i 个聚类的研究主题的关注度，$\frac{1}{M}\sum_{j=1}^{m} F_{ij}$ 为第 i 个聚类的 M 个关键词共现频次的平均值，$\frac{1}{N}\sum_{g=1}^{n} F_g$ 为 N 个共现关键词的共现频次平均值。

（三）频数和中介中心性

1. 频数（Freq）

"频数"也称"次数"，是文献计量分析的指标之一，它是指不同节点类型（Node Types）在某一领域的分析数据中出现的次数，研究者可以通过统计某种节点类型的频数的高低来计量分析某领域的研究现状。国内外的诸多科学计量学研究者应用频数进行了文献计量分析，如 Robert 等人对加拿大 NRC 确定的 79 个纳米技术关键词进行频数分析；国内学者梁立明对 56 位国际著名情报学家的论著题目进行频数分析；马费成等运用频数分析了国内外知识管理的研究热点；高继平与丁堃以 SCI - E 数据库中的专利文献为分析对象，采用被引频次和词的激增系数相结合的方法预测了专利研究的热点。鉴于手工代码所表征的主题是该领域的关键技术专利，运用可视化软件和文献计量分析法对手工代码的频数进行计量分析。

2. 中介中心性（Centrality）

中介中心性是社会网络分析的主要指标之一，是由 Freeman 提出用于测量网络中个体地位的计量指标。国内外学者将其应用于文献计量分析中，如 Leydesdorff 将中介中心性作为测量学术期刊的指标来研究学术期刊；陈超美将中介中心性作为测量科学计量单元的计量指标；林德明等研究了共被引网络中介中心性的分布规律。中介中心性是测量网络节点在网络图谱中对资源控制程度的一个中心性指标，主要衡量各节点在特定的网络图谱中的作用。节点 k 的中介中心性就是网络图谱中所有的最短路径中经过 k 的数量，公式可表示为：

$$B_k = \sum_{k \in |i,j|} \frac{C_k(i,j)}{C(i,j)} = \sum_{k \in |i,j|} B_k(i,j) \qquad (2-4)$$

在共现网络中，如果一个节点的中介中心性越高，表明该节点在网络图谱中的最短路径上出现的次数越多，其他节点与其建立共现关系的可能性越大，该节点在网络图谱中的影响力和重要程度也就越大。

第三章　文献计量的主要分析
方法和研究框架

　　传统文献计量的主要方法包括共词分析、聚类分析等，将战略坐标分析和共词聚类分析结合在一起来进行文献计量的研究较少。本书在共词聚类分析的基础上，应用战略坐标的图示法来展示研究现状及热点，具体运用以下几种方法：共词分析方法、聚类分析方法、战略坐标分析方法和可视化分析法等。在此基础上，我们运用 CiteSpace 可视化分析软件分别进行关键词、高产作者、高产科研机构的可视化分析，并生成可视化知识网络图谱，展示关键词的共现知识网络、高产作者的共现知识网络、高产科研机构的共现知识网络，据此实现对各个图谱进行可视化解读。本研究将改变以往单一依赖资深学者主观比较型文献综述的研究方法，该研究方法分析出来的结论和观点科学性增强，能够比较客观地展示一个学科的研究现状和研究热点，从而发现新的研究主题或视角。

一　主要分析方法

　　本书使用的文献计量的主要分析方法涉及共词分析方法、聚类分析方法、战略坐标分析方法和可视化分析法。

（一）共词分析方法

　　共词分析法和共引分析法，是文献计量学和科学计量学中的两种共现分析方法，都是基于文献数据进行的文献内容分析法。两种方法均可以通过文献数据来研究学科知识结构、研究热点、研究前沿、学科评价、知识流动、学科演进和学科范式等，但共词分析法和共引分析法在应用上存在区别：共引分析多用于研究成熟学科的研究范式或学科结构等，而共词分析多用于研究新学科、新领域的研究范式或成熟学科的研究热点等。

共词分析方法主要包括词频分析、聚类分析、关联分析及突发词分析等。该方法主要是通过统计关键词对或主题词对两两在同一文献中的共现频次，并对其进行聚类分析。通过共词网络内节点之间的远近来反映高频或低频关键词或主题词之间的亲疏关系，形成由这些关键词对或主题词对所组成的共词网络，通过软件的使用绘制出知识网络图谱，直观展示关键词或主题词之间的关联性，以及这些关键词或主题词所代表的学科结构演变。

共词分析方法通常用高频词聚类来分析过去和现在学科领域的热点，通过低频词聚类预测未来的学科研究热点，还可利用共词分析的可视化技术横向和纵向分析学科或领域的发展过程、特点以及领域或学科之间的关系，又可以反映某个专业的科学研究水平及其静态和动态结构，评价领域内研究成果投入和产出的关系。同时引入了包容指数、临近指数、等值系数等指数，通过计算公式计算出相应指数值，并用知识地图等可视化手段直观地展示学科结构、研究前沿和发展演进趋势等。

采用共词分析方法所得出的分析结果是在一定的假设前提下成立的：根据主题词的受控性与规范性，关键词或主题词是文献研究主题的浓缩，如果两篇文献有两个以上的关键词或主题词相同，则表明这两篇文献在研究主题上相同或相近；反之，如果两篇文献的研究主题越接近，则相同的关键词或主题词就越多。如果一对关键词或主题词在文献集中的更多文献中共现，则表明这对关键词或主题词被关注的程度较高，属于该研究领域的一个主要研究内容和方向。如果这对关键词或主题词的年度词频不断攀升，则表明其所代表的研究内容和方向是该领域未来的研究趋势。如果一对关键词或主题词在文献集中不存在共现关系，则表明这对关键词或主题词所表征的研究内容和方向属于该研究领域的空白。因此，共词分析法主要根据的是由关键词或主题词共现关系所构成的共现网络，关键词或主题词的"位置"和"词频"来揭示关键词或主题词之间的联系，并运用聚类分析形成若干聚类，表示该领域的若干研究内容和方向。

（二）聚类分析方法

聚类分析法是根据一个领域的"知识单元"的共现强度，将"知识单元"按照聚类的一定原则和算法聚集成类，运用科学计量指标进行分析。但传统的共词聚类分析法存在一定的不足，我们在分析中对共词聚类分析进行了补充和完善，在一定程度上克服了不足。

（1）本书的期刊文献数据来源于中国期刊全文数据库（CNKI），共词分析以"关键词"为知识单元，运用美国德雷克塞尔大学研发的 CiteSpace 软件的取词功能，把词从期刊文献的标题和摘要中抽取出来。这就避免了关键词标引的随意性所引起的"标引者效应"。但在抽词前需要对软件的运行进行合理的设置，如"Matrix"设置为"ON"等。同时需要对期刊文献数据进行一系列规范化处理，如同词不同写法等，这在一定程度上增加了由 Citespace 抽取关键词的科学性和客观性。

（2）在实证研究中我们借鉴并运用卡龙的共词聚类分析原则和方法，弥补了按照词间距离最短的传统聚类没有中心主题词的不足。按照主题词的受控性和规范性，聚类内部的所有主题词是因为紧密链接而聚在一起的，它们代表着一个领域的某个研究内容和方向，其中应该有少数的几个主题词能够代表聚类的研究内容和方向，这几个主题词就应该是该聚类的中心主题词。依据卡龙的聚类分析原则，选用余弦指数指标的数值作为标准，在关键词的共现矩阵中，利用 MAX 函数找出共现矩阵中余弦指数值最大的一对关键词，该对关键词即为第一个聚类的中心主题词，其代表该聚类的研究内容和方向。

（3）按照词间距离最短的传统聚类原则忽略了词间距离的传递关系，无法保证聚类中的主题词属于同一研究内容，如主题词 A 与 B 共现强度大，主题词 B 与 C 共现强度大，主题词 C 与 D 共现强度大，但主题词 A 和 B 与 D 都没有共现关系，这样主题词 D 会因为与主题词 C 有较强的共现关系进入该聚类，这样会对聚类名称的确定形成干扰，甚至影响聚类分析的结论。实证研究中我们根据卡龙的聚类分析原则，确定每个聚类的成员最多 10 个，将余弦指数值最大的一对关键词作为第一个聚类的中心主题词，其他聚类成员是按照与余弦指数值最大的该对关键词中的任何一个关键词的余弦指数值的排序，来选出有共现关系的关键词作为聚类中的其他成员，如果有共现关系的关键词超过 8 个，只选择余弦指数值较大的前 8 个关键词，此时所形成的聚类达到饱和状态。如果有共现关系的关键词不足 8 个，只选择余弦指数值大于零的几个关键词，此时所形成的聚类成员不足 10 个，该聚类未达到饱和状态。当第一个聚类形成后，将进入第一聚类的关键词从共现矩阵中删除，这样在形成第二个聚类时，就不会发生进入第一聚类的关键词再进入其他聚类的现象，第二个聚类以及后面聚类的形成方法同第一个聚类的形成方法，以此类推，一直将所有有共现关系的关键词分配到聚类中为止。最后如果在共现矩阵中剩下的关键词间的余弦指数值为 0，这些关键词不再加入任何聚类。

（4）传统的聚类方法无法辨别哪些聚类是主要聚类或核心聚类，本书通过战略坐标分析，根据各聚类在战略坐标的四个象限的分布，来确定哪些聚类属于核心聚类，哪些属于基础聚类，哪些属于次级聚类，哪些属于边缘聚类，再根据战略坐标的横轴变量、纵轴变量来分析聚类的发展方向和变动趋势。

（三）战略坐标分析方法

战略坐标（Strategic Diagram）是约翰·劳等人于 1988 年提出的，在聚类分析的基础上，用来分析某一研究领域内部联系和领域间的相互影响，进一步分析某一技术领域的研发热点的结构及其发展变化。[1] 战略坐标是在关键词的共现矩阵和聚类的基础上，用可视化的形式来展示聚类在平面坐标中的象限位置关系，根据每个聚类的象限位置及变化，来描述研究主题的象限结构及变化。

在战略坐标中，横纵坐标可以用一对计量指标来设定，不同的计量指标反映的问题有所不同。本书选用新颖度和关注度指标，绘制研究主题战略坐标图（见图 3 - 1）。

---

[1]　Law J, Bauin S, Courtial J P, et al., "Policy and the Mapping of Scientific Change: A Co-word Analysis of Research Into Environmental Acidification", *Scientometrics*, 1988, 14（3）: 251 - 264.

图 3 – 1　战略坐标图

位于第一象限的聚类的新颖度和关注度均大于 0，表明这些聚类所代表的内容受关注的程度比较高，而且属于近几年来的研发热点。第一象限中的聚类所代表的研究内容，兼具高新颖度和高关注度的研究方向，是整个研究领域的核心内容。我们称位于第一象限的研究领域为"核心型领域"。

位于第二象限的聚类的新颖度大于 0，而关注度小于 0，表明这些聚类所代表的研究内容属于近几年来新的热点，但是研究的受关注程度较弱。只要关注程度有所提高，第二象限的聚类就会移动到第一象限，成为较成熟的研究热点。因此我们称位于第二象限的研究领域为"潜在型领域"。

位于第三象限的聚类的新颖度和关注度都小于 0，表明这些聚类所代表的研究内容的关注程度不高，而且近几年的研究也较少，属于被边缘化的研究内容。因此我们称位于第三象限的研究领域为"边缘型领域"。

位于第四象限的聚类的关注度大于 0，新颖度小于 0，表明这些聚类所代表的研究内容备受关注，但不是近几年来的研究热点，属于基础型研究内容。虽然近几年的研究较少，但该领域的研究必须以这些聚类为基础，尤其是关注度极高的一些聚类。因此我们称位于第四象限的研究领域为"基础型领域"。

从新颖度坐标轴来看，沿着箭头的方向，聚类的位置越靠上，聚类的新颖度越高，表明该聚类是整个研究领域中近些年来新出现的热点主题，这类主题是否具有生命力和自我维护、自我发展的能力，要看后期的研究。沿着关注度轴来看，沿着箭头方向，聚类在坐标中的位置越靠近右侧，则聚类的关注度越高，表明该聚类属于整个研究领域中受关注度程度较高的研究内容和方向。

战略坐标可以从网络稳定性和网络比较两个方面进行分析和评价，预测未来的变化和研究不同聚类在同时段内的差异，或相同聚类在不同时段的差异：一是根据处于不同象限的研究主题来判断主题的发展变化和发展方向，一般处于二、四象限的研究主题内容可能发生巨大的变化，第二象限中的研究主题需要增强一致性和内部链接，第四象限中的研究主题的范围可能需要扩展；二是根据相同聚类在不同时段的象限位置变化，判断研究主题的发展变化，即以时间维度综观一个研究主题的发展过程：任何一个聚类的新颖度和关注度都处于动态的发展变化之中，如处于第一象限的聚类会因为关注度的降低移动到第二象限，也可能因为新颖度的降低移动到第四象限，更可能因为新颖度和关注度都在降低移向第三象限。其他象限的聚类如同第一象限的聚类一样，都会因为新颖度和关注度的变化而发生移动。

（四）可视化分析法

可视化来源于英文单词"Visualization"，是指把文本、数字等信息转化为图形、图像等直观的视觉表现形式的过程。从当前发展的可视化技术来看，主要包括科学可视化、数据可视化、信息可视化和知识领域可视化等几个分支。

美国国家科学基金会于 1987 年第一次提出了科学计算可视化的概念。信息可视化的概念由罗伯斯顿（G. Robertson）和卡特（S. Card）等于 1989 年首次提出。信息可视化早期的理论基础主要源于法国制图工作者巴顿（J. Bertin）于 1967 年提出的图形理论[1]，以及美国耶鲁大学统计学教授爱德华·塔夫特（Edward Tufte）先后于 1983 年、1990 年和 1997 年发表了三本关于信息可视化的代表性著作。[2] 巴顿（J. Bertin）与爱德华·塔夫特

---

[1]　Bertin J., *Semiology of Graphics*：*Diagrams*，*Networks*，*Maps*，Madison，Wisconsin：University of Wisconsin Press，1983.

[2]　Tufte ER., *The Visual Display of Quantitative Information*，CT，USA：Graphics Press Cheshire，1986.

（Edward Tufte）的理论为信息可视化研究奠定了重要的理论基础。[1] 信息可视化是在科学可视化的基础上发展起来的。

20 世纪 90 年代以后，关于信息可视化的论文和著作迅速增长，陈超美博士于 1999 年首次专门论述了信息可视化，是信息可视化领域最早的开拓者之一。他在信息可视化领域引入 PathFinder 算法，提高并扩大了文献引文网络分析的效率和范围，对科学知识图谱理论与方法做了奠基性贡献。2002 年 3 月，发起倡议创办新的国际学术期刊《信息可视化》（Information Visualization），是该领域首例，目前仍为该领域唯一的一份专业期刊。自 1998 年以来，他在《美国信息科学与技术协会会刊》（Journal of the American Society for Information Science and Technology，JASZST）等国际权威期刊上陆续发表了大量的关于信息可视化的学术论文[2]，并出版了信息可视化的学术著作，1999 年率先出版了该领域第一部专著《信息可视化》（Information Visualization：Beyond the Horizon，2004 年再版）[3]，2003 年出版了《科学前沿图谱：知识可视化探索》（Mapping Scientific Frontiers：The Quest for Knowledge Visualization）。[4] 当前有大量关于

---

[1] 靖培栋：《信息可视化—情报学研究的新领域》，《情报科学》2003 年第 21（07）期，第 685 ~ 687 页。

[2] Chen C, Kuljis J., "The Rising Landscape: A Visual Exploration of Superstring Revolutions in Physics", *Journal of the American Society for Information Science and Technology*, 2003, 54 (5): 435 – 446.

Chen C., "Citespace II: Detecting and Visualizing Emerging Trends and Transient Patterns in Scientific Literature," *Journal of the American Society for Information Science and Technology*, 2005, 57 (3): 359 – 377.

Chen C., Visualizing Scientific Paradigms: An Introduction, *Journal of the American Society for Information Science and Technology*, 2003, 54 (5): 392 – 393.

Chen C, Chen, Y., Horowitz, M., "Towards an Explanatory and Computational Theory of Scientific Discovery," *Journal of Informetrics*, 2009, 3 (3): 191 – 209.

Chen C, Cribbin T, Macredie R. Visualizing and Tracking the Growth of Competing Paradigms: Two Case Studies", *Journal of the American Society for Information Science and Technology*, 2002, 53 (8): 678 – 689., 2002, 53 (8): 678 – 689.

Chen C, Paul RJ, 0`Keefe B., "Fitting the Jigsaw of Citation: Information Visualization in Domain Analysis", *Journal of the American Society for Information Science and Technology*, 2001, 52 (4): 315 – 330.

[3] Chen C., *Information Visualization and Virtual Environments*, London: Springer, 1999.

Chen C., *Information Visualization: Beyond the Horizon*, Springer, 2004.

[4] Chen C., *Mapping Scientific Frontiers: The Quest for Knowledge Visualization*, Springer, 2003.

信息可视化的研究讨论组，大量期刊也都开辟专栏探讨信息可视化问题。比如《美国信息科学与技术协会会刊》（*Journal of the American Society for Information Science and Technology*）和《科学计量学》（*Scientometrics*）等都设有专栏探讨信息可视化和知识可视化问题，是信息可视化文献发表的主要阵地。

科学知识图谱手段是通过对某学科领域在特定时间段内发表的学术论文或者专著的作者、题名、关键词、作者机构等信息进行共引分析，并对共引分析的结果应用主成分分析、聚类分析等多元分析手段，得出学科领域内在特定时期形成的以作者、文献、期刊、机构等为节点的图谱。具有相似特征的节点在图谱中聚成一类，直观地展现给研究者此学科领域的发展情况。陈悦和刘则渊认为科学知识图谱是显示科学知识的发展进程与结构关系的一种图形，是揭示科学知识及其活动规律的科学计量学从数学表转向图形表达的产物，是显示科学知识地理分布的知识地图转向以图像展现知识结构与演进规律的结果。①

通过科学知识图谱的手段实现信息可视化开始于 20 世纪 80 年代，创生于美国德雷克塞尔大学信息科学与技术学院，该学院被誉为"共被引分析的摇篮"。科学计量学家怀特、麦肯恩等学者首先通过绘制科学知识图谱的方法对学科领域的知识结构进行可视化分析，开拓了科学计量学与情报计量学等学科的信息可视化研究领域，这种直观地展现学科知识结构的方法迅速得到了广泛传播和深入发展。利用计算机软件绘制科学知识图谱是近年来信息可视化技术发展的重要手段，在权威的检索数据库中（如 SCI、SSCI）下载特定学科领域的相关文献信息，通过运行计算机程序绘制科学知识图谱。陈超美创造性地把信息可视化技术和科学计量学结合起来，把对科学前沿的知识计量和知识管理研究推进到以知识图谱与知识可视化为辅助决策重要手段的新阶段；开创了知识单元的可视化技术与应用领域；推进和推广了科学前沿图谱及可视化分析研究。

---

① 陈悦、刘则渊：《悄然兴起的科学知识图谱》，《科学学研究》2005 年第 23（2）期，第 149～154 页。

二　研究主题的象限结构分析和可视化分析

通过运用 CiteSpace 可视化软件的抽词技术从期刊文献的标题和摘要中抽取关键词，并以关键词间的共现余弦指数值为指标，构建关键词共现矩阵。借鉴卡龙的共词聚类分析的原则和方法，将共现网络中的关键词进行聚类划分，再分别构建各聚类内部关键词与聚类外其他关键词间的共现矩阵。根据关键词的共现频次和最早达到阈值的年份，分别计算出每个聚类的新颖度和关注度，绘制出以新颖度和关注度为坐标轴的研究主题战略坐标图，继而展示研究主题的象限结构及其动态变化。

所谓研究主题的象限结构，是指在二维的战略坐标图中，按照计量指标将坐标平面分为四个象限，研究主题按照计量指标的数值在战略坐标图中的象限分布。一般将位于第一象限的研究主题称为核心技术主题，位于第二象限的研究主题称为次级研究主题，位于第三象限的研究主题称为边缘研究主题，位于第四象限的研究主题称为基础或独立的研究主题。本章运用战略坐标分析方法分析静态和动态研究主题的象限分布结构及其变化。

（一）关键词共现矩阵

关键词共现是指两个或更多的关键词在同一篇期刊文献中同时出现。共现分析主要通过期刊文献集中的关键词之间的关联，更好地展示关键词之间的关系，从而揭示该研究领域的研究内容的内在关联性和研究领域的微观结构。[①] 关键词共现矩阵的构建需要经过以下步骤来完成：

（1）从期刊文献的标题和摘要中抽取关键词，建立期刊文献与关键词的对应关系矩阵，即 $A^{N \times M}$，N 篇期刊文献和 M 个关键词。

（2）由期刊文献和关键词的关联矩阵 X，通过矩阵运算得到关键词的共现矩阵 $T = X^T X$，共现矩阵是一个 $M \times M$ 的方阵，其元素 t_{ij}（i，$j = 1$，2，…

---

① 谢彩霞、梁立明、王文辉：《我国纳米科技论文关键词共现分析》，《情报杂志》2005 年第 24（3）期，第 69 ~ 73 页。

M）的计算公式为：

$$t_{ij} = \sum_{k=1}^{N} x_{ik} \times x_{kj} \qquad i,j = 1,2,\cdots,M \qquad\qquad (3-1)$$

（3）关键词共现矩阵给定了关键词对的共现频次，但反映的只是一种表象，因为两个关键词共现频次的多少直接受两个术语各自词频大小的影响。真正揭示关键词之间的共现关系，需要引入表示关键词共现相对强度的指标，卡龙在共词分析研究中引入了"Equivalence"指标来表示术语间的关联值和链接的强度。[①]"Equivalence"指标的计算公式为：

$$E_{ij} = (C_{ij}/C_i) \cdot (C_{ij}/C_j) = (C_{ij})^2/(C_i \cdot C_j) \qquad\qquad (3-2)$$

实践中这些步骤可以通过设计软件或程序来完成，主要选用美国陈超美博士基于 Java 平台开发的可视化软件来完成关键词的提取和关键词共现矩阵的生成。在 CiteSpace 的运行界面上进行基本设置，将规范化处理的数据导入软件程序中，以 1 年为一个时段，默认指标为余弦指数，阈值设定根据不同学科来具体确定（详见各学科章节），最终获得一个方阵。方阵中的数值是 CiteSpace 软件默认的余弦指数值，数值的大小表示矩阵中关键词间的共现强度。数值范围介于 0 到 1，如果在方阵中的某个数值为"0"，则表示对应的一对关键词没有共现关系；如果某个数值大于 0，则表示与该数值对应的一对关键词存在共现关系。根据余弦指数的定义可知，数值越大，这对关键词的共现强度越大，反之则共现强度越小。

（二）研究主题的生成方法

从期刊文献的标题和摘要中抽取出来的关键词虽然能够反映一个学科学术研究领域的概念和特征，通过关键词的共现分析能展示主要研究内容及研究热点等，但是无法展示这些研究内容之间的联系。任何一个学科领域都是由若干研究主题所组成，各研究主题之间是相互关联的。而研究主题又是由

---

① Callon M，Courtial J P，Laville F.，"Co-word Analysis as a Tool for Describing the Network of Interactions Between Basic and Technological Research：The Case of Polymer Chemsitry，" *Scientometrics*，1991，22（1）：155 – 205.

若干（大于2且小于等于10）关键词构成来表征研发主题的内容，单靠一个关键词无法全面表征研发主题的内容。虽然构成研究主题的关键词本身能在一定程度上表征一个研发主题的内容，但若干关键词之间的相互关系是研究主题结构的主要方面。因此，研究主题是基于关键词共现网络，由相互关联的关键词构成的有机群落。

但究竟如何将这些相互关联的关键词组织在一起构成研究主题，目前还没有一个统一的原则和方法。综合国内外的各种分析来看，聚类分析方法有很多种，我们研究中借鉴卡龙的共词聚类分析方法来构成研究主题。

为了克服关键词之间的过细、难以解释的关联关系，我们借鉴卡龙生成子簇的方法，将关键词间的共现关系浓缩成子簇之间的关系，这些子簇内的关键词在簇内紧密链接的程度远远超过与簇外的链接。这些子簇能够反映所研究的技术领域的研发内容和方向，因此本书把子簇称为"研究主题"。

本书借鉴卡龙一个子簇最多只能包含10个关键词的做法来构建研究主题，并将具有代表性的余弦指数值最大的关键词对作为研究主题的中心主题词来表征该研究主题的主要研发内容和方向。

研究主题的生成方法如下：

（1）在关键词的共现矩阵中，用Max函数找到余弦指数值最大的一对关键词，该对关键词即第一个研究主题的中心主题词；

（2）从余弦指数最大的一对关键词开始，按照广度优先原则选择与这对关键词中的任一个有共现关系、且按照共现强度排序排在前8位的关键词，这8个关键词即为第一个研究主题的成员，即该研究主题达到饱和状态，研究主题成员达到10个关键词；

（3）当一个研究主题饱和，下一个链接会被拒绝加入，或虽然不超过10个关键词（该研究主题未达到饱和状态），但没有更多的链接可以加入，便开始下一个研究主题的生成；

（4）在下一个研究主题生成前，已经加入前一个研究主题的关键词要从关键词共现矩阵中删除（行和列都要做删除）；

（5）依次类推，一直将矩阵中的关键词划分到没有共现关系为止，即剩下的关键词之间的余弦指数值为0，研究主题的生成结束。

（三） 可视化分析软件 CiteSpace

运用 CiteSpace 可视化分析软件分别进行关键词、高产作者、高产科研机构的可视化分析，并分别生成可视化知识网络图谱，分别展示关键词的共现知识网络、高产作者的共现知识网络、高产科研机构的共现知识网络，并对各个图谱进行解读。

本书在共词分析中主要采用美国德雷克塞尔大学信息科学与技术学院的陈超美博士于 2004 年 9 月研发的 CiteSpace III软件。CiteSpace III软件是一种基于 JAVA 程序语言编写的程序，主要基于共被引分析的引文网络和基于共现分析的共词网路的知识可视化计量软件。目前该软件的版本已经升级到 CiteSpace III版本，该软件可以在主页网址为 http：//cluster. cis. drexel. edu/ ~ cchen/citespace/的网页上在线免费使用。该软件通过对文献数据信息的相关分析处理，探测和分析学科研究前沿随着时间相关的变化趋势以及研究前沿与其知识基础之间的关系，发现不同研究前沿之间的内部联系。通过对学科领域的文献信息可视化使研究者能够直观地辨识出学科前沿的关键演化路径及学科领域的关键节点文献。

该软件可以使用路径搜索（Pathfinder）算法或最小生成树（Minimum Spanning Trees）算法，对共被引与共词的分时演化网络与整体融合网络的路径进行分析和处理，并能以聚类视角（Cluster View）与时区视角（Time-zone View）对共被引网络及共词网络进行可视化展示。利用 Log-likehood ratio 算法可以分析某一研究领域的研究前沿和发展趋势。在该软件生成的共词网络图谱中，由不同大小和不同颜色组成的词频年轮来表示节点的词频数和共现年代，用不同颜色的连线来表示节点间共现的年代。该软件还可以展示作者、机构、国家之间的合作网络以及学科分类之间的联系网络。

1. CiteSpace III 软件

本书在文献计量分析中使用 CiteSpace III 版本，CiteSpace 是应用 JAVA 程序语言编写的应用程序。[①] CiteSpace 输入的数据文件格式就是下载数据的输出格式，即从 "Web of Science" 下载的文献保存格式。与其他同类信息

---

① Chaomei. Chen. http：//www. pages. drexel. edu/ ~ cc345. 2007.

可视化软件不同的是，CiteSpace 软件可以将从网络上下载的数据格式直接进行转换，不需要将下载的原始文献数据进行相关矩阵的转换[①]，节省了进行相关矩阵转换的复杂步骤和处理过程，这也是 CiteSpace 软件的优越性之一。同时，CiteSpace 自身建有数据库，可以对下载的中国期刊全文数据库中的期刊文献数据直接进行数据转换，软件中的中文数据库（包括 CNKI、CSSCI）是由大连理工大学刘盛博博士研发的转换程序，便于进行期刊文献的计量分析。在开始利用 CiteSpace 进行数据处理之前，要将需要处理的文献数据文件放在同一个文件夹内。且每个数据文件名必须以"download"开头，并以". txt"结尾，如"download-mass-extinction – 2006. txt"。在开始利用 CiteSpace 创建一个新的项目之前，需要具体制定两条路径：一个是文献数据存储路径（data），另一个是项目存储路径（project）。通过项目存储路径可以找到在 CiteSpace 运行过程中所保存的图谱和输出的文件。所有设置过程均在 CiteSpace 的主界面完成。

2. CiteSpace 的基本功能和特点

（1）利用 CiteSpace 信息可视化分析软件，对相关学科领域的文献数据进行共现分析，可以预测学科领域的研究热点前沿和知识或技术的演进路径。CiteSpace 是 JAVA 编程语言的应用程序，在其程序中内置了将从网络数据库下载保存的数据格式直接转换的程序，不需要自编软件进行转换，也不需要将原始数据进行相关矩阵的转换，可以将"Web of Science"及"PubMed"等数据库的原始数据格式直接导入 CiteSpace 软件进行运算及作图，找出学科领域演进的关键节点（知识拐点）。省略了构建矩阵和相关数据转换的复杂过程，将这些复杂的处理过程都设计在 CIteSpace 的程序中，这充分显示了 CiteSpace 软件在对数据进行计量分析的优越性和可操作性。

（2）对于同一数据样本，可以进行多种图谱的绘制，从不同角度展现数据演化特征和学科领域演进的关键路径。CiteSpace 是一种使网络数据可视化的实用软件，它可以探测科学学科突现趋势和时态模式的变化。

---

① Chen C. , "Searching for Intellectual Turning Points：Progressive Knowledge Domain Visualization,"*Proceedings of the National Academy of Sciences of the United States of America*（*PNAS*），2004：5303 – 5310.

CiteSpace 基于两个基本的概念，一是"研究前沿"，定义为基于研究问题的突现的概念群组。研究前沿的概念与科学知识如何增长有关系。研究前沿由某一科学领域中最近最多被引文献形成的过渡性聚类组成。[①] 研究前沿代表一个学科领域的每个发展阶段最先进的水平，并随着科学领域潜在的新文献代替旧文献而变化。二是"知识基础"，定义为科学学科研究前沿的引文形成的共被引网络。

（3）软件通过节点和连线标记展现出文献数据随时间变化的脉络。其绘制的可视化科学知识图谱是由不同颜色的节点和连线组成的共引网络。其中颜色深度是 CiteSpace 软件本身根据所输入数据的时间范围以及使用者设定的时间间隔而自动生成的不同年份的代表。节点的色彩年轮表示法展现了不同时间段的引证情况，节点向外延伸的圆圈描述了其引文的时间序列。圆圈的厚度与相应年份的引文数成正比。节点的大小是和最近的时间间隔的标准引文数成正比的，节点上标示的数字是文献被引用次数，因此节点大的就表示其被引次数多。节点相应的颜色的宽度代表了相应年份节点文献被引次数的多少。连线的长度、宽度与其相应的被引系数成正比，连线的颜色代表该连线两端节点的共引频次最早达到所选择阈值的时间年份。

（4）CiteSpace 软件的主要功能是绘制科学学科知识领域演进的可视化图谱，分析学科演化的潜在动力机制。首先由连续的等距离时间段序列得出一系列单独的共引网络。再将这些以时间为标记的共引网络组成一幅整合图谱，重要的知识文献可以基于在图谱上的突出特征而得以辨识。探测知识拐点（Turning Points）可以简化为寻找可视化网络上突出的关键节点。通过关键节点进而探测和监视学科知识领域的演进。[②] 学科知识领域的渐次可视化特别关注可以辨识与重大贡献有关的时态模式的技术，而这些重大贡献的节点则说明了学科的演进过程。科学领域的很多特征都可以通过科学网络的形式展现出来，如科学合作网络、合作者社会网络、引文网络和共引网络等。科学网络随着时间不断变化，一些变化相对平缓，一些变化则相对较大。研究者一直在寻求能够解释科学网络中各种变化和结构的潜在机制。应用

---

① Price D. , "Networks of Scientific Papers", *Science*, 1965, 149：510 – 515.

② Chen C. *Mapping Scientific Frontiers：The Quest for Knowledge Visualization*, Springer, 2003.

CiteSpace 软件和共词分析方法，尤其是通过软件中的 PathFinder 算法，简化了与辨识科学学科知识领域关键演化有关的复杂性。同时，为了简化运算的复杂性，CiteSpace 软件在设计和运行过程中采用了"分治策略"原理。时间间隔被分成很多时间段，每个时间段都能形成一个独立的共词网络。再将单独网络按时间序列合并在一起，从合并网络的可视化图谱上显示出了相邻时间段的主要变化，进而找出学科领域的关键文献，由此探寻在视觉上的突出特征，如可视化网络上的标的点、中心点、关键点等。可对学科演进的关键路径和学科发展脉络进行清晰的梳理，探测学科知识领域在发展演进过程中的动力因素和背景。

（5）CiteSpace 可视化软件的另一个主要的功能是辨识和探测学科知识领域研究的热点，预测知识领域发展的前沿趋势。软件提供了词频跳变算法，该算法主要通过考察词频的时间分布，将那些频次变化率高、频次增长速度快的"突现词"（Burst Term）从大量题录的常用词中检测出来，用词频的变动趋势，而不仅是词频的高低，来分析科学的前沿领域和发展趋势。这些"突现"词可以展现知识领域的研究前沿和发展趋势。通过运行软件，可以生成共被引文献网络以及施引文献主题词的共词网络，即得到一个由这两个网络共同构成的共被引与共词混合网络（Hybrid Network of Cited Article and Citing Terms）图谱，它可以展示出学科知识领域的重要被引文献以及由施引文献主题词所表达的学科重要研究领域或其前沿趋势。探测和分析学科研究前沿随着时间相关的变化趋势以及研究前沿与其知识基础之间的关系，并且发现不同研究前沿之间的内部联系。通过对学科领域的文献信息可视化分析，使研究者能够直观地辨识出学科前沿的演进路径及学科领域的经典基础文献。

3. CiteSpace 软件可视化步骤

时间分段：被分析数据的整个时间段被分成等长的时间间隔。每个时间间隔最短为一年，最长为整个时间段。如果可获得合适的数据，甚至可以分成按月或者按周的更短的时间间隔。事实上，时间间隔是互斥的，但重叠的时间间隔的图谱分析，将成为一个有挑战性的值得探究的课题。

阈值设置：阈值是 CiteSpace 采用的选择标准，在模型和可视化过程中的各项的值必须大于阈值。引文和共引分析取自最高被引文献的典型样本，单一的不变的阈值就是一个粗略的抽样机制。默认状态下，引文和共引是在每个时间间隔内计算出来的，和整个时间段不同。时间分段为阈值的设置提供了灵活性，使每个单一时间间隔的阈值的设置更接近于引文和共引行为的特性。这种灵活性减少了将单一固定不变的阈值用于整个分析过程的不足。灵活的分段阈值设置能够更容易地找到两个网络间的共同点。

CiteSpace 在给定时间间隔内的共引网络由三个阈值确定：引文数、共引度和共引率（c、cc、ccv）。在 CiteSpace 中，使用者需要为三个具体的时间间隔选择期望的阈值，即为分析数据的时间间隔的开始、中间和结尾段的阈值赋值。CiteSPace 为剩余的时间间隔利用插值算法自动的分配插入阈值。

一般地，共引系数在各个时间分段中由 Citespace 软件计算出来。共引系数是按照余弦系数被标准化的：CCcosine $(i, j) = CC (i, j) / sqrt (C (i), C (j))$ 其中，CC (i, j) 是文献 i 和 j 的共引频次，C (i) 和 C (j) 是它们各自的引文数。使用者也可以为共引系数具体指定选择的阈值，默认值是 0.15。

模型：在引文分析中，文献的引文不是平均出现的，有些文章得到了比平均引文数更多的引文，有些则少于平均引文数，甚至有些根本就没有引文。引文数量受多种潜在因素的影响。根据优势积累原理，高被引率的文章很可能获得比现实中不经常被引用的文章多更多的引文。探测学科领域知识拐点，主要是找出具有快速增长的引文的文献节点。

修剪：有效的修剪可以减少图谱中连线的交叉同时提高可视化网络的清晰度。Citespace 支持两种通常的网络修剪算法，关键路径法和最小生成树法。既可以修剪单个网络也可以修剪合并网络，其主要利用关键路径法进行网络的修剪。用关键路径法修剪个体网络，参数 q 和 r 分别设置为 N_{k-1} 和 ∞，以保证最大范围的修剪效果。N_K 是在第 k 个时间段内的网络的大小。对于合并网络，q 的参数是 $(\sum N_k) - 1$，这里，$k = 1, 2, 3, \cdots\cdots$

合并：将一系列时间间隔的网络合并成一个综合的网络，包含了出现在单个网络中的每一个节点。各个网络中的连线基于原始的建立规则或者最近的增强规则而进行合并。原始的建立规则即选择那些有着最早时间标记的连线并删掉其后的连接相同节点间的连线，而最近的增强规则保留具有最近时间标记的连线，而删掉早期的连线。缺省状态下，我们应用原始的建立规则。基本的原理是，当文献中间出现一个连接时，去寻找并保留其出现的最早的时间段的连线。更准确地说，保留的连线的颜色标记了在已设定的阈值基础上，共引频次第一次达到设定的阈值的时间间隔代表的颜色。

绘图：无论单个时间段网络或者合并网络，其网络的布局都是使用 Kamada & Kawai's 算法生成的。[1] 节点的大小和在最近时间间隔内的标准化引文数成比例。关键节点可以通过它们最外圈的紫色标记得到辨识。在新版本的 CiteSpace Ⅲ 中还包含了计算检测这种节点的算法，关键节点通常具有较高的中心度。

CiteSpace Ⅲ 设计了两种互补的可视化图谱，即聚类视图和时区视图（Cluster Views and Time-zone Views），新版本 CiteSpaee Ⅲ 增加了时间线视图（Timeline Views），可以更加直观地展现学科知识领域随时间演进的动态过程。聚类视图包括未经过修剪的聚类图谱和经过 PathFinder 算法修剪的关键路径网络视图，通过关键路径的聚类视图可以探测和分析学科领域演进及其路径。时区视图更加强调文献节点与时间间隔的瞬时对应关系，可以直观地展示出关键节点文献在相应的时间点上的位置及其演化的轨迹。[2] 在可视化网络图谱的基础上，CiteSpace 还提供了多种进行聚类分析的方法，如最大期望聚类分析[3]、谱聚类分析等。

---

[1] Kamada T. KS. , "An Algorithm for Drawing General Undirected Graph," *Information Letters*, 1989, 31 (1): 7 – 15.

[2] Chen C. Citespace II: "Detecting and Visualizing Emerging Trends and Transient Patterns in Scientific Literature," *Journal of the American Society for Information Science and Technology*, 2005, 57 (3): 359 – 377.

[3] Chen C. Measuring the Movement of a Research Paradigm. Proceedings of SPIE-IS&T: Visualization and Data Analysis 2005. San Jose, CA SPIE: International Society for Optical Engineering, 2005: 63 – 76.

实证篇 I
理论经济学

第四章　政治经济学研究
领域文献计量

　　政治经济学研究的是人类社会生产关系及其发展的规律性，"从最广的意义上说，是研究人类社会中支配物质资料的生产和交换的规律的科学"，它是经济学中的一门重要分支学科。17世纪中叶以后，资本主义工场手工业逐渐发展成为工业生产的主要形式，以斯密和李嘉图为主要代表的资产阶级古典政治经济学应运而生。古典政治经济学的兴起和发展，使政治经济学研究的重点开始转向生产领域和包括流通领域在内的社会再生产过程。19世纪40年代初，马克思和恩格斯在批判地继承了资产阶级古典政治经济学的基础上创立了马克思主义政治经济学，实现了政治经济学的伟大革命。本章以2000～2012年CNKI数据库的政治经济学文献为研究对象，利用文献计量方法，通过战略坐标展示政治经济学领域的研究现状、热点和主要研究领域，总结出我国政治经济学研究领域的前沿成果、主要研究机构、高产作者、主要期刊分布等有价值的信息，为政治经济学领域的研究提供科学参考。

一　数据库的选择和数据统计

　　本章所统计的数据来自中国知网（CNKI）数据库。根据2010年第五版《中国图书分类法》查找政治经济学的分类代码，共获得5个分类代码（F0－0、F03、F038、F04、G633.23），由这5个分类代码用布尔逻辑式语言"或"组构检索式（F0－0或F03或F038或F04或G633.23），检索时间段设置范围为 2000～2012 年，检索期刊论文类别设置为经济或管理科学，检索到 2000～2012 年有关政治经济学研究领域的文献共计 4172 篇，略去会议通知、会议综述、刊首语、新书评介等，最后获得有效数据 3693 条，检索更新时间为 2013 年 12 月。

（一）论文分布年度

如图 4-1 所示，从 3693 篇政治经济学研究领域的中文学术论文的年度分布情况来看，2000 年以来，政治经济学领域的发文量总体呈下降趋势；2003～2005 年发文量减少速度较快，从 2006 年开始，基本趋于平稳；2008 年发文量最少（139 篇），自 2008 年开始发文量略有上升。

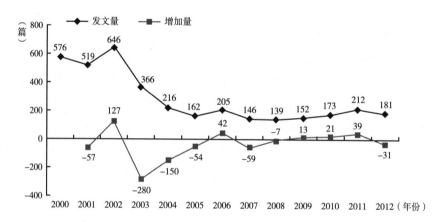

图 4-1* **2000～2012 年政治经济学研究领域年度发文量及增加量分布**

 *本章图、表中的数据只显示本领域的学术研究论文，不含会议通知、会议综述、刊首语、新书评介等。

（二）刊发政治经济学论文的中文期刊

文献计量结果显示，2000～2012 年刊发 20 篇以上政治经济学论文的学术期刊有 23 种。其中载文量最多的是《当代经济研究》（125 篇），该期刊是中国《资本论》研究会会刊，着重发表国内外学者关于《资本论》、政治经济学、经济思想史、西方经济学等领域的最新研究成果，为国家学科级理论经济学核心期刊。发文量居第二位的是《教学与研究》（59 篇），该刊宗旨是为马克思主义理论教育与研究服务，为推动马克思主义理论的教学与研究发挥积极促进作用。载文量居第三的是《经济学动态》（56篇），《经济学动态》既坚持宣传和研究马克思主义的经济理论，及时反映国内外经济理论动态，也坚持探讨和跟踪其他国家的经济学派的最新观点。载文量居前十的期刊还有《经济学家》《经济师》《马克思主义研究》《国外理论动态》《政治经济学评论》《生产力研究》《马克思主义与现实》等。2000～2012年CNKI数据库中政治经济学刊文量居前的CSSCI来源期刊包括《当代经济研究》《教学与研究》《经济学动态》等（如表4－1所示）。

表4－1　2000～2012年CNKI数据库中政治经济学研究
领域发文量居前的CSSCI期刊分布

期　刊	载文量(篇)	期　刊	载文量(篇)
《当代经济研究》	125	《国外理论动态》	34
《教学与研究》	59	《马克思主义与现实》	30
《经济学动态》	56	《政治经济学评论》	29
《经济学家》	39	《经济经纬》	28
《马克思主义研究》	37	《江汉论坛》	26

二　实证分析

（一）关键词共现矩阵

通过运用可视化软件CiteSpace（Chen，2006）来生成实证研究所需要的矩阵，该软件主要功能是对输入的文献数据进行可视化分析以及矩阵的生成，我们运用其矩阵生成功能来获得关键词共现矩阵。具体步骤如下：（1）对政治经济学领域的文献数据进行标准化处理，标准化处理主要是对文献进行筛选，确保数据属于政治经济学领域。（2）对文献数据的关键词进行规范化处理，主要包括无关键词的文献的关键词的提取；已有关键词的文献的不规范关键词的删除，如现状、对策、因素等关键词；同义词、缩写词的统一和规范，如"WTO"与"世界贸易组织"统一为"世界贸易组织"，"劳动价值理论"和"劳动价值论"统一为"劳动价值论",等等。(3)对政治经济学领域的文献数据进行格式转换,格式转换是指 CiteSpace 对输入的数据有具体格式要求,须在输入软件之前对数据的格式进行转换,转换成软件默认的格式。(4)对 CiteSpace 软件进行相应的设置,在设置界面主要操作如下:时间切片设为每年一个时段;根据本章的需要将分析的内容设为关键词;阈值分别设定为(3,3,10)、(3,3,10)、(3,3,10)。(4)运行 CiteSpace 软件,在 project 文件夹中生成关键词矩阵。

软件运行结果共获得 435 个高频次关键词,并生成关键词共现网络知识图谱(见图 4-2),在图谱中节点的大小代表该关键词出现的频次大小,点越大,频次越高;节点之间的连线表示关键词之间的共现关系,连线越粗表示共现的强度越大。在图 4-2 中,2000~2012 年政治经济学领域文献的关键词共现频次最高的是"社会主义"(273 次,已隐藏),其次是"市场经济"(270 次),关键词共现频次居前十的还有"资本主义""按劳分配""社会主义市场经济""政治经济学""劳动价值论""马克思""按生产要素分配""马克思政治经济学"。这十个关键词所表征的研究内容属于该阶段劳动经济学的研究热点。

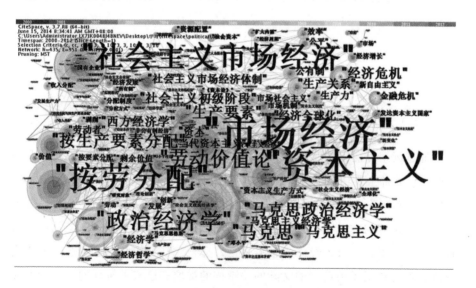

图 4-2 2000~2012 年政治经济学研究领域的关键词共现知识图谱

（二）共词聚类分析

分析中所采用的聚类分析方法不同于目前普遍采用的聚类方法，而是借鉴了卡龙等（Callon，Courtial & Laville，1991）的聚类原则来进行聚类划分，基本原则如下：（1）在 CiteSpace 软件生成的共现方阵（435×435）中，查找出余弦指数最高的一对关键词，将其作为第一个聚类的主题词。（2）将方阵中的 435 个关键词与该对关键词的任一关键词的余弦指数进行降序排列，由高到低选取 10 个关键词（若余弦指数大于 0 的关键词不足 10 个，只取余弦指数大于 0 的关键词），其中包括作为主题词的一对关键词。即使余弦指数仍大于 0，超过 10 个以上的关键词均拒绝加入该聚类，即该聚类达到了饱和值（10 个关键词）。（3）第一个聚类生成后（或者饱和，或者余弦指数大于 0 的不足 10 个关键词），在方阵中将已加入聚类中的关键词删除掉（需要行、列同时删除），保证已加入聚类中的关键词不会加入下面的其他聚类。（4）反复进行第一步到第三步，就可以一个一个地生成聚类，一直进行到将所有存在共现关系的关键词都加入聚类中为止。若矩阵中虽然还有关键词，但这些关键词之间已经没有共现关系，即所有的关键词间的共现强度为 0（余弦指数等于 0），聚类生成结束，所剩的关键词不再加入任何聚类。

在 435 个高频关键词中，"社会主义"的词频最高（Freq = 273）。然而，只根据高频关键词个体无法识别研究内容和方向。因此本研究借鉴卡龙的聚类分析方法，通过聚类分析来识别研究内容和研究方向。按照上述的聚类方法和原则，将 435 个关键词划分为 63 个聚类。其中有些聚类只有两个聚类成员，这类聚类不能准确地反映聚类所代表的研究方向和内容，因此这些聚类不作为分析对象，删除这类聚类，最后形成的有效聚类共计有 29 个。每个聚类根据所包含的关键词，可以概括出聚类的名称，29 个聚类名称就是该领域的主要研究内容和研究方向（见表 4 - 2）。

表 4 - 2　聚类名称及构成

聚类号	聚类名称	聚类成员
1	公平效率	效率公平、按贡献分配、生产力、邓小平、贫富差距、社会发展、竞争关系
2	所有制	个人所有制、公有制、私有制、非公有制、实现形式、市场、生产社会化、商品市场、社会主义所有制

续表

聚类号	聚类名称	聚类成员
3	国有企业分配	按劳动力价值分配、国有企业按劳分配与按生产要素分配、分配方式、按劳分配为主体、劳动和劳动价值论、资源配置、生产劳动、多种分配方式
4	经济学理论	西方经济学、马克思政治经济学、马克思主义经济学、政治经济学理论、社会主义经济建设、资本主义生产方式、经济人、资本主义生产关系、经济自由主义
5	消费需求	消费需求不足、消费率投资需求、正确处理消费政策、消费投资、人力资本
6	经济学研究	经济学研究、经济学家、哲学研究、市场机制、资本主义生产、社会主义社会、政府失灵、经济基础、制度安排、研究对象
7	资本主义经济	资产阶级意识形态、帝国主义、社会主义、马克思主义、国家垄断资本主义、正确认识、新自由主义、自觉资本主义、凯恩斯主义
8	通货膨胀	通货膨胀、经济转轨、非国有化、资本范畴、世界经济新特点
9	社会主义经济	商品关系、社会主义条件下按劳动力要素分配、中国特色社会主义、生产资料社会主义市场经济理论价值规律、共同富裕、资本主义
10	政府	持续发展、政企分开、政府干预、政府职能转换、政府管理、入世后经济结构、政府经济职能、政府行为、社会转型
11	产权信用	产权信用分工、劳动力商品、劳动力
12	经济全球化	经济全球化、新变化、当代资本主义世界体系、跨国公司、经济论理学资本制度创新危机
13	经济周期	经济周期、新经济、美国经济、有效需求、技术创新、消费需求
14	金融资本	金融资本、金融化、金融垄断、资本主义垄断、国际金融危机
15	交易成本	交易费用、产权制度、经营者、新古典经济学、技术进步、国有经济
16	劳动收入	合法的劳动收入、非法的劳动收入、十六大报告、非公有制经济
17	生产力与生产要素	社会生产力、生产关系、国家干预、生产方式、"三个代表"、社会主义制度、先进生产力发展、生产力发展、人的发展规律
18	经济学方法论	经济学哲学研究方法、中国政治经济学、自然垄断经济、哲学研究创新经济
19	资本家与剥削	剥削问题、资本家、虚拟资本、参与分配、剩余价值、社会主义理论、方法论
20	创造价值	创造价值、与时俱进、《资本论》、"七一"讲话、劳动生产率、江泽民
21	金融危机	金融危机、美国资本主义、经济危机、国内生产总值、基本矛盾、西方国家资本主义社会
22	私营经济	私营经济、剥削、按劳分配管理、生产要素、私营企业主、剥削现象、按贡献参与分配、资本主义危机、物化劳动
23	劳动价值论	劳动财富价值、经营管理、管理劳动、分配技术特点、计划经济、劳动价值论
24	价值取向	社会化利益、价值取向
25	分配制度	三位一体公式、分配制度、剩余索取权、社会主义商品经济、企业家才能、相对剩余价值

续表

聚类号	聚类名称	聚类成员
26	经济基础与上层建筑	经济建设、唯物史观、抽象劳动、基尼系数、上层建筑、科学技术本质
27	经济伦理	经济伦理、自由对策
28	现代企业制度	股票期权、亚当·斯密、中国传统文化、现代企业制度
29	市场调控	市场经济条件、宏观调控、市场调节

（三）战略坐标图

（1）关注度和新颖度。根据关键词达到阈值的时间，计算每个聚类的平均共现时间，以此反映该聚类的平均年龄，再计算每个聚类的平均年龄与全部共现的关键词的平均共现年龄的离均差，称为"新颖度"。值有正负之分，若值为正数，表明研究的时间比较晚；若值为负数，表明研发的时间较早。

根据各关键词的共现频次，计算每个聚类的平均共现频次，再计算每个聚类的平均共现频次与全部共现的关键词的平均共现频次的离均差，称为"关注度"。值有正负之分，若值为正数，表明该聚类所代表的内容的研究受关注程度较高；若值为负数，则表明该聚类所代表的内容的研究受关注程度较低。各聚类的关注度和新颖度见表4-3。

表4-3 聚类关注度和新颖度

聚类号	关注度	新颖度	聚类号	关注度	新颖度	聚类号	关注度	新颖度
1	9.008	-0.812	11	-10.391	-1.368	21	-4.134	3.631
2	5.708	-0.768	12	11.119	0.853	22	23.008	1.331
3	-1.091	-1.068	13	-4.824	-0.868	23	13.208	-0.368
4	16.908	0.531	14	-8.391	5.431	24	-15.657	-0.368
5	-13.657	0.298	15	-18.824	-0.368	25	-6.769	-1.257
6	-5.491	-0.268	16	-9.591	1.031	26	-11.848	-0.939
7	28.808	1.331	17	-3.691	0.931	27	-7.741	0.901
8	-16.157	-1.368	18	17.608	-0.668	28	-20.241	-1.368
9	18.897	-1.368	19	-2.991	-0.796	29	-8.324	-1.035
10	-13.291	-0.568	20	-9.991	0.298			

(2) 战略坐标图。根据聚类的新颖度和关注度绘制战略坐标图（如图4-3所示）。根据战略坐标的各个象限的含义来看，在图4-3中，29个聚类有4个聚类位于第一象限、7个聚类位于第二象限、13个聚类位于第三象限、5个聚类位于第四象限。

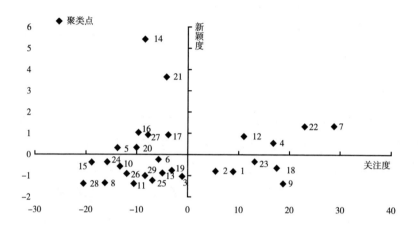

图4-3　2000~2012年政治经济学研究领域的战略坐标图

位于第一象限的4、7、12、22这些聚类的新颖度和关注度均大于0，表明这些聚类所代表的内容是2000~2012年政治经济学领域相对比较成熟的研究内容和方向，即属于2000~2012年的政治经济学领域学术研究热点，是目前国内政治经济学领域的核心内容。它们具体包括"经济学理论""资本主义经济""经济全球化""私营经济"等相关内容。

位于第二象限的5、14、16、17、20、21、27聚类的新颖度大于0，而关注度小于0。这表明该聚类所代表的研究内容属于2000~2012年国内政治经济学领域新出现的学术研究热点，但是受关注程度还不高。这些学术研究热点或将会是以后政治经济学领域关注的研究课题，我们称其为政治经济学理论的潜在型研究领域。其中一些内容将会随着关注程度的提高，成为未来政治经济领域的重要内容，它们具体包括"消费需求""金融资本""劳动收入""生产力与生产要素""创造价值""金融危机""经济伦理"。

位于第三象限的3、6、8、10、11、13、15、19、24、25、26、28、

29 聚类的新颖度和关注度都小于 0，这些聚类的关注程度不高，又都是在时间上比较靠前的研究，近些年的研究较少。这表明该聚类所代表的研究内容属于 2000~2012 年国内政治经济学领域的边缘型研究。这些聚类有两类：一类是以前为政治经济学领域研究比较热的课题，但由于其时效性或者受政治经济环境变化的影响，这些聚类最近已经退出了学术研究的主流；另一类是在 2000~2012 年政治经济学领域一直关注程度不高，近些年又没有更多研究的领域。它们分别是"国有企业分配""经济学研究""通货膨胀""政府""产权信用""经济周期""交易成本""资本家与剥削""价值取向""分配制度""经济基础与上层建筑""现代企业制度""市场调控"。

位于第四象限的 1、2、9、18、23 聚类的关注度大于 0，新颖度小于 0，表明这些聚类所代表的研究内容属于当前国内政治经济学领域的基础性研究内容。这些聚类的构成成员是 2000~2012 年间时间较靠前的研究，多年来一直受关注程度较高，但是从新颖度来看则不是近几年的新研发热点。它们具体包括"公平效率""所有制""社会主义经济""经济学方法论""劳动价值论"等内容。

（3）在以关注度为横轴、新颖度为纵轴的战略坐标图 4-3 中，依据新颖度和关注度的指标含义，以及战略坐标的象限位置的含义，可以清楚地看到目前关注度和新颖度都较高的研究领域。图 4-3 中显示，聚类 7、22 的关注度和新颖度都较高，聚类 7 受关注的程度最高，根据聚类 7 的成员构成可以确定其主要是关于"资本主义经济"的研究；其他是聚类 22 关于"私营经济"的研究。

对资本主义经济的研究主要集中于三个方面：第一，随着经济全球化和知识经济的发展，许多学者开始分析资本主义经济在全球化背景下展现的新变化、新特征；第二，探讨随着科技革命的发展不断演化资本主义的基本矛盾，如资本对雇佣劳动剥削的隐蔽化、贫富两极分化的加剧、人与自然关系的激化等；第三，欧洲主权债务危机的发生原因及其对全球经济的影响等。

改革开放以来，私营经济得到了迅速发展，随着以公有制为主体多种所有制并存的经济所有制的形成，私营经济在实现充分就业、促进经济增长、培育市场主体和促进市场发育等发面发挥着越来越大的作用，私营经济也得到了越来越多的关注。我国经济学家主要从私营经济的存在和发展、私营经济的性质、私营经济发展的制约因素等方面进行了深入探讨，这些问题是2000~2012年政治经济领域的研究热点。

在战略坐标图4-3中，2000~2012年具有较高关注度但是缺乏一些新颖性的领域主要有社会主义经济和经济学方法论。其中，社会主义经济理论是基础性研究；商品经济、社会主义市场经济和社会主义初级阶段基本经济制度是政治经济学领域的关注焦点。从认识论的角度来看，经济学是一个研究行为和现象的分析框架，因此经济学方法论构成了政治经济学的基础性研究内容。

按照新颖度来比较，具有新颖度但关注度不足的领域主要有金融资本、金融危机等。经济金融化实质就是金融资本在当今社会发展进程中的全面扩张过程，2008年的金融危机促使学者运用政治经济学理论分析金融资本和金融危机问题。但是目前政治经济领域对金融危机的研究关注度较低，未来该问题或将成为政治经济学研究的热点问题。

三 文献的分类排序特征

（一）政治经济学领域发文量居前的作者

设置阈值显示前100位高产作者，以13年作为1个时间跨度，运行Citespace软件，形成高产作者的知识网络图谱（见图4-4）。在图4-4中，2000~2012年政治经济学领域发文量最多的作者是中国人民大学卫兴华（23篇），卫兴华教授是我国马克思经济学的奠基人之一；其主要研究方向为社会主义经济、经济学理论和研究、劳动收入和分配制度等。发文量居第二位的是湖南大学李松龄（11篇），其研究的主要方向为价值理论和分配制度、效率和公平、经济理论。发文量居前的作者还有程恩富（10篇）、周叔莲（10篇）、于金富（10篇）、胡钧（9篇）、李炳炎（9篇）和胡培兆（9篇）等，其主要研究方向如表4-4所示。

图 4 – 4 2000～2012 年政治经济学研究领域的高产作者

表 4 – 4 2000～2012 年政治经济学研究领域高产作者的研究方向

作　者	发文量(篇)	主要研究方向
卫兴华	23	社会主义经济、经济学理论和研究、劳动收入和分配制度
李松龄	11	价值理论和分配制度、效率和公平、经济理论
程恩富	10	经济理论、劳动价值论、经济危机
周叔莲	10	社会主义和市场经济、经济理论
于金富	10	社会主义经济、资本主义经济、经济学方法、经济理论
胡　钧	9	社会主义经济、经济理论
李炳炎	9	社会主义市场经济、经济理论、劳动价值论
胡培兆	9	劳动价值论、资本的原始积累、经济理论

（二） 政治经济学领域发文量居前的机构

设置阈值显示前 150 个科研机构，以 13 年作为 1 个时间跨度，运行 Citespace 软件，形成高产的科研机构知识网络图谱（见图 4 – 5）。2000～ 2012 年政治经济学领域发文量最高的科研机构是中国人民大学（180 篇），其次是复旦大学（75 篇），居第三位的是武汉大学（68 篇），发文量居前位的科研机构如表 4 – 5 所示。

图 4 – 5　2000～2012 年政治经济学研究领域的科研机构共现知识图谱

表 4 – 5　2000～2012 年政治经济学领域发文量居前的科研机构

科研机构	发文量（篇）	科研机构	发文量（篇）
中国人民大学	180	南京大学	53
复旦大学	75	北京大学	52
武汉大学	68	厦门大学	49
南开大学	60	上海财经大学	47
中共中央党校	61	西南财经大学	45

　　在图 4 – 5 中，2000～2012 年政治经济学领域发文量最多的科研机构是中国人民大学，发文量最多的二级机构是中国人民大学经济学院（63 篇）；中国人民大学的其他主要发文机构包括中国人民大学马克思主义学院（26篇）、中国人民大学哲学院（10 篇）、中国人民大学国际关系学院（7 篇）、中国人民大学研究生院（4 篇）和中国人民大学公共管理学院（3 篇）等。

　　复旦大学的主要科研机构包括复旦大学经济学院（17 篇）、复旦大学哲学系（10 篇）、复旦大学经济系（7 篇）、复旦大学哲学学院（4 篇）、复旦大学当代国外马克思主义研究中心（4 篇）、复旦大学世界经济系（4 篇）和复旦大学国际关系与公共事务学院（4 篇）等。

　　中国社会科学院的主要科研机构为中国社会科学院经济研究所（25篇）、中国社会科学院马克思主义研究院（18 篇）、中国社会科学院工业经济研究所（6篇）、中国社会科学院研究生院（5篇）、中国社会科学院马列主义毛泽东思想研究所（5篇）、中国社会科学院世界经济与政治研究所（3篇）、中国社会科学院世界社会主义研究中心（3篇）等。

四　本章小结

本章借助文献计量软件 CiteSpace，采用共词分析、聚类分析和战略坐标相结合的文献计量方法，对 CNKI 数据库的政治经济学领域中文文献进行分析，具体描述了 2000～2012 年我国政治经济领域的研究状况、关注的研究热点和新颖的研究方向。在数据分析结果中，关注度较高的是"资本主义经济""私营经济""社会主义经济"等，这说明政治经济学研究领域学者在这几个方面的研究较多，符合当前中国经济大背景下的研究状况。新颖度较高的则是"金融资本""金融危机""经济伦理"等，这是我国政治经济学领域一个较新的、有待于进一步开拓的研究领域。此外，我们还进一步归纳收集了 2000～2012 年中国政治经济学领域发文量居前的作者、研究机构等信息，希望这些分析数据为我国今后的政治经济学理论研究提供参考和借鉴。需要说明的是，本研究中尝试运用了可视化软件和共词分析相结合的方法，可以直观、全面地揭示政治经济学理论研究领域的研究现状、热点和趋势，但其中可能存在一些局限，诸如"标引者效应"的存在、数据规范化处理的阈值的设定等，这可能对分析结果产生微弱的影响。这虽不会影响我们得出基本的分析结论，但值得今后继续加以完善。

第五章 经济思想史研究
领域文献计量

经济思想史又称经济学史，是对各种经济思想、学说和流派的渊源、发展、变迁进行系统整理和考察的经济学分支。经济思想史作为一门独立的经济学科，是随着经济理论在西方形成一套比较完整的思想体系之后而逐步形成的。经济思想史所涉及的内容，主要是关于近代和现代市场经济形成和发展过程中的各种经济思想和学说。按照经济学说出现的时期和阶段划分，经济思想史研究可以分为古代经济思想时期、早期古典经济思想时期、古典经济学体系的完成和发展时期、新古典经济学时期、当代经济思想阶段等不同时期。本章以我国经济思想史领域的中文文献为研究对象，通过运用文献计量方法，对 2000～2012 年 CSSCI 来源期刊中经济思想史领域的学术论文进行文献统计分析，并通过战略坐标展示经济思想史领域中文文献的研究现状、热点和主要研究方面，从中总结出相关前沿成果、高产作者等有价值的信息，为经济思想史领域的研究提供科学参考。

一 数据库的选择和数据统计

本章所统计的数据来自中文期刊全文数据库（以下简称 CNKI），在其中的 CSSCI 来源期刊范围内，按照中国图书馆分类号 F09（经济思想史），时间段设置范围为 2000～2012 年，略去会议通知、会议综述、刊首语、新

书评介等非学术论文类文章，检索到该时期有关经济思想史的论文文献共计
3797 条，更新时间为 2013 年 12 月。

由于存在标引者效应，为了能够客观准确地通过文献可视化出该领域的
研究现状、热点和趋势，需要对文献数据的关键词标引进行规范化处理，主
要包括无关键词的文献的关键词的提取；已有关键词的文献的不规范关键词
的删除，如现状、对策、因素等关键词；同义词、缩写词的统一和规范，如
"马克思经济学"与"马克思经济理论"，统一为"马克思经济理论"；
"《资本论》研究"与"《资本论》"，统一为"《资本论》"等。

（一）论文年度数据

根据图 5 - 1 中 CSSCI 来源期刊的 3797 篇经济思想史领域论文的年度分
布来看，各年度发文量较为平稳。其中，2000 ~ 2003 年的发文量相对较少，
每年为 240 ~ 330 篇；2004 ~ 2010 年发文量有所提高，在 390 ~ 500 篇波动，
峰值是 2009 年的 493 篇；2011 ~ 2012 年发文量回落到 360 篇左右。

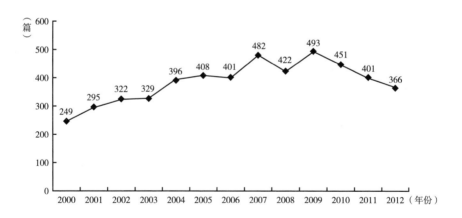

图 5 - 1＊　**2000 ~ 2012 年 CSSCI 来源期刊中经济思想史研究领域发文量年度分布**

　　＊本章图、表中的数据只显示本领域的学术研究论文，不含会议通知、会议综述、刊首语、
新书评介等。

通过对 2000 ~ 2012 年的发文情况进行分析可知，国内学者对经济学各
个领域的学术史进行了研究，主要涉及领域包括马克思经济理论、古典经
济理论、新古典经济理论、制度经济学、收入分配、我国领导人经济思

想、新兴经济学研究领域（包括演化经济学、行为经济学、实验经济学、信息经济学、生态经济学等）、国际经济与国际贸易、博弈论与信息经济学、产业组织、劳动经济学、经济民主、新兴古典经济理论、垄断与规制经济学、市场失灵、理性行为与理性预期、金融学、我国经济学家思想、劳资关系、经济周期与经济增长、福利经济学、经济体制改革、诺贝尔经济学奖、企业理论等。

2000～2012 年，对马克思主义经济理论、古典经济学、新古典经济学、经济体制改革理论、企业理论等领域的学术思想史的考察始终占据着我国经济思想史研究的重要位置，发文量较为平稳。通过对各年度论文主题进行分析，不难发现，2004～2010 年发文量的增加主要源于两方面：一是国际学术界中的新兴经济学领域逐渐受到我国学者关注，如行为经济学、实验经济学、信息经济学、演化经济学等；二是随着我国经济实际运行中突出矛盾的演变，劳动经济学、产业组织、收入分配理论等对我国现实矛盾解释力较强的研究领域渐成显学，对相关学科的学术思想史的梳理和评述也随之成为学界热点。以上两个因素是引起 2000～2012 年发文量波动的主要原因。

（二）刊发经济思想史论文的中文期刊

文献计量的结果显示，2000～2012 年刊发 100 篇以上经济思想史领域文章的学术期刊有 7 个（如图 5-2 所示）。其中载文量最多的是《当代经济研究》（322 篇），该刊是中国《资本论》研究会会刊，着重发表国内外学者关于《资本论》、政治经济学、经济思想史、西方经济学等领域的最新研究成果，也发表关于当代中国及世界经济等方面的优秀作品。发文量居第二位的是《经济学动态》（271 篇），该刊既坚持宣传和研究马克思主义的经济理论，及时反映国内外马克思主义经济理论动态，也坚持探讨和跟踪国外各经济学派的最新观点。载文量居前十的期刊还有《马克思主义研究》（155 篇），《经济评论》（125 篇），《毛泽东思想研究》（124 篇），《经济学家》（114 篇），《学术月刊》（104 篇），《经济纵横》（91 篇），《教学与研究》（87 篇），《马克思主义与现实》（86 篇）。

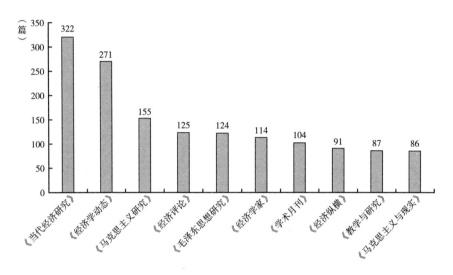

图 5 - 2　2000 ~ 2012 年 CSSCI 来源期刊中经济思想史研究领域发文量期刊分布

二　实证分析

（一）关键词共现矩阵

通过运用可视化软件 CiteSpace（Chen，2006）来生成实证研究所需要的矩阵，该软件主要功能是对输入的文献数据进行可视化分析以及矩阵的生成，我们运用其矩阵生成功能来获得关键词共现矩阵。具体步骤如下：（1）对上述经济思想史领域的文献数据进行标准化处理和格式转化。标准化处理主要是对文献进行筛选，确保数据属于经济思想史领域；格式转换是指 CiteSpace 对输入的数据有具体格式要求，须在输入软件之前对数据的格式进行转换，转换成软件默认的格式。（2）对 CiteSpace 软件进行相应的设置。在设置界面主要操作如下：时间切片设为每年一个时段；根据本章的需要将分析的内容设为关键词；阈值分别设定为（2，3，20）、（5，5，20）、（3，3，8）。（3）运行 CiteSpace 软件，在 project 文件夹中生成关键词矩阵，并可获得关键词共现知识图谱（如图 5 - 3 所示）。

软件运行结果共获得 412 个高频次关键词，同时生成关键词共现矩阵，

图 5 - 3　2000 ~ 2012 年经济思想史研究领域的关键词共现知识图谱

在该矩阵中数值的大小代表相关的两个关键词共现的强度大小，即余弦指数的大小。矩阵中的数值有两种：一种是有具体数值，如果矩阵中的数值越大，表示相应的两个关键词的共现强度越大；另一种就是数值为"0"，表明相应的两个关键词没有共现关系。如果一个关键词与矩阵中的任何关键词的数值都为"0"，那就可推断该关键词虽然频次很高，但总是孤立出现，与其他关键词从来都不存在共现关系。因此，依据关键词之间的共现关系和余弦指数值，我们构建出 412 × 412 的关键词共现矩阵。

（二）共词聚类分析

分析中所采用的聚类分析方法不同于目前普遍采用的聚类方法，而是借鉴了卡龙等（Callon, Courtial & Laville, 1991）的聚类原则来进行聚类划分，基本原则如下：（1）在 CiteSpace 软件生成的共现方阵（412 × 412）中，通过查找余弦指数最高的一对关键词，作为第一个聚类的主题词。（2）将方阵中的 412 个关键词与该对关键词的任一关键词的余弦指数进行降序排列，由高到低选取 10 个关键词（若余弦指数大于 0 的关键词不足 10 个，只取余弦指数大于 0 的关键词），其中包括作为主题词的一对关键词。即使余弦指数仍大于 0，超过 10 个以上的关键词均拒绝加入该聚类，即该聚类达到了饱和值（10 个关键词）。（3）第一个聚类生成后（或者饱和，或者余弦指数大于 0 的不足 10 个关键词），在方阵中将已加入聚类中的关键词删除掉（需要行、列同时删除），保证已加入聚类中的关键词不会加入下面的其他聚类。（4）反复进行第一步到第三步，就可以一个一个地生成聚类，一直进行到将所有存在共现关系的关键词都加入聚类中为止。若矩阵中虽然还有关键词，但这些关键词之间已经没有共现关系，即所有的关键词间的共现强度为 0（余弦指数等于 0），聚类生成结束，所剩的关键词不再加入任何聚类。

412 个高频关键词中"马克思经济理论"的词频最高（Freq = 592），但只根据高频关键词个体无法识别研究内容和方向。因此本研究借鉴卡龙的聚类分析方法，通过聚类分析来识别研究内容和研究方向。按照上述的聚类方法和原则，将 412 个关键词划分出 65 个聚类。其中有些聚类只有两个聚类成员，这类聚类不能准确地反映聚类所代表的研究方向和内容，因此这些聚类不作为分析对象，删除这类聚类，最后形成的有效聚类共计有 24 个。每个聚类根据所包含的关键词，可以概括出聚类的名称，24 个聚类名称就是该领域的主要研究内容和研究方向。2000 ~ 2012 年我国经济思想史领域的文献所涉及的研究主要包括制度经济学、收入分配、我国领导人经济思想、新兴经济学研究领域、国际经济与国际贸易、博弈论与信息经济学、产业组织、劳动经济学、经济民主、新兴古典经济理论、垄断与规制经济学、市场失灵、理性行为与理性预期、金融学、我国经济学家思想、马克思经济理论、劳资关系、古典经济理论、新古典经济理论、经济周期与经济增长、福利经济学、经济体制改革、诺贝尔经济学奖、企业理论等 24 个研究内容或方向（见表 5 - 1）。

表 5 - 1　聚类名称及构成

聚类号	聚类名称	聚类成员
1	我国经济学家思想	中国经济学、孙冶方、薛木桥、陈翰笙、张培刚、顾准
2	经济周期与经济增长	经济增长、通货膨胀、经济危机、金融危机、菲利普斯曲线、大萧条、创新
3	诺贝尔经济学奖	经济学家、主流经济学、思想史、评介、现代西方经济学、谢林、方法论、经济理论、比较研究
4	金融学	金融资本、国际金融、危机、金融风险、股票、期权、虚拟经济、索罗斯

续表

聚类号	聚类名称	聚类成员
5	国际经济学与国际贸易	利用外资、卡特尔、自由贸易、比较优势、克鲁格曼、世界市场、世界银行、国际货币经济组织、对外开放、经济全球化、WTO
6	马克思经济理论	资本论、劳动价值论、劳动、资本、生产力理论、生产关系、垄断资本主义、恩格斯、列宁、斯大林、社会主义市场经济、所有制、公有制、计划经济、资本积累、价值规律、剩余价值理论、上层建筑、抽象劳动、生产方式、意识形态、历史唯物主义
7	经济民主	经济伦理、自由、平等、效率、市场经济
8	产业组织	施蒂格勒、筱原三代平、规模经济、竞争、合作、产业结构、产业升级
9	理性行为与理性预期	理性、行为、有限理性、理性预期、卢卡斯、预期、效用
10	新兴经济学研究领域	演化经济学、行为经济学、实验经济学、信息经济学、生态经济学、低碳经济、脑科学、认知、心理学、微观计量经济学、赫克曼、鲍德里亚
11	企业理论	厂商、剩余索取权、企业理论、企业家、不完全契约、奈特
12	经济体制改革	计划经济、经济建设、改革开放、国有企业、国有经济、政企分开、政府干预、公有制经济、私营经济、社会主义商品经济、转型经济学、所有制、市场社会主义、私有化、市场机制、非公有制经济、经济转型
13	垄断与规制经济学	垄断、寡头、国家干预、宏观调控、国民经济、经济政策
14	福利经济学	庇古、社会福利、阿罗不可能定理、福利经济学定理
15	我国领导人经济思想	毛泽东、刘少奇、邓小平理论、张闻天、陈云、"三个代表"、科学发展观、可持续发展、以人为本、和谐社会、社会主义初级阶段理论、生产力标准理论、小康社会、西部大开发、共同富裕、经济特区、社会主义本质、社会主义市场经济理论
16	劳动经济学	效率工资、劳动生产率、就业、搜寻匹配理论、工资
17	博弈论与信息经济学	博弈论、博弈、完全信息、纳什均衡
18	市场失灵	道德风险、不完全信息、信息甄别、外部性、期望效用、不确定性、信用
19	新古典经济理论	新古典经济学、边际革命、凯恩斯、马歇尔、瓦尔拉斯、斯蒂格利茨、弗里德曼、后凯恩斯主义、均衡、资源配置、帕累托最优、一般均衡、新自由主义
20	古典经济理论	斯密、李嘉图、配第、穆勒、完全竞争、国富论、经济人
21	收入分配	按劳分配、按贡献参与分配、共同富裕、劳动、收入分配、劳动生产率、公平、剥削、分配制度、基尼系数
22	制度经济学	交易成本理论、产权制度、科斯、诺斯、布坎南、哈耶克、阿克洛夫、现代企业制度、新制度经济学、制度变迁、制度矫正、制度环境、制度演化、制度创新、自发秩序、路径依赖
23	劳资关系	劳动力、雇佣、韦伯、产业关系、生产要素、资本、所有权
24	新兴古典经济理论	超边际分析、分工、分工组织、专业化

（三）战略坐标图

（1）研究领域的分区。根据各个聚类的关注度和新颖度（表5－2）绘制战略坐标图（图5－4）。在图5－4中，24个聚类有3个聚类位于第一象限、5个聚类位于第二象限、7个聚类位于第三象限、9个聚类位于第四象限。

表5－2　聚类的关注度和新颖度

聚类号	关注度	新颖度
1	－25. 242998	－2. 030493
2	12. 357181	－0. 097169
3	52. 257155	－3. 197165
4	－4. 742975	－1. 297160
5	－23. 242969	0. 969506
6	89. 757180	－1. 197169
7	－12. 896539	－3. 115631
8	－30. 242935	0. 302839
9	－8. 076241	－1. 030492
10	－5. 242983	7. 102839
11	38. 567823	－1. 497169
12	41. 157192	－1. 697163
13	－18. 742912	－1. 342176
14	6. 257096	－2. 897160
15	16. 423761	2. 636172
16	－19. 042998	0. 702839
17	－30. 992977	5. 052839
18	－9. 957193	－1. 125733
19	16. 312656	－0. 919388
20	13. 157190	－0. 897166
21	36. 312655	6. 636172
22	96. 007162	2. 302839
23	5. 857090	－1. 497161
24	－18. 576223	－0. 363837

位于第一象限的聚类15、21、22的新颖度和关注度均大于0，表明这些聚类所代表的内容是2000～2012年我国经济思想史领域相对比较成熟的

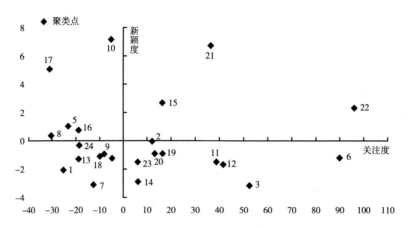

图 5 - 4 2000 ~ 2012 年 CSSCI 来源期刊中经济思想史研究领域的战略坐标图

研究内容和方向,即属于 2000 ~ 2012 年的经济思想史学术研究热点,备受关注,因此是该领域的核心内容。它们具体包括"我国领导人经济思想""收入分配""制度经济学"等相关内容。

位于第二象限的聚类 5、8、10、16、17 的新颖度大于 0,而关注度小于 0。这表明该聚类所代表的研究内容属于 2000 ~ 2012 年我国经济思想史领域新出现的学术研究热点,但是受关注程度还不高。这些学术研究热点或将会是以后该领域关注的研究课题,我们称其为经济思想史的潜在型研究领域。其中一些内容将会随着关注程度的提高,成为未来该学科的重要内容,它们具体包括"国际经济学与国际贸易""产业组织""新兴经济学研究领域""劳动经济学""博弈论与信息经济学"。其中,以演化经济学、实验经济学等为代表的新兴经济学研究对传统经济学观点提出了诸多挑战,是当前国际经济学界的研究热点,在我国学术界也逐渐升温,有待于进一步关注。同时,我国人口结构、产业结构转变也使得相关问题研究成为未来极具吸引力的研究领域。

位于第三象限的聚类 1、7、9、13、18、24 的新颖度和关注度都小于0,这些聚类的关注程度不高,又都是在时间上比较靠前的研究,近些年的研究较少。这表明该聚类所代表的研究内容属于 2000 ~ 2012 年我国经济思想史的边缘型研究。这些聚类有两类:一类是以前为经济思想史领域研究比较热的课题,但由于其具有时效性或者受政治经济环境变化的影响,这些聚类最近已经退出了学术研究的主流；另一类是在 2000～2012 年经济思想史领域一直受关注程度不高，近些年又没有更多研究的领域。它们是"我国经济学家思想""经济民主""理性行为与理性预期""垄断与规制经济学""市场失灵""新兴古典经济理论""金融学"等。

位于第四象限的聚类 2、3、6、11、12、14、19、20、23 的关注度大于 0，新颖度小于 0，表明这些聚类所代表的研究内容属于当前我国经济思想史领域的基础性研究内容。这些聚类的构成成员是 2000～2012 年间时间较靠前的研究，多年来一直备受关注，但是从新颖度来看则不是近几年的新研发热点。根据这些聚类的研究内容来看，它们属于经济思想史领域的基础性理论研究范围，具体包括"经济周期与经济增长""诺贝尔经济学奖""马克思经济理论""企业理论""经济体制改革""福利经济学""劳资关系""新古典经济理论""古典经济理论"等内容。

（2）"关注度""新颖度"领先的研究领域。在以关注度为横轴、新颖度为纵轴的战略坐标图 5-4 中，依据新颖度和关注度的指标含义，以及战略坐标的象限位置的含义，可以清楚地看到目前具有较高关注度，却缺乏一些新颖性的领域。图 5-4 中显示，有 12 个聚类位于第一、四象限，其中 22、6、3、12、11 等聚类的关注度较高，聚类 22 受关注的程度最高。根据聚类 22 的成员构成可以确定其主要是关于"制度经济学"的研究，其他依次是"企业理论""经济体制改革""诺贝尔经济学奖""马克思经济理论"。制度经济学、企业理论、经济体制改革理论成为广受关注的研究热点与我国市场经济改革实践密切相关，马克思经济理论关注度较高则源于其在我国经济研究中的独特地位。

按照新颖度来比较，图 5-4 中显示有 8 个聚类位于第一、二象限。其中聚类 10、21、17 的新颖度明显较高，这些聚类分别是："收入分配""新兴经济学研究领域""博弈论与信息经济学"。不难发现，一些跨学科的新兴经济学领域（包括行为经济学、实验经济学、信息经济学、虚拟经济理论等）在西方学术界的兴起促进了我国学者对其学术史的关注；博弈论与信息经济学则是继经济计量学之后的又一重要经济学研究方法，近年来其应用范围逐步扩大；我国收入分配矛盾突出也促进学术界较多关注了收入分配理论。按照新颖度指标的含义和计算公式来计算，聚类 10 中

"新兴经济学研究领域"的研究新颖度最高，而其关注度小于1，值得进一步研究。

三　文献的分类排序特征

（一）经济思想史领域发文量居前的作者

设置阈值显示前200位高产作者，以13年作为1个时间跨度，运行Citespace软件，形成高产作者的知识网络图谱（见图5-5）。2000~2012年，中山大学的朱富强发文量为29篇，居于首位；其次是中国社会科学院的程恩富（25篇）、中国人民大学的卫兴华（23篇）、上海社会科学院的钟祥财（21篇）、中国人民大学的贾根良（20篇）、中南财经政法大学的卢现祥（18篇）、北京师范大学的白暴力（15篇）、中国人民大学的吴易风（14篇）、南开大学的王璐（14篇）、武汉大学的颜鹏飞（13篇）。其主要研究内容如表5-3所示。

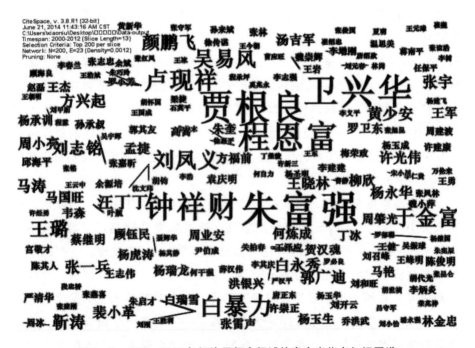

图5-5　2000~2012年经济思想史领域的高产出作者知识图谱

表 5 - 3　2000~2012 年经济思想史领域发文量居前的作者及其主要研究内容

作　者	发文量	主要研究内容
朱富强	29	马克思主义经济学、经济学方法论、比较研究
程恩富	25	国外马克思主义经济理论、马克思主义经济学与西方经济学比较研究
卫兴华	23	马克思主义经济学、社会主义经济理论
钟祥财	21	中外古代经济学思想史
贾根良	20	演化经济学、奥地利学派
卢现祥	18	制度经济学
白暴力	15	马克思主义经济学、《资本论》研究
吴易风	14	马克思主义经济学、我国领导人经济思想
王　璐	14	马克思主义经济学、西方经济学
颜鹏飞	13	马克思主义经济学、西方经济学

另外，一些学者在经济思想史方面的成果数量虽然不是特别突出，但其对特定领域学术史的研究成果被引频次较高，是经济思想史研究中较为突出和重要的成果。比如，周业安、杨瑞龙、黄少安、韦森、史晋川、杨其静、徐桂华、聂辉华等关于制度经济学思想史的研究，林毅夫等关于新古典经济学范式和发展经济学理论的研究，陈劲等关于集成创新理论的研究，向昀、徐桂华等关于外部性理论的研究，何大安、张良桥等关于有限理性的分析，牛晓帆等关于产业组织的研究，茅铭晨等关于政府管制理论的梳理，林岗、刘和旺等关于诺斯思想的研究，毛凯军等关于技术创新理论的研究，等等。

（二）经济思想史领域发文量居前的机构

设置阈值显示前 150 个科研机构，以 13 年作为 1 个时间跨度，运行 Citespace 软件，形成高产的科研机构知识网络图谱（见图 5 - 6）。在图5 - 6中，2000~2012 年经济思想史领域发文量最高的科研机构是中国人民大学（328 篇），其次是中国社会科学院（217 篇），第三是南开大学（196 篇），发文量在 50 篇以上的科研机构，如表 5 - 4 所示。

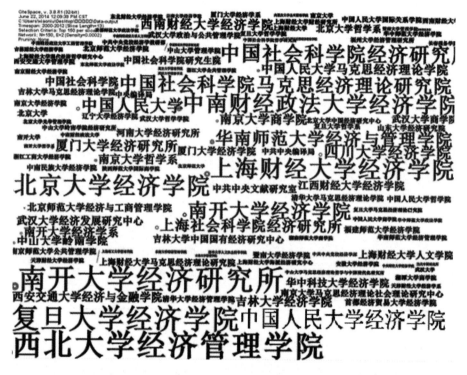

图 5 - 6　2000～2012 年经济思想史研究领域的科研机构共现知识图谱

表 5 - 4　2000～2012 年经济思想史研究领域发文量在 50 篇以上的科研机构

科研机构	发文量（篇）	科研机构	发文量（篇）
中国人民大学	328	中山大学	77
中国社会科学院	217	中南财经政法大学	76
南开大学	196	西北大学	74
武汉大学	161	清华大学	74
北京大学	160	浙江大学	73
复旦大学	151	华南师范大学	72
上海财经大学	145	西南财经大学	63
南京大学	129	山东大学	58
厦门大学	110	北京师范大学	51
吉林大学	88		

四 本章小结

本章采用共词分析、聚类分析和战略坐标相结合的文献计量方法，具体描述了当前我国经济思想史领域的研究状况、热点和趋势。在本章的研究结论中，我们发现关注度较高的领域是"制度经济学""企业理论""经济体制改革""诺贝尔经济学奖""马克思经济理论"等，这说明经济思想史领域学者在这几个学术研究内容上的研究较多，符合当前我国政治经济大背景下的研究状况。新颖度较高的则是"收入分配""新兴经济学研究领域""博弈论与信息经济学"等；表明在我国经济思想史研究中，这几个聚类是目前较新的、有待于进一步开发的研究领域。尤其是跨学科的新兴经济学领域（包括行为经济学、实验经济学、信息经济学、虚拟经济理论等）、博弈论与信息经济学在西方学术界的兴起促进了我国学者对其学术史的关注，值得进一步研究。另外，随着我国经济实际运行中突出矛盾的演变，劳动经济学、产业组织理论、收入分配经济学等对我国现实矛盾解释力较强的研究领域渐成显学，对相关学科的学术思想史的梳理和评述也随之成为学界热点。此外，我们还进一步归纳收集了2000～2012年中国经济思想史领域发文量居前的作者、研究机构等信息，希望这些分析结论为今后的相关研究提供参考和借鉴。

第六章　经济史研究领域文献计量

经济史是介于经济学与历史学之间的交叉学科，在经济学领域它属于理论经济学，在历史学领域它属于专门史，具体是指经济领域的发展历史和经济状态的变迁史。从广义上讲，经济史是人类以往从事经济活动过程的总称，是独立于人的意识之外的客观事件；从狭义上说，经济史是指经济史学家通过文字以及符号等对上述经济活动发展规律的描述解释，是对于过去的经济现象的研究。本章以经济史领域的中文文献为研究对象，运用共词分析、聚类分析等文献计量方法，通过战略坐标揭示经济史学领域主要研究主题和热点，总结出经济史研究领域的前沿成果、主要科研机构、高产作者、潜在研究热点等信息，为进一步的研究提供参考。

一　数据库的选择和数据统计

本章选取了中国知网（CNKI）的期刊数据库作为数据来源，以图书分类号作为检索方式，根据 2010 年第五版《中国图书分类法》查找经济史学的分类代码，构建检索式：

CLC = 'F119' + 'F129' + 'F249. 19' + 'F249. 29' + 'F259. 29' + 'F269. 29' +
　　　'F279. 19' + 'F279. 29' + 'F299. 29' + 'F316. 29' + 'F319' + 'F326. 29' +
　　　'F329' + 'F419' + 'F429' + 'F729' + 'F745. 9' + 'F749' + 'F752. 9' +
　　　'F752. 59' + 'F811. 9' + 'F812. 9' + 'F821. 9' + 'F831. 9' + 'F832. 9' +
　　　'F841. 9' + 'F09'

这一检索式涵盖了世界经济史、中国经济史、劳动经济史、农业经济史、工业经济史、国际贸易史、金融史等分支。在"经济与管理科学"学科范围内，期刊类别选择中文社会科学引文索引（CSSCI）来源期刊，检索到了2000~2012年的文献共计3983篇，检索和更新时间为2013年12月。

利用 CiteSpace 软件对所下载的数据进行格式转换后，略去书评、访谈、会议通知、会议综述、纪念文章等，获得有效数据3546条。然后，对有效数据进行标准化处理，主要包括同义词、缩写词的规范和统一，机构的合并（机构更改名称的，统一成最新名称），无关键词文献的关键词提取，不规范关键词的删除等，以保证软件运行结果的客观性和准确性。

（一）论文的年度分布

如图6-1所示，2000~2012年经济史研究领域的年度刊文数量波动不大，但呈小幅下降趋势。2000~2002年比较平稳，发文量均在300篇左右。2003~2006年，经济史领域发文量不断下降。2007~2009年发文量有明显上升，直到2008年以后又呈现下降趋势。

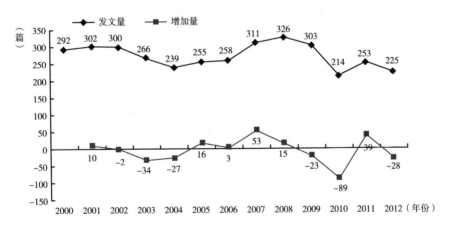

图6-1　2000~2012年经济史研究领域年度发文量及增加量分布

（二）刊发论文的期刊统计

表6-1列出了2000~2012年在经济史领域刊文量居前14位的期刊及其载文数量。2000~2012年，中文社会科学引文索引（CSSCI）来源期刊在经济史领域刊载学术论文共计3546篇。其中，《中国农史》载文量最高

（184 篇），该刊是国家一级学会中国农业历史学会会刊，代表了我国农史学界最高水平的研究成果。经济史载文量居第二位的是《中国社会经济史研究》，该刊以刊登中国社会经济史理论研究成果和专题研究论文为主，是中国经济史学科的专业杂志。载文量前 10 的期刊中，《中国农史》《史学月刊》《中共党史研究》《江西社会科学》《史林》复合影响因子均大于 0.6。

表 6-1　2000~2012 年经济史研究领域刊文量居前的期刊（前 14 位）

期刊名称	载文量（篇）	期刊名称	载文量（篇）	期刊名称	载文量（篇）
《中国农史》	184	《江西社会科学》	60	《江汉论坛》	40
《中国社会经济史研究》	128	《史林》	56	《思想战线》	39
《当代中国史研究》	94	《历史教学》	48	《江海学刊》	38
《史学月刊》	76	《求索》	45	《民国档案》	37
《中共党史研究》	73	《社会科学》	45		

二　实证分析

（一）关键词共现

运行 CiteSpace 软件，将时间切片设置为每 1 年为一个时段，点选关键词（keywords）可视化主题，阈值设定为（3，2，10）、（3，2，10）、（2，2，10），将标准化处理的有效数据输入 CiteSpace 软件中，进行关键词共现的可视化分析。运行结果生成 2000~2012 年经济史学研究领域的关键词共现知识图谱（见图 6-2），得到高词频关键词共计 423 个。

图 6-2 中，共现频次最高的是"近代中国"（116 次），其次是"清代"（106 次），第 3~10 位的分别是"明清时期"（92 次）、"国民政府"（92 次）、"近代"（86 次）、"民国"（86 次）、"经济史"（66 次）、"经济史研究"（65 次）、"抗日战争"（59 次）、"商品经济"（56 次）。从图谱来看，中国近现代经济史属于研究最多的领域，与"明清时期""清末""民国""抗日战争"等相关的文献数量较多。中国古代经济史研究中，"工商业""区域经济"等关键词的出现频率较高。此外，"新中国经济体制改革""农业经济史""金融史""商会与商帮"也是较为热门的研究领域。

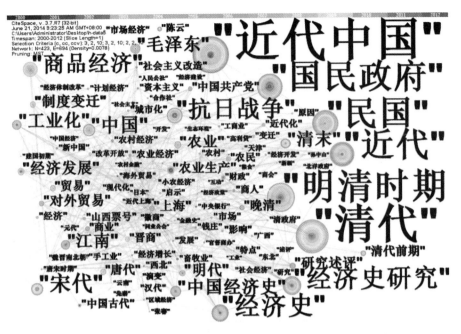

图 6-2 2000~2012 年经济史研究领域的关键词共现知识图谱

（二）共现聚类分析

本章借鉴了卡龙等（Callon, Courtial & Laville, 1991）的聚类原则来进行聚类划分，基本原则如下：（1）在 CiteSpace 软件生成的共现方阵（424×424）中，查找出余弦指数最高的一对关键词，将其作为第一个聚类的主题词。（2）将方阵中的 424 个关键词与该对关键词的任一关键词的余弦指数进行降序排列，由高到低选取 10 个关键词（若余弦指数大于 0 的关键词不足 10 个，只取余弦指数大于 0 的关键词），其中包括作为主题词的一对关键词。即使余弦指数仍大于 0，超过 10 个以上的关键词均拒绝加入该聚类，即该聚类达到了饱和值（10 个关键词）。（3）第一个聚类生成后（或者饱和，或者余弦指数大于 0 的不足 10 个），在方阵中将已加入聚类中的关键词删除掉（行、列同时删除），保证已加入聚类中的关键词不会加入下面的其他聚类。（4）反复进行第一步到第三步，就可以逐个生成聚类，一直进行到将所有存在共现关系的关键词都加入聚类中为止。若矩阵中虽然还有关键词，但这些关键词之间已经没有共现关系，即所有的关键词间的共现强度为 0（余弦指数等于 0），聚类生成结束，所剩关键词不再加入任何聚类。

本研究通过聚类分析来识别研究内容和研究方向。按照上述的聚类方法和原则，将 424 个关键词划分出 85 个聚类。其中有些聚类只有两个聚类成员，这些聚类不能准确反映聚类所代表的研究方向和内容，因此这些聚类不作为分析对象，删除这些聚类，最后形成的有效聚类 50 个。根据每个聚类所包含的关键词概括出聚类的名称，聚类名称就是其领域的主要研究内容和研究方向（见表 6-2）。

表 6-2　聚类名称和成员

序号	聚类名称	聚类成员
1	经济危机	大萧条、利润率下降、资本主义、金融危机、市场经济、西方经济学、20 世纪、毛泽东、商人、工商业
2	畜牧业	牧羊业、养马业、北宋、近三十年、农业考古
3	国营经济	民营经济、国营经济、国民政府
4	农村金融	私人借贷、农村金融、制度变迁
5	中国经济体制改革	中国农村改革、中国经济体制改革、回顾与展望、三十年、经济史研究、对外开放
6	经济发展简史	发展简史、中国证券市场、社会主义改造、民国
7	土地流转	中国现代、土地流转、经济史、资本市场、城市化、新中国
8	传统经济制度	西汉、传统经济制度、经济转型
9	中国经济史	历史数据、中国历史、我国古代、耕地面积、估算、中国经济史
10	渔业经济	河泊所、渔业经济、鱼课、江西、清代
11	金融史	钱庄、银行、洋行、政府、农民、建设、上海、清代前期、山西票号
12	中国社会经济史研究	农史、中国社会经济史研究、大学学报、明清时期
13	进出口贸易	云南、边疆、进出口贸易、影响、经济变迁、贡赐贸易
14	雇佣关系	唐五代、敦煌、雇佣关系
15	利益相关者	徽商、利益相关者、原因、近代化、回族商业、晋商、江南、移民、福建
16	农业经济	唐代、农业经济、明代、小农经济、农村工业、商品经济、农业生产、城乡关系、魏晋南北朝、学术史
17	藏区经济	宋元时期、藏区、经济

续表

序号	聚类名称	聚类成员
18	工场手工业	中国封建社会、经济作物、工场手工业、自然经济
19	海外贸易	海上贸易、海外贸易、朝贡贸易、清政府、经济发展
20	经济政策	推广、清末、近代安徽、近代工业、制度创新、经济政策、近代化、安徽、特点、天津
21	经济思想名著	《资治通鉴》、《魏书》、唐宋时期
22	东北工业	工业、东北、"文化大革命"、抗日战争时期
23	工农业关系	工业化、工农业关系、中国共产党、技术引进、俄国、近代、辛亥革命、农业改良、对外贸易
24	外商直接投资	日本、中国、美国、海上丝绸之路、外商直接投资、网络、欧洲、农村经济、农业、农村
25	社会经济	山东、社会经济、少数民族、近代上海
26	股票市价	《申报》、股票市价、南京政府
27	工商业史	西北、汉代、商业、手工业、先秦、30 年代
28	经济改革	利用外资、早期现代化、经济改革、改革开放
29	经济开发	商会、新疆、西藏、经济开发
30	现代企业制度	路径依赖、现代化、张謇、张之洞、股份制企业
31	商帮	冀商、商帮、历史
32	广州十三行	粤海关、广州十三行、行商
33	经济学	历史学、经济学、社会科学、宋代
34	转型	副业、转型、浙江
35	经济体制	宋代社会、地方政府、经济体制、元代
36	计划经济	经济体制改革、计划经济、经验教训
37	金融思想	中央银行、金融思想、北京政府、孙中山
38	官督商办	市场、宁夏、官督商办
39	劳资关系	建国初期、城市管理、劳资关系
40	变迁	变迁、大生纱厂、衰落、资本
41	土地制度	人民公社化运动、土地制度、述评
42	工业制成品	工业制成品、实证研究、贸易条件
43	商人资本	机制、商人资本、同业公会
44	城镇发展	城镇规模、成就、城镇
45	晚清经济史	晚清、演变、华商、发展、消费、赋役、洋务运动
46	经济全球化	茶叶出口、经济全球化、鸦片战争
47	公司制度	北洋政府、公司制度、财政危机
48	股票市场	股票市场、周恩来、国民经济
49	民族资本	启示、民族资本、人力资本
50	区域经济	共同富裕、区域经济、中国古代、邓小平

（三）战略坐标图

（1）关注度和新颖度。根据关键词达到阈值的时间，计算每个聚类的平均共现时间，以此反映该聚类的平均年龄，再计算每个聚类的平均年龄与全部共现的关键词的平均共现年龄的离均差，称为"新颖度"。值有正负之分，若值为正数，表明研究的时间比较晚；若值为负数，表明研发的时间较早。

根据各关键词的共现频次，计算每个聚类的平均共现频次，再计算每个聚类的平均共现频次与全部共现的关键词的平均共现频次的离均差，以此反映该聚类的受关注程度，称为"关注度"。值有正负之分，若值为正数，表明该聚类所代表内容的研究受关注程度较高；若值为负数，则表明该聚类所代表内容的研究受关注程度较低。各聚类的关注度和新颖度见表6-3。

表6-3　聚类关注度和新颖度

序号	关注度	新颖度	序号	关注度	新颖度	序号	关注度	新颖度
1	1.26	-1.09	18	-7.69	2.61	35	-5.44	3.91
2	-9.34	3.51	19	4.06	-3.99	36	-0.27	-2.59
3	17.06	-0.25	20	1.16	-0.29	37	-5.44	-3.34
4	3.73	0.75	21	-5.94	-5.59	38	-0.27	-3.22
5	0.23	1.75	22	-3.84	2.66	39	-6.27	3.28
6	15.31	-4.59	23	19.33	-1.50	40	-2.94	1.36
7	6.56	1.41	24	-0.44	0.01	41	-5.60	2.61
8	-11.27	1.61	25	-2.94	0.56	42	-12.14	2.41
9	-2.44	3.78	26	-7.94	-5.59	43	-7.94	4.78
10	11.26	-5.59	27	3.40	-3.25	44	-9.05	1.81
11	3.10	-0.81	28	-6.44	2.01	45	-0.60	0.98
12	13.56	-1.54	29	-2.69	-1.09	46	-10.94	5.41
13	-4.57	1.65	30	-4.74	-1.49	47	-5.94	1.01
14	-6.21	5.41	31	-9.74	2.51	48	-6.94	1.41
15	0.73	-1.81	32	-11.27	4.41	49	-5.60	0.41
16	5.40	-2.45	33	4.06	1.41	50	0.06	-5.59
17	-2.60	3.08	34	-7.94	5.41			

（2）以关注度为横轴、新颖度为纵轴绘制战略坐标图（见图6－3）。在图6－3中，位于关注度轴上方的经济史学研究主题有30个，包括14（雇佣关系）、43（商人资本）、34（转型）、46（经济全球化）等，这些主题的新颖度较高，属于经济史领域内的新主题；位于新颖度轴右侧的研究主题有17个，如3（国营经济）、6（经济发展简史）、23（工农业关系）等，这17个主题的关注度较高，属于经济史的研究热点。

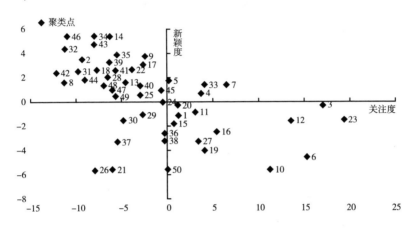

图6－3 经济史研究领域战略坐标图

从象限分布来看，关注度和新颖度都较高的研究内容或研究方向有4个：4（农村金融）、5（中国经济体制改革）、7（土地流转）、33（经济学）。随着近年来我国对"三农问题"的高度关注，农村金融、土地流转等正成为理论界研究的新热点。位于第一象限的这些主题所代表的研究内容是2000～2012年经济史领域相对比较成熟的研究内容和方向，即属于2000～2012年的经济史学术研究热点，是目前国内经济史领域的核心内容。

目前关注度较高、却缺乏一些新颖性的领域主要有3（国营经济）、6（经济发展简史）、10（渔业经济）、12（中国社会经济史研究）、23（工农业关系）等，其中，最受关注的是"工农业关系"，这一主题主要包含了"工业化""工农业关系""技术引进"等关键词。这些领域备受关注，研究较为成熟但研究的新颖性不足，因此将其称为基础性研究领域。

新颖度较高却缺乏关注度的领域共 27 个，包括 14（雇佣关系）、32（广州十三行）、39（劳资关系）、43（商人资本）、44（城镇发展）、46（经济全球化）等，这些主题所代表的研究内容属于 2000～2012 年国内经济史领域新出现的学术研究热点，但是受关注程度还不高。经济全球化问题在世界经济学领域研究的成熟度较高，但在经济史领域的研究起步较晚，有待于进一步深入。近年来经济运行中日益凸显的劳资冲突促使许多学者关注劳资关系问题，但基于经济史视角的劳资关系研究出现时间较晚，且数量有限。这些主题的研究价值较高，故将其称为潜在领域。

位于第三象限的经济思想名著、经济开发、金融思想、计划经济、官督商办等领域的受关注程度不高，又都是在时间上比较靠前的研究，近些年的研究较少。这表明这些聚类所代表的研究内容属于 2000～2012 年我国经济史的边缘型研究。

动态来看，位于第二象限的经济全球化（经济史视角）、劳资关系等研究内容，属于新兴的研究领域，或将随着关注度的进一步提高，从第二象限移动到第一象限，成为经济史中的成熟研究主题或方向。

三　文献的分类排序特征

(一) 文献发文量居前的作者

运行 CiteSpace 软件，运行结果生成前 100 位高产作者，以 13 年作为一个时间跨度，得到高产出作者的知识网络图谱，如图 6-4 所示。

图 6-4 显示，2000～2012 年在经济史领域，中国社会科学院经济研究所的方行、清华大学历史系的李伯重、上海财经大学的杜恂诚发文量最高，各发文 17 篇，其次是中国社会科学院经济研究所的武力、南开大学历史学院的李金铮，各发文 16 篇，第 6～11 位的依次是山西大学的刘建生（15篇）、山西大学的燕红忠（15 篇）、复旦大学的朱荫贵（14 篇）、华中师范大学的彭南生（14 篇）、中国社会科学院的董志凯（13 篇）、中国社会科学院的魏明孔（13 篇）。此外，孔祥毅、吴景平、赵德馨等学者发文量也较多，且其成果的被引频次较高。

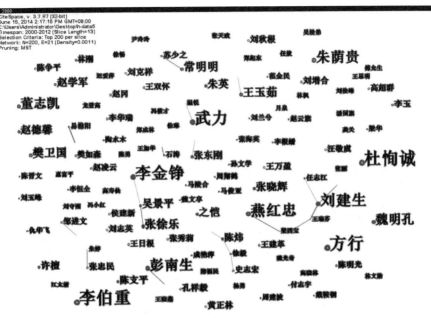

图 6 - 4 2000 ~ 2012 年经济史研究领域的高产作者知识图谱

(二) 科研团队和作者之间的合作

在高产作者可视化分析的基础上，运用聚类分析方法进行聚类划分，得到经济史领域的作者合作团队（见图 6 - 5）。图 6 - 5 中，三人以上的科研团队有 3 个，其中以刘建生、燕红忠、李金铮、陈炜为主的科研团队规模较大。刘建生在晋商研究方面成果较多。燕红忠主要研究方向为金融史、商业史，发表了大量与晋商、山西票号相关的文献和著作。两位学者合作较多。张徐乐研究方向为金融史、中外金融制度比较研究和外资银行研究，与吴景平教授合作较多。其他科研团队中，常明明和苏少之、易棉阳和姚会元合作也较为突出。

(三) 文献发文量居前的机构

在 CiteSpace 设置界面进行主要设置后，运行 CiteSpace 软件，生成高产出的科研机构 150 个。其中中国社会科学院经济研究所发文量最高，达 172 篇，其次是复旦大学（137 篇）和厦门大学（107 篇），第四是南开大学发文 103 篇，排在第 5 ~ 10 位的依次是上海社会科学院（64 篇）、山西大学（60 篇）、南京大学（56 篇）、华中师范大学（55 篇）、中国人民大学（47

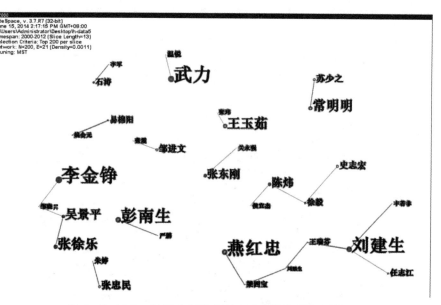

图 6 - 5　2000 ~ 2012 年经济史研究领域的作者合作情况

篇)、四川大学 (46 篇)。为比较充分地显示机构全貌，对最大节点 "中国社会科学院经济研究所" 做了遮挡处理 (见图 6 - 6 右下角)。

图 6 - 6　2000 ~ 2012 年经济史研究领域的科研机构共现知识图谱

复旦大学的主要科研机构是复旦大学历史学系（82 篇）、复旦大学历史地理研究中心（38 篇）、复旦大学经济学院（12 篇）等。厦门大学的主要科研机构包括厦门大学历史系（57 篇）、厦门大学人文学院（14 篇）、厦门大学东南亚研究中心（10 篇）、厦门大学台湾研究中心（7 篇）、厦门大学历史研究所（6 篇）等。南开大学的主要科研机构为南开大学经济研究所（42 篇）、南开大学历史学院（28 篇）、南开大学经济学院（20 篇）、南开大学中国社会史研究中心（9 篇）、南开大学周恩来政府管理学院（4 篇）等。2000～2012 年山东大学在经济史领域发文 28 篇，排名第 18 位，主要来自山东大学历史文化学院（23 篇）和山东大学经济学院（5 篇）。

四　本章小结

本章采用共词分析、聚类分析和战略坐标相结合的文献计量方法，客观揭示了我国经济史领域的研究现状、热点和趋势。研究发现，经济史领域关注度较高的是新中国经济体制改革、农业经济史、中国近现代经济史等，并且在这些领域学者的合作也较多。新颖度较高的则是雇佣关系、商人资本和经济全球化等相关的经济史内容。此外，我们进一步归集了 2000～2012 年中国经济史领域发文量居前的作者、研究机构等信息，希望相关结论能为我国今后的经济史研究提供参考和借鉴。需要说明的是，本章运用了可视化软件和共词分析相结合的方法，它可以直观、全面地揭示经济史研究领域的研究现状、热点和趋势，但其中可能存在一些局限，诸如"标引者效应"的存在、数据规范化处理和阈值的设定等，这可能对分析结果有一定的影响，但不会影响基本结论的正确性。

第七章 西方经济学研究
领域文献计量

西方经济学一直是国内外经济学研究中的重要方面，它以稀缺资源配置为主要研究对象。英国经济学家莱昂内尔·罗宾斯（Lionel Robbins）在《经济科学的性质和意义》中曾指出，"经济学是一门研究作为目的和具有不同用途的稀缺手段之间关系的人类行为的科学"，第一次正式把稀缺资源的合理配置规定为经济学的研究对象。保罗·萨缪尔森（Paul A. Samuelson）认为，"经济学研究人和社会如何进行选择，来使用可以有其他用途的稀缺的资源以便生产各种商品，并在现在或将来把商品分配给社会的各个成员或集团以供消费之用"。随着我国市场经济发展，西方经济学在我国经济学科的地位逐步提升，研究成果较为丰富。本章以西方经济学领域的中文文献为研究对象，运用文献计量方法，对当前西方经济学领域的中文文献进行文献统计分析，通过战略坐标展示西方经济学领域的研究现状、热点和主要研究领域，总结出我国西方经济研究领域的前沿成果、主要研究机构、高产作者、主要期刊分布等有价值的信息，为西方经济学领域的研究提供科学参考。

一 数据库的选择和数据统计

本章所统计的数据来自中国知网（CNKI）数据库，采用中图分类号和主题相结合的检索方式，根据 2010 年第五版《中国图书分类法》查找宏观经济学和微观经济学的分类代码，共获得 3 个分类代码（F0－08 西方经济学、F015 宏观经济学、F016 微观经济学），以这 112 个分类代码为基础，结合主题"西方经济学""宏观经济学""微观经济学""中观经济学"，用布尔逻辑式语言"或"组构检索式（中图分类号 F0－08 或 F015 或 F016 或主题"西方经济学"或"宏观经济学"或"微观经济学"或"中观经济学"，精确匹配），检索时间段设置范围为 2000～2012 年，检索期刊论文类别设置为经济或管理科学，核心期刊和 CSSCI 期刊，检索到 2000～2012 年有关西方经济学领域的文献共计 3558 篇，去掉会议通知、会议综述、刊首语、述评、编者评论等不属于西方经济学研究的文献，最后获得有效数据 2727 条，检索和更新时间为 2013 年 12 月。

（一）论文的年度分布

由图 7－1 中 2727 篇西方经济学领域的中文学术论文的年度分布情况来看，自 2000 年以来，西方经济学领域的发文量总体上呈下降趋势，但波动幅度不大；2000～2007 年西方经济学领域发文量较多，除 2005 年外发文量均在 200 篇以上；2008～2012 年发文量较少，其中，2008 年发文量最少（148 篇）。从 2000～2012 年西方经济领域的文献年度分布来看，国内学者对西方经济学的关注度略有下降。

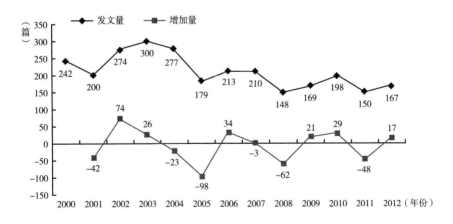

图 7－1 *　**2000～2012 年 CNKI 中西方经济学研究领域发文量及增加量年度分布**

　* 本章图、表中的数据只显示本领域的学术研究论文，不含会议通知、会议综述、刊首语、新书评介等。

（二）刊发西方经济学论文的中文期刊

文献计量结果显示，2000～2012 年刊发 30 篇以上西方经济论文的学术期刊有 16 种。其中载文量最多的是《经济学动态》，该刊是由我国著名经济学家孙冶方倡办、中国社会科学院经济研究所主办的学术刊物，坚持宣传和研究马克思主义的经济理论，及时反映国内外经济理论动态，也坚持探讨和跟踪其他国家的经济学派的最新观点。发文量居第二位的是《当代经济研究》（80 篇），该期刊系中国《资本论》研究会会刊，着重发表国内外学者关于《资本论》、政治经济学、经济思想史、西方经济学等领域的最新研究成果。《生产力研究》载文量 68 篇，居第三位，其主要刊登研究经济理论、经济改革、经济发展问题方面的论文。载文量居前十的期刊还有《经济纵横》（60篇）、《经济评论》（60 篇）、《经济学家》（58 篇）、《商业时代》（49 篇）、《商业研究》（42 篇）、《当代财经》（34 篇）、《经济研究》（33 篇）等期刊。2000～2012 年 CNKI 数据库中发文量居前的 CSSCI 期刊如表 7 - 1 所示。

表 7 - 1　2000～2012 年 CNKI 数据库中西方经济学研究
领域发文量居前的 CSSCI 期刊分布

期　刊	载文量（篇）	期　刊	载文量（篇）
《经济学动态》	147	《商业研究》	42
《当代经济研究》	80	《当代财经》	34
《经济纵横》	60	《经济研究》	33
《经济评论》	60	《学术月刊》	29
《经济学家》	58	《财经问题研究》	28

二　实证分析

（一）关键词共现矩阵

通过运用可视化软件 CiteSpace（Chen，2006）来生成实证研究所需的矩阵，该软件主要功能是对输入的文献数据进行可视化分析以及矩阵的生成，我们运用其矩阵生成功能来获得关键词共现矩阵。具体步骤如下：（1）对西方经济领域的文献数据进行标准化处理，标准化处理主要是对文献进行筛选，确保数据属于西方经济领域。（2）对文献数据的关键词进行规范化处理，主要包括无关键词的文献的关键词的提取；已有关键词的文献的不规范关键词的删除，如现状、对策、因素等关键词；同义词、缩写词的统一和规范，如"Nash 均衡"与"纳什均衡"统一为"纳什均衡"，"储蓄与投资"和"储蓄和投资"统一为"储蓄和投资"，等等。（3）对西方经济领域的文献数据进行格式转换，格式转换是指 CiteSpace 对输入的数据有具体格式要求，须在输入软件之前对数据的格式进行转换，转换成软件默认的格式。（4）对 CiteSpace 软件进行相应的设置，在设置界面主要操作如下：时间切片设为每年一个时段；根据本章的需要将分析的内容设为关键词；阈值分别设定为（4，2，10）、（2，2，10）、（3，3，10）。（4）运行 CiteSpace 软件，在 project 文件夹中生成关键词矩阵。

软件运行结果共获得 428 个高频次关键词，并生成关键词共现网络知识图谱（图 7－2），在图谱中节点的大小代表该关键词出现的频次大小，点越大，频次越高；节点之间的连线表示关键词之间的共现关系，连线越粗表示共现的强度越大。在生成的关键词共现网络图谱中，2000～2012 年西方经济学领域文献的关键词共现频次最高的是"西方经济学"（389 次），但由于该关键词过大，考虑到图谱的整体性，我们在图 7－2 中将其隐藏。在图 7－2 中，2000～2012 年西方经济学领域文献的关键词共现频次最高的是"马克思主义经济学"（108 次），其次是"宏观经济学"（104 次），关键词共现频次居前十的还有"经济增长""微观经济学""经济学""马克思经济学""经济学家""中国经济学""货币政策"。这几个关键词所表征的研究内容属于 2000～2012 年西方经济学的研究热点。

（二）共词聚类分析

分析中所采用的聚类分析方法不同于目前普遍采用的聚类方法，而是借鉴了卡龙等（Callon，Courtial&Laville，1991）的聚类原则来进行聚类划分，基本原则如下：（1）在 CiteSpace 软件生成的共现方阵（428×428）中，通过查找余弦指数最高的一对关键词，作为第一个聚类的主题词。（2）将方

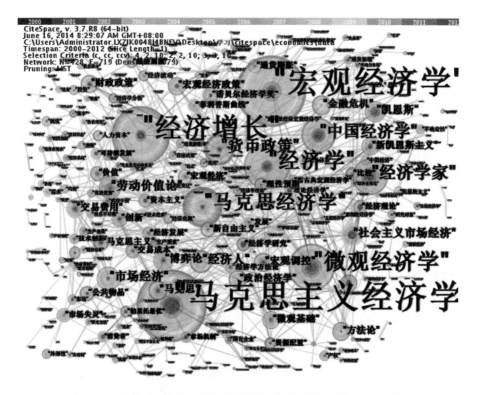

图 7 - 2   2000 ~ 2012 年西方经济学研究领域的关键词共现知识图谱

阵中的 428 个关键词与该对关键词的任一关键词的余弦指数进行降序排列，由高到低选取 10 个关键词（若余弦指数大于 0 的关键词不足 10 个，只取余弦指数大于 0 的关键词），其中包括作为主题词的一对关键词。即使余弦指数仍大于 0，超过 10 个以上的关键词均拒绝加入该聚类，即该聚类达到了饱和值（10 个关键词）。（3）第一个聚类生成后（或者饱和，或者余弦指数大于 0 的不足 10 个关键词），在方阵中将已加入聚类中的关键词删除掉（需要行、列同时删除），保证已加入聚类中的关键词不会加入下面的其他聚类。（4）反复进行第一步到第三步，就可以一个一个地生成聚类，一直进行到将所有存在共现关系的关键词都加入聚类中为止。若矩阵中虽然还有关键词，但这些关键词之间已经没有共现关系，即所有的关键词间的共现强度为 0（余弦指数等于 0），聚类生成结束，所剩的关键词不再加入任何聚类。

    428 个高频关键词中"西方经济学"的词频最高（Freq = 389），但只根据高频关键词个体无法识别研究内容和方向。因此本研究借鉴卡龙的聚类分析方法，通过聚类分析来识别研究内容和研究方向。按照上述的聚类方法和原则，将 428 个关键词划分成 83 个聚类。其中有些聚类只有两个聚类成员，这类聚类不能准确反映聚类所代表的研究方向和内容，因此这些聚类不作为分析对象，删除这类聚类，最后形成的有效聚类共计有 57 个。每个聚类根据所包容的关键词，可以概括出聚类的名称，57 个聚类名称就是该领域的主要研究内容和研究方向（见表 7 - 2）。

表 7 - 2　聚类名称及构成

聚类号	聚类名称	聚类成员
1	中国经济发展与发达国家	中国经济发展、发达国家、城市化
2	内部控制效率与公司治理结构	内部控制效率、公司治理结构、案例分析
3	农村劳动力	农村剩余劳动力、三重约束、阻力模型
4	经济学发展与创新	发展、路径、改革、创新、中国经济学、经济理论、微观经济学、政治经济学、马克思主义、劳动价值论
5	经济福利	消费者剩余、生产者剩余、价格
6	市场定价与汇率制度	最优汇率制度、PCP-PTM、市场定价、LCP-PTM、定价模式
7	关税与福利	关税、福利、新开放经济宏观经济学、汇率、技术进步
8	就业与经济增长	就业增长、非对称性、经济增长
9	现代经济学	现代经济学、樊纲、分析方式、新制度经济学、经济学
10	意识形态与制度	意识形态、制度、资本、经济公平、经济人、交易费用、人力资本、制度创新
11	创新驱动与创业投资	创新驱动、创业投资、风险投资
12	华盛顿共识与北京共识	华盛顿共识、北京共识、经济学家、新自由主义、社会主义市场经济
13	"三农"问题	"三农"问题、内生性发展、外生性发展
14	经济政策	斯科特、2004 年度、经济政策、新凯恩斯主义
15	政府定位与作用	政府定位、政府作用、国际竞争力、经济运行
16	诺贝尔经济学奖	萨金特、西姆斯、诺贝尔经济学奖
17	技术冲击与经济波动	经济波动、技术冲击、宏观经济政策、福利成本、商业周期、实际经济周期、冲击、波动、宏观经济学
18	个体主义及其演化	个体主义、演化、微观基础

聚类号	聚类名称	聚类成员
19	公共利益与政府管制	公共利益、政府管制、市场失灵、收费高速公路、研究范式、研究综述、市场结构
20	价格竞争与寡头垄断	价格竞争、寡头垄断、纳什均衡
21	需求与供给	需求、供给、批判、房地产、弹性、均衡、自然垄断、模型
22	变化规律与对偶性	变化规律、对偶性、规模收益
23	储蓄、消费与投资	居民储蓄、消费、投资、组织、循环经济
24	新古典经济学与行为经济学	新古典经济学、行为经济学、有限理性、理性、凯恩斯、演化经济学、经济思想、新古典宏观经济学、资源配置、实验经济学
25	绿色营销	绿色营销、厂商、政府、博弈
26	通货膨胀与菲利普斯曲线	通货膨胀率、理性预期学派、菲利普斯曲线、货币政策、财政政策、信息不对称、货币政策目标
27	货币与财富	货币、财富、价值、名义刚性
28	资本积累与失业	资本积累、失业、通货膨胀、跨期均衡、内生经济增长理论、企业规模
29	经济发展与技术创新	经济发展方式、经济发展、技术创新、比较优势、新经济、评估、经济系统
30	理论经济学与应用经济学	理论经济学、应用经济学、中国经济、马克思主义经济学、马克思经济学、社会主义政治经济学、经济学研究
31	政府干预与政府失灵	政府干预、政府失灵、经济学分析、公共物品、国家干预、对策、资本主义、市场机制、宏观调控
32	经济学方法	经济学范式、本土化、方法论、主流经济学、理性选择、假设、科学范式、新古典理论
33	经济伦理	经济伦理、经济的、金融危机
34	社会福利与激励机制	社会福利、激励机制、水价
35	经济学方法论	生产函数、萨缪尔森、马克思、经济学方法论
36	经济学周期与凯恩斯主义	真实经济周期、凯恩斯主义、总需求、商业银行、选择
37	效率与公平	效率、公平、和谐社会、帕累托最优
38	稀缺性	哲学基础、稀缺性、劳动价值理论
39	社会保障与宏观经济	社会保障、影响、困境、宏观经济
40	国企改革	公有制、国企改革、研究方法、市场经济
41	供求关系与效用分析	供求关系、边际效用、哲学、效用、利率
42	市场与经济	市场、经济、收益、博弈论

续表

聚类号	聚类名称	聚类成员
43	产出与理性预期	产出、预期、通货紧缩、菲利普斯、理性预期
44	科学发展观	经济福利、科学发展观、理论基础
45	全球化	企业、全球化、动态均衡
46	供给学派与理论体系	供给学派、理论体系、公共投资、理论研究
47	信息与规制	规制、信息、不确定性
48	扩大内需与比较研究	比较研究、扩大内需、经济周期理论、经济学理论
49	政府规模与公共财政	政府规模、公共财政、公共选择
50	汇率制度与经济周期	汇率制度、宏观政策、经济周期
51	价值论与经济发展理论	价值理论、经济发展理论、熊彼特、启示
52	生产要素与交易成本	生产要素、交易成本、垄断
53	交换的帕累托	消费者、帕累托条件、国内生产总值、需求曲线
54	国有经济	国有经济、国有企业、按劳分配
55	劳动力市场与失业	非自愿失业、劳动力市场、效用函数、失业率
56	经济学帝国主义与一般均衡	经济学帝国主义、一般均衡、实证分析、微观计量经济学、诺贝尔经济学奖得主
57	经济危机	发展中国家、国际金融危机、经济危机

（三）战略坐标图

（1）聚类关注度和新颖度。根据关键词达到阈值的时间，计算每个聚类的平均共现时间，以此反映该聚类的平均年龄，再计算每个聚类的平均年龄与全部共现的关键词的平均共现年龄的离均差，称为"新颖度"。值有正负之分，若值为正数，表明研究的时间比较晚；若值为负数，表明研发的时间较早。

根据各关键词的共现频次，计算每个聚类的平均共现频次，再计算每个聚类的平均共现频次与全部共现的关键词的平均共现频次的离均差，称为"关注度"。值有正负之分，若值为正数，表明该聚类所代表的内容的研究受关注程度较高；若值为负数，则表明该聚类所代表的内容的研究受关注程度较低。各聚类的关注度和新颖度见表7-3。

表 7 - 3　聚类的新颖度和关注度

聚类号	关注度	新颖度	聚类号	关注度	新颖度	聚类号	关注度	新颖度
1	- 5.7170	2.32475	20	- 6.0503	- 0.6752	39	- 2.4670	0.8247
2	- 8.7170	5.32475	21	- 2.4670	0.32475	40	5.5329	- 1.9252
3	- 7.3837	1.32475	22	- 10.050	5.3247	41	- 4.3170	- 0.0752
4	14.1829	- 2.3752	23	- 4.6170	0.7247	42	4.03295	0.0747
5	- 1.3837	1.32475	24	3.68295	- 1.9752	43	0.2829	- 1.4752
6	- 9.7170	4.32475	25	- 3.2170	0.5747	44	- 5.6837	- 0.0085
7	- 2.1170	- 0.6752	26	8.56867	- 1.6752	45	- 6.3837	0.6580
8	16.6162	1.99142	27	0.63295	0.3247	46	- 2.7170	- 1.1752
9	9.68295	- 1.4752	28	- 3.8837	1.3247	47	- 3.7170	2.9914
10	6.28295	- 2.3002	29	- 0.8599	- 0.8181	48	- 1.2170	4.5747
11	- 9.3837	6.32475	30	15.8543	- 4.2466	49	- 7.7170	- 0.6752
12	12.4829	- 0.4752	31	5.83851	- 3.1196	50	- 0.3837	3.3247
13	- 9.7170	2.32475	32	- 2.7170	1.1997	51	- 4.2170	- 1.1752
14	0.78295	- 2.5752	33	0.94962	4.3247.	52	6.2829	- 2.6752
15	- 6.7170	- 1.1752	34	- 7.3837	3.3247	53	- 2.9670	- 2.3752
16	- 1.3837	3.99142	35	8.28295	- 3.9252	54	- 1.0503	- 4.6752
17	8.72740	- 0.1196	36	- 5.3170	1.3247	55	- 3.4670	- 3.1752
18	0.28295	- 1.0085	37	0.53295	- 1.9252	56	- 1.0503	- 3.0085
19	- 1.0027	0.32475	38	- 7.7170	2.3247	57	- 1.3837	4.9914

　　（2）战略坐标图。根据聚类的新颖度和关注度绘制战略坐标图（如图7-3所示）；根据战略坐标的各个象限的含义来看，在图7-3中，57个聚类有4个聚类位于第一象限、24个聚类位于第二象限、13个聚类位于第三象限、16个聚类位于第四象限。

　　位于第一象限的8、27、33、42这些聚类的新颖度和关注度均大于0，表明这些聚类所代表的内容是2000~2012年西方经济领域相对比较成熟的研究内容，即属于2000~2012年的西方经济理论学术研究热点，是目前国内西方经济领域的核心内容，它们具体包括"就业与经济增长""货币与财富""经济伦理""市场与经济"等相关内容。

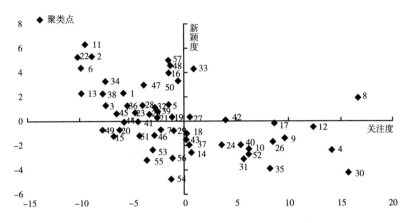

图7－3 2000～2012年西方经济学研究领域的战略坐标图

位于第二象限的1、2、3、5、6、11、13、16、19、21、22、23、25、28、32、34、36、38、39、45、47、48、50、57聚类的新颖度大于0，而关注度小于0。这表明该聚类所代表的研究内容属于2000～2012年国内西方经济领域新出现的学术研究热点，但是受关注程度还不高。这些学术研究热点或将会是以后西方经济领域关注的研究课题，我们称其为西方经济理论的潜在型研究领域。其中一些内容将会随着关注程度的提高，成为未来西方经济领域的重要内容，它们具体包括"中国经济发展与发达国家""内部控制效率与公司治理结构""农村劳动力""经济福利""市场定价与汇率制度""创新驱动与创业投资""'三农'问题""诺贝尔经济学奖""公共利益与政府管制""需求与供给""变化规律与对偶性""储蓄、消费与投资""绿色营销""资本积累与失业""经济学方法""社会福利与激励机制""经济周期与凯恩斯主义""稀缺性""社会保障与宏观经济""全球化""信息与规制""扩大内需与比较研究""汇率制度与经济周期""经济危机"相关内容。

位于第三象限的7、15、20、29、41、44、46、49、51、53、54、55、56聚类的新颖度和关注度都小于0，这些聚类的关注程度不高，又都是在时间上比较靠前的研究，近些年的研究较少。这表明该聚类所代表的研究内容属于2000～2012年国内西方经济领域的边缘型研究。这些聚类有两类：一类是以前为西方经济领域研究比较热的课题，但由于其具有时效性或者受西方经济环境变化的影响，这些聚类最近已经退出了学术研究的主流；另一类是在 2000～2012 年西方经济领域一直关注程度不高，近些年又没有更多研究的领域。它们分别是"关税与福利""政府定位与作用""价格竞争与寡头垄断""经济发展与技术创新""供求关系与效用分析""科学发展观""供给学派与理论体系""政府规模与公共财政""价值理论与经济发展理论""交换的帕累托""国有经济""劳动力市场与失业""经济学帝国主义与一般均衡"等相关内容。

位于第四象限的 4、9、10、12、14、17、18、24、26、30、31、35、37、40、43、52 聚类的关注度大于 0，新颖度小于 0，表明这些聚类所代表的研究内容属于当前国内西方经济领域的基础性研究内容。这些聚类的构成成员是 2000～2012 年间时间较靠前的研究，多年来一直备受关注程度较高，但是从新颖度来看则不是近几年的新研发热点。它们具体包括"经济学发展与创新""现代经济学""意识形态与制度""华盛顿共识与北京共识""经济政策""技术冲击与经济波动""个体主义及其演化""新古典经济学与行为经济学""通货膨胀与菲利普斯曲线""理论经济学与应用经济学""政府干预与政府失灵""经济学方法""效率与公平""国企改革""产出与理性周期""生产要素与交易成本"内容。

（3）在以关注度为横轴、新颖度为纵轴的战略坐标图 7－3 中，依据新颖度和关注度的指标含义，以及战略坐标的象限位置的含义，可以清楚地看到目前具有较大关注度和新颖度的领域，关注度比较高的是聚类 8（就业与经济增长）和聚类 42（市场与经济）。这两个领域成为研究热点与我国从计划经济向市场经济转轨过程中，"稳就业、促增长"成为主要宏观经济目标相关。

按照新颖度来比较，图 7－3 中显示有 28 个聚类位于第一、二象限，是较为新颖的研究领域。其中具有较高的新颖度但是缺乏一定关注度的领域主要有聚类 11（创新驱动与创业投资）。"创新驱动，转型发展"已经成为我国转变经济增长方式的战略选择，创业投资在我国经济发展中的作用越来越重要，近年来吸引了诸多学者研究创新创业问题。另外，其他具有较高的关注度但是缺乏新颖性的领域主要有聚类 30（理论经济学与应用经济学）、聚类 4（经济学发展与创新）和聚类 12（华盛顿共识与北京共识），这些研究方面或将成为我国西方经济学领域的重点研究内容。

三　文献的分类排序特征

（一）西方经济领域发文量居前的作者

设置阈值显示前 100 位高产作者，以 13 年作为 1 个时间跨度，运行 Citespace 软件，形成高产作者的知识网络图谱（见图 7－4）。在图 7－4 中，2000～2012 年西方经济领域发文量最多的作者是宁波大学汪浩瀚（21 篇），其主要研究方向是西方经济学基础理论和经济计量分析；发文量居第二位的是吴易风（16 篇），其主要研究领域为西方经济学和外国经济思想史，以及马克思主义经济理论和中国经济问题；中国人民大学方福前发文量为 15 篇，居第三位，其成果主要涉及宏观经济理论与政策、西方经济学及其流派、欧元经济与货币联盟等。发文量居前的作者还有中国社会科学院的余斌（13 篇）、北京师范大学的白暴力（9 篇）、中山大学的朱富强（8 篇）、南京大

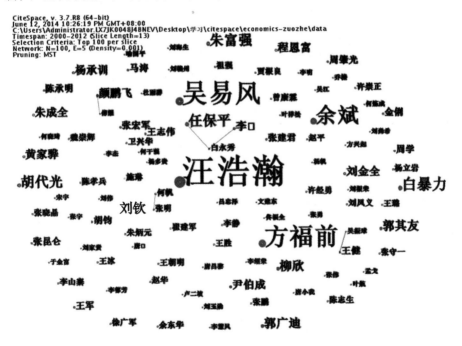

图 7－4　2000～2011 年西方经济学研究领域的高产作者知识图谱

学的任保平（8 篇）、北京大学的胡代光（8 篇）、中南民族大学的郭广迪（7 篇）、南开大学的刘钦（7 篇）和厦门大学的郭其友（7 篇）。

另外，一些学者在西方经济学方面的成果数量虽有限，但其对特定领域学术问题的研究成果被引频次较高，是西方经济学研究中较为突出和重要的成果，如林伯强、郭庆旺、李晓西、程明旺、林毅夫、袁志刚等的相关研究。

（二）西方经济领域发文量居前的机构

设置阈值显示前 150 个科研机构，以 13 年作为 1 个时间跨度，运行 Citespace 软件，形成高产的科研机构知识网络图谱（见图 7 - 5）。由图 7 - 5 可知，发文量最高的机构是中国人民大学经济学院（104 篇），其次是西北京大学经济管理学院（50 篇）和北京大学经济学院（44 篇），发文量居前十的科研机构如表 7 - 4 所示。

图 7 - 5　2000 ~ 2012 年西方经济学研究领域的科研机构共现知识图谱

2000 ~ 2012 年西方经济领域发文量最高的科研机构是中国人民大学（201 篇），其次是北京大学（87 篇），第三是南开大学（85 篇）；发文量居前的科研机构如表 7 - 4 所示。

表 7 - 4　2000 ~ 2012 年西方经济学研究领域发文量居前的科研机构

科研机构	发文量(篇)	科研机构	发文量(篇)
中国人民大学	201	上海财经大学	65
北京大学	87	西北大学	64
南开大学	85	武汉大学	63
复旦大学	80	西南财经大学	53
厦门大学	67	南京大学	47

在西方经济学领域，中国人民大学的主要科研机构包括中国人民大学经济学院（108 篇）、中国人民大学财政金融学院（9 篇）、中国人民大学公共管理学院（5 篇）、中国人民大学商学院（3 篇）、中国人民大学国民经济管理学院（3 篇）和中国人民大学马克思主义学院（3 篇）等。北京大学的主要科研机构是北京大学经济学院（44 篇）、北京大学光华管理学院（10 篇）、北京大学政府管理学院（10 篇）、北京大学中国经济研究中心（7 篇）、北京大学国家发展研究中心（3 篇）等。

四　本章小结

本章借助文献计量软件 CiteSpace，采用共词分析、聚类分析和战略坐标相结合的文献计量方法，分类、细致描述了 2000 ~ 2012 年我国西方经济领域的研究状况、热点和趋势。在本章的研究结果中，我们发现关注度较高的是"就业与经济增长""理论经济学与应用经济学""经济学发展与创新""华盛顿共识与北京共识"等，这说明西方经济研究领域学者在这几个学术研究内容上的研究较多，符合当前中国经济大背景下的研究状况。而新颖度较高的则是"创新驱动与创业投资""变化规律与对偶性""内部控制效率与公司治理结构""经济危机"等。表明在西方经济领域中，这几个学术研究领域是中国目前较新、有待于进一步开发的研究领域。此外，我们还进一步归集了 2000 ~ 2012 年中国西方经济领域发文量居前的作者、研究机构等信息，希望这些分析结论为我国今后的西方经济理论研究提供参考和借鉴。需要说明的是，我们在本研究中尝试运用了可视化软件和共词分析相结合的方法，它可以直观、全面地揭示西方经济理论研究领域的研究现状、热点和趋势，但其中可能存在一些局限，诸如"标引者效应"的存在、数据规范化处理的阈值的设定等，这可能对分析结果产生微弱的影响。这虽不会影响我们得出基本的分析结论，但值得今后继续加以完善。

第八章　世界经济研究领域文献计量

　　世界经济学是研究全球化和地区经济一体化中的全球经济的运行绩效及机制变迁规律的经济学学科，为建立公正合理的国际经济新秩序、在平等互利的基础上扩大和加强世界各国和地区的经济贸易关系提供决策依据。我国对世界经济展开独立研究是自 20 世纪 60 年代开始，80 年代初世界经济作为一门独立学科在我国逐步建立起来，完成了从专题理论研究到基本理论体系创建的阶段性转变。本章以 2000~2012 年 CNKI 数据库的 CSSCI 来源期刊中世界经济领域论文文献为研究对象，运用共词分析、聚类分析等文献计量方法，并通过战略坐标展示世界经济学领域主要研究主题和热点，总结出世界经济研究领域的前沿成果、主要科研机构、高产作者、潜在研究主题等信息，为该领域的进一步研究提供参考。

一　数据库的选择和数据统计

　　本章选取了中国知网（CNKI）的期刊数据库作为数据来源，以图书分类号 F11（世界经济、国际经济关系）作为世界经济领域文献的检索方式，在"经济与管理科学"学科领域范围内，期刊类别选择中文社会科学引文索引（CSSCI）来源期刊，检索到了 2000~2012 年的研究文献 5950 篇，检索和更新时间为 2013 年 12 月。

　　利用 CiteSpace 软件对所获数据进行格式转换后，略去书评、访谈、会议通知、会议综述等非学术论文类文章，获得有效数据 5028 条。进而我们对有效数据进行标准化处理，主要包括同义词、缩写词的规范和统一，机构的合并（机构更改名称的，统一成最新名称），无关键词文献的关键词提取、不规范关键词的删除等。

（一）论文年度分布

如图 8 - 1 所示，2000～2012 年世界经济领域的研究成果数量平稳波动并呈小幅下降趋势，其中 2006～2008 年发文量明显低于平均水平，其他年份的发文数量都在 350 篇以上，2001 年发文量达到峰值，为 497 篇。

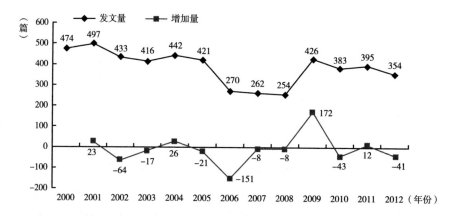

图 8 - 1　2000～2012 年世界经济研究领域论文发文量及增加量年度分布

（二）刊发论文的期刊统计

表 8 - 1 列出了 2000～2012 年世界经济领域载文量前 15 位的期刊。其中，《国际贸易》载文量最高，该刊是世界经济和国际贸易学的专业刊物，2000 年以来刊发关于世界经济学的论文 223 篇，约占总发文量的 11%。载文量居第二位的《亚太经济》是我国世界经济类核心期刊，着重反映世界政治经济对亚太地区发展的影响，亚太经济各国或地区的经济发展与合作动态，以及我国的相关战略选择等。前 15 位中，《世界经济研究》《世界经济与政治》《当代亚太》《世界经济》的复合影响因子均大于 2.0。

表 8 - 1　2000～2012 年世界经济领域的期刊论文载文量统计

期刊名称	载文量（篇）	期刊名称	载文量（篇）	期刊名称	载文量（篇）
《国际贸易》	177	《当代亚太》	107	《经济学动态》	75
《亚太经济》	176	《世界经济与政治》	96	《经济纵横》	61
《世界经济研究》	149	《东北亚论坛》	86	《世界经济》	60
《国际经济评论》	110	《国外社会科学》	83	《经济社会体制比较》	54
《世界经济与政治论坛》	110	《国外理论动态》	76	《国际贸易问题》	54

二　实证分析

（一）关键词共现

运行 CiteSpace 软件，将时间间隔设置为每 1 年为一个时段，选关键词（Keywords）可视化主题，阈值设定为（5，5，30）、（3，3，20）、（4，5，20），将标准化处理的有效数据导入 CiteSpace 软件中，进行关键词共现的可视化分析。运行结果生成 2000～2012 年世界经济学研究领域的关键词共现知识图谱（图 8 - 2），图谱中共获得高频关键词 421 个。

由于节点太大，在生成图 8 - 2 时隐藏了共现频次最高的四个点，包括"经济全球化"（727 次）、"全球化"（317 次）、"世界经济"（315 次）和"发展中国家"（291 次）。共现频次居于第 5 至 15 位的是"经济增长"（234 次）、"发达国家"（223 次）、"金融危机"（195 次）、"区域经济一体化"（157 次）、"跨国公司"（141 次）、"中国"（140 次）、"东亚"（139 次）、"美国经济"（128 次）、"经济发展"（122 次）、"经济增长速度"（114 次）、"东盟"（109 次）。这 15 个关键词共现频次均大于 100，它们所表征的研究领域属于 2000～2012 年这一阶段世界经济学的研究热点。

图谱的左上区域涵盖了"东亚、亚太合作"相关关键词，右上区域关键词主要为"区域经济一体化、东北亚合作"等问题，左下区域主要是"发达国家、世界经济格局"相关主题，右下区域关键词以"全球经济危机、金融危机"类居多，中间区域关键词较多围绕"国际经济组织、经济

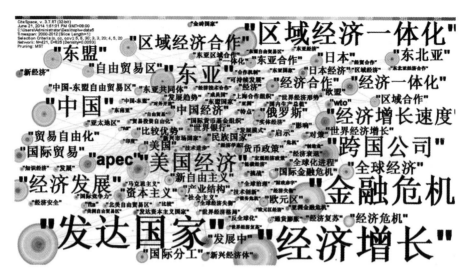

图 8 - 2　2000 ~ 2012 年世界经济研究领域的关键词共现知识图谱

政策合作"等。从以上分析可以看出，2000 ~ 2012 年，世界经济领域研究主要集中于全球化、区域经济合作、世界经济局势、国际经济政策、金融危机等问题。

（二）共现聚类分析

采用的聚类分析方法借鉴卡龙等（Callon，Courtial & Laville，1991）的聚类原则来进行聚类划分，基本原则如下：（1）在 CiteSpace 软件生成的共现方阵（421 × 421）中，通过查找余弦指数最高的一对关键词，作为第一个聚类的主题词。（2）将方阵中的 421 个关键词与该对关键词的任一关键词的余弦指数进行降序排列，由高到低选取 10 个关键词（若余弦指数大于 0 的关键词不足 10 个，只取余弦指数大于 0 的关键词），其中包括作为主题词的一对关键词。即使余弦指数仍大于 0，超过 10 个以上的关键词均拒绝加入该聚类，即该聚类达到了饱和值（10 个关键词）。（3）第一个聚类生成后，在方阵中将已加入聚类中的关键词做行和列同时的删除，保证已加入聚类中的关键词不会加入下面的其他聚类。（4）反复进行第一步到第三步，就可以逐个生成聚类，一直进行到将所有存在共现关系的关键词都加入聚类中为止。若矩阵中虽然还有关键词，但这些关键词之间已经没有共现关系，即所有的关键词间的共现强度为0（余弦指数等于0），聚类生成结束，所剩的关键词不再加入任何聚类。

本研究通过聚类分析来识别研究内容和研究方向。按照上述的聚类方法和原则，将421个关键词划分为69个聚类。其中有些聚类只有两个聚类成员，这类聚类不能准确反映聚类所代表的研究方向和内容，因此这些聚类不作为分析对象，删除这些聚类，最后形成的有效聚类共计46个。根据每个聚类所包含的关键词概括出聚类的名称，46个聚类名称就是其各自领域的主要研究内容和研究方向（表8-2）。

表8-2　聚类名称与成员表

序号	聚类名称	聚类成员
1	世界经济与政治	世界经济与政治、中国社会科学院、东亚共同体
2	欧元区	月份、百分点、放缓、欧元区、财政政策
3	东北亚合作	东北亚国家、东北亚合作、东北亚经济合作、经济一体化组织、环境保护
4	金砖国家	巴西、金砖、印度、国家经济、俄罗斯、发展中国家、新兴市场国家、坎昆会议、全球经济
5	债务危机	主权、债务危机、财政赤字、世纪经济复苏、货币政策、实体经济、全球治理、欧元区经济
6	亚太地区	澳大利亚、伙伴关系、亚太地区、合作机制、自由贸易区、区域内、美国、东亚合作、日本、TPP
7	美元流动性	流动性、利率、美元、经济、房地产市场
8	全球气候变化	清洁能源、温室气体减排、碳排放、全球气候变化、发达国家
9	循环经济	可持续发展战略、德国、循环经济、经济学家
10	信息技术	信息技术、融入经济全球化、信息产业、跨国公司、发展趋势、外国直接投资、中国经济、区域经济合作
11	全球化	全球化进程、反全球化运动、全球化时代、全球化问题、国家利益、新自由主义、西方国家、发展中国家经济安全
12	可持续发展	气候变化、京都议定书、低碳经济、经济刺激、发展模式、可持续发展、美国经济
13	金融风险	金融风险、金融市场、世界经济增长、外汇储备、货币市场、新兴经济体、国际贸易

续表

序号	聚类名称	聚类成员
14	中国——东盟	中国企业、东盟国家、新加坡、中国—东盟、东盟自由贸易区、区域合作、战略选择、人民币、北美自由贸易区、领导人会议
15	亚太经济合作	贸易投资自由化、发展中成员、亚太经济合作、贸易和投资自由化、经济技术合作、APEC、APEC方式、中国—东盟自由贸易区
16	石油价格	石油价格、经济增长速度、发达经济、世界经济发展、发达国家经济、世界经济形势、经济复苏、伊拉克战争、日本经济、经济衰退
17	宏观经济政策国际合作	宏观经济政策、国际合作、亚洲金融危机、国际金融危机、交易成本、2003年
18	上海合作组织	上海合作组织、经济合作、成员国、东亚自由贸易区、区域经济、东南亚、东亚国家、合作、东北亚
19	当代资本主义	发达资本主义国家、当代资本主义、社会主义国家、第三世界国家、国际经济、资本主义生产方式
20	全球金融危机再平衡	全球金融危机、再平衡、全球失衡、国际货币体系、次贷危机
21	区域贸易协定	区域贸易协定、区域经济集团、美洲自由贸易区、区域经济一体化
22	复苏	复苏、危机、意识形态、国际分工
23	经济一体化	东盟、中国、新地区主义、经济一体化、双边自由贸易、欧盟、现状、"10＋3"
24	社会主义	世界共产党、社会主义、世界经济危机、工业化、资本主义、经济危机
25	知识经济	生产要素、发展战略、知识经济、知识产权保护、世界经济格局
26	华盛顿共识	华盛顿共识、国际货币基金组织、地区经济、后危机时代
27	国际组织	国际组织、失业率、贸易保护主义、区域一体化、联合国
28	通货膨胀	通货膨胀、美联储、技术进步、金融体系、世界经济衰退、经济增长
29	国际竞争力	经济体、经济发展、泰国、经济安全、国际竞争力、民主
30	北美自由贸易协定	亚洲经济一体化、北美自由贸易协定、巴基斯坦
31	FDI	世界经济学、FDI、传导机制
32	贸易摩擦	贸易顺差、贸易摩擦、国际社会、人民币汇率
33	次区域合作	次区域合作、多边贸易体制、经贸关系、对外开放
34	经济发展方式	发达国家与发展中国家、经济发展方式、结构调整
35	东亚经济一体化	学术界、东亚经济一体化、亚洲、政府
36	经济区域化	经济区域化、东亚经济、欧洲一体化
37	制度创新	制度创新、后发优势、科技创新
38	反全球化	全球化、反全球化、改革开放、文化、不平等
49	转型经济	转型经济、收入不平等、比较
40	跨越式发展	增长、跨越式发展、转型、发展
41	经济关系	经济关系、通货紧缩、恐怖主义
42	东亚一体化	相互依赖、东亚一体化、困倦
43	新兴国家	新兴国家、制造业、比较优势、负面影响
44	WTO	WTO、韩国、FTA
45	国际产业转移	产业升级、国际产业转移、产品内分工
46	产业结构	产业结构、全球经济失衡、主权财富基金

（三）战略坐标图

（1）计算关注度和新颖度。根据关键词达到阈值的时间，计算每个聚类的平均共现时间，以此反映该聚类的平均年龄，再计算每个聚类的平均年龄与全部共现的关键词的平均共现年龄的离均差，称为"新颖度"。值有正负之分，若值为正数，表明研究的时间比较晚；若值为负数，表明研发的时间较早。

根据各关键词的共现频次，计算每个聚类的平均共现频次，再计算每个聚类的平均共现频次与全部共现的关键词的平均共现频次的离均差，以此反映该聚类的受关注程度，称为"关注度"。值有正负之分，若值为正数，表明该聚类所代表的内容的研究受关注程度较高；若值为负数，则表明该聚类所代表的内容的研究受关注程度较低。各聚类的关注度和新颖度见表8-3。

表 8 - 3　聚类关注度和新颖度

序号	关注度	新颖度	序号	关注度	新颖度	序号	关注度	新颖度
1	- 9. 28	2. 36	17	- 10. 11	- 0. 31	33	- 18. 19	- 2. 30
2	- 10. 94	3. 29	18	7. 61	- 0. 98	34	- 25. 61	- 0. 84
3	- 25. 00	2. 29	19	- 17. 11	- 3. 81	35	- 16. 94	- 1. 41
4	24. 61	- 0. 31	20	- 21. 74	5. 10	36	- 16. 61	- 2. 81
5	- 6. 94	1. 90	21	15. 81	- 1. 81	37	- 23. 94	- 1. 31
6	2. 56	0. 30	22	- 9. 19	2. 94	38	39. 86	0. 39
7	- 17. 54	1. 49	23	17. 81	- 1. 20	39	- 20. 61	- 1. 71
8	12. 86	3. 69	24	- 1. 78	0. 70	40	- 15. 94	- 0. 31
9	- 23. 94	0. 44	25	- 12. 54	- 1. 81	41	- 15. 28	- 0. 84
10	17. 06	- 2. 68	26	- 18. 19	1. 94	42	- 23. 94	4. 69
11	14. 01	- 3. 32	27	- 16. 74	3. 50	43	- 10. 94	1. 19
12	- 0. 37	2. 05	28	18. 06	2. 52	44	- 1. 94	- 2. 48
13	- 2. 10	1. 50	29	- 0. 11	- 1. 42	45	- 19. 94	3. 02
14	2. 52	- 0. 90	30	- 28. 94	- 0. 31	46	- 7. 61	0. 60
15	- 6. 07	- 3. 43	31	- 19. 94	- 0. 81			
16	1. 78	- 0. 40	32	- 26. 69	2. 94			

（2）以关注度为横轴、新颖度为纵轴绘制战略坐标图（图8-3）。在图8-3中，位于关注度轴上方的世界经济学研究聚类有13个，如20（全球金融危机再平衡）、42（东亚一体化）、8（全球气候变化）等，这13个主题的新颖性较高，属于世界经济领域内的新主题；位于新颖度轴右侧的研究主题有21个，如38（反全球化）、4（金砖国家）、28（通货膨胀）等，这21个主题的关注度较高，属于世界经济领域的热点主题。

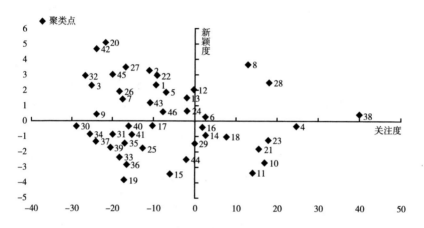

图8-3 世界经济研究领域战略坐标图

从象限分布来看，关注度和新颖度都很高的研究内容或研究方向有4个：6（亚太地区）、8（全球气候变化）、28（通货膨胀）、38（反全球化）。自20世纪80年代以来，随着全球化运动的发展，"反全球化"也蓬勃兴起，成为影响世界的另一种全球化，也是全球化运动发展到新的历史阶段的产物。2000年以来，世界经济领域对"反全球化"的关注增多，使其成为该领域的热门研究内容。有关通货膨胀的理论十分丰富，伴随着几次区域和全球性的通胀危机，通货膨胀成为世界经济学的重要研究方向。

目前具有较大关注度，却缺乏一些新颖性的领域主要有4（金砖国家）、11（全球化）、21（区域贸易协定）、23（经济一体化）等。随着金砖国家在国际经济政治格局中影响力提高，围绕金砖四国的相关问题成为世界经济学界备受关注的研究热点。另外，在国际经济一体化进程中，以全球化为代表的研究主题较早以来就备受关注；研究较为成熟但新颖性不高，称其为基础性研究领域。

位于第三象限的研究内容属于 2000～2012 年国内世界经济学领域的边缘型研究。这些主题有两类：一类是之前世界经济领域比较热门的课题，但由于其时效性或者受经济环境变化的影响，最近退出了学术研究的主流；另一类是在 2000～2012 年世界经济领域一直关注程度不高，近些年又没有更多研究的领域，如"当代资本主义""经济区域化"等领域新颖度不高，同时关注度也很低。随着世界经济学科内容的不断丰富和领域内关注点的转移，当代资本主义的新颖度较低，相关研究更多地和全球化、金融危机、发展中国家等主题结合起来研究。同样位于第三象限的，如知识经济、WTO等关键词提出较早，近些年逐渐边缘化。

具有新颖度却缺乏关注度的领域共 18 个，如全球金融危机再平衡、国际组织、东亚一体化、国际产业转移、东北亚合作等。金融危机后，国际社会多种力量致力于推动世界经济再平衡，关于全球经济再平衡问题的研究在 2007 年之后逐渐被学界关注。亚洲金融危机后，东亚国家在应对危机的共识下开展货币金融合作，从而该区域经济的一体化进程加快，学者们对"东亚一体化"的前景和对中国的影响等问题展开了一些讨论，但成果数量暂时较为有限。位于第二象限的研究内容属于新兴的研究领域，随着学者的进一步研究，关注度可能会有所提高，使一些研究内容从第二象限移动到第一象限，成为世界经济领域的成熟研究热点。

三　文献的分类排序特征

（一）世界经济领域发文量居前的作者

运行 CiteSpace 软件，设定阈值显示前 100 位高产作者，以 13 年作为一个时间跨度，可得高产出作者的知识网络图谱（图 8 - 4）。

2000～2012 年在世界经济领域，中国社会科学院亚太研究所李向阳发文量最高，共发 25 篇论文；其次是厦门大学东南亚研究中心的王勤，发文19 篇；第 3～10 位依次是中国社会科学院亚太研究所的陆建人（17 篇）、上海社会科学院世界经济研究所的张幼文（16 篇）、国家统计局国际统计中心的余芳东（16 篇）、国家发改委宏观经济研究院对外经济研究所的毕吉耀

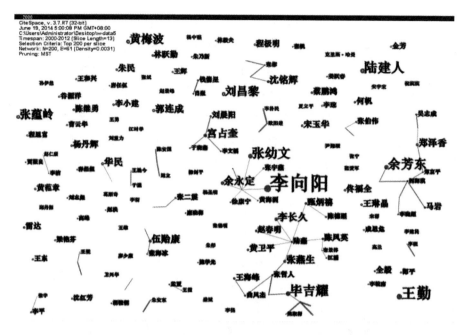

图 8 - 4　2000 ~ 2012 年世界经济研究领域的高产作者知识图谱

（16 篇）、中国社会科学院亚太研究所的张蕴岭（14 篇）、东北财经大学国际经济贸易学院的刘昌黎（14 篇）、厦门大学经济学院的黄梅波（14 篇）、中国社会科学院世界经济与政治研究所的余永定（13 篇）。

　　此外，郭连成、赵春明、宫占奎、沈铭辉等学者的论文被引频次较高，说明这些学者的研究成果在世界经济学领域有较高的学术影响力。

（二）世界经济领域的科研团队和作者之间的合作情况

　　在对高产作者进行可视化分析的基础上，运用聚类分析方法进行聚类划分，以此归集科研团队的合作信息（如图 8 - 5）。在图谱中，三人以上的科研团队有 10 个，比如以杜厚文、李向阳、张幼文为主的科研团队；杜厚文教授在经济学界声望卓著，为建立和完善世界经济学的学科体系做出了重要贡献；李向阳博士在经济学上也有很突出的学术地位，2000 年以来主要从事国际经济规则、WTO、区域经济合作等世界经济理论问题研究；张幼文博士是上海市世界经济重点学科的学科带头人，主要研究方向为世界经济理论和中国对外开放战略。其他科研团队中，毕吉耀和张哲人、张一合作较多，主要研究方向为中国对外经济关系和发展战略、国际经济环境及其对中国经济的影响等。此外，宫占奎和刘晨阳，沈铭辉和余振合作比较突出。

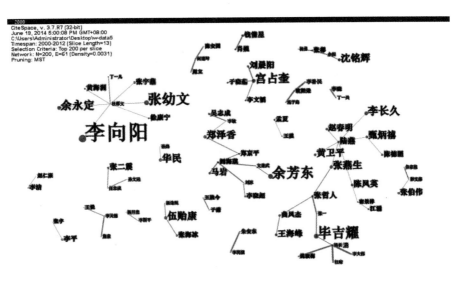

图 8 - 5　2000～2012 年世界经济研究领域的作者合作情况

（三）发文量居前的机构

以 13 年作为一个时间跨度，设定阈值显示高产出的科研机构 150 个，如图 8 - 6 所示。其中南开大学发文量最高（232 篇）。其次是中国人民大学（213 篇）和厦门大学（143 篇），排在第 4～10 位的依次是北京大学（139篇）、复旦大学（127 篇）、中国社会科学院世界经济与政治研究所（123篇）、吉林大学（116 篇）、武汉大学（114 篇）、暨南大学（98 篇）、南京大学（97 篇）。

南开大学的主要科研机构是：南开大学经济学院（49 篇）、南开大学APEC 研究中心（34 篇）、南开大学国际经济研究所（23 篇）、南开大学国际经济贸易系（17 篇）、南开大学跨国公司研究中心（8 篇）等。

中国人民大学的主要科研机构是中国人民大学经济学院（79 篇）、中国人民大学国际关系学院（28 篇）、中国人民大学马克思主义学院（11 篇）、中国人民大学财政金融学院（7 篇）、中国人民大学商学院（5 篇）等。

厦门大学的主要科研机构分别是：厦门大学东南亚研究中心（40 篇）、厦门大学经济学院（19 篇）、厦门大学国际经济与贸易系（17 篇）、厦门大学经济研究所（7 篇）等。

图 8 - 6   2000 ~ 2012 年世界经济研究领域的科研机构共现知识图谱

四   本章小结

本章采用共词分析、聚类分析和战略坐标相结合的文献计量方法，分析了当前世界经济学领域的研究现状、热点和趋势。本章的研究结果显示，全球化、金融危机、区域经济合作等问题是学界内关注的热点，新颖度较高的则是全球金融危机再平衡、东亚一体化等。此外，我们还进一步归集了 2000 ~ 2012 年世界经济领域发文量居前的作者、研究机构等信息。需要说明的是，本章运用了可视化软件和共词分析相结合的方法，一方面它可以直观、全面地揭示世界经济领域的研究现状、热点和趋势，但其中可能存在一些局限，诸如"标引者效应"的存在、数据规范化处理和阈值的设定等，这可能对分析结果有一定的影响，但不会影响基本结论的正确性。

第九章　人口、资源与环境经济学
研究领域文献计量

在人口、资源与环境经济学中，人口与经济的相互关系问题最早被关注。工业革命以来，生产力的迅猛发展带来了资源短缺、环境污染等一系列问题，资源环境问题开始得到越来越多的关注，资源经济学与环境经济学这两个学科随之产生。20世纪50年代以后，人口经济学、环境经济学与资源经济学的研究逐渐走向交叉与融合。本章运用Citespace文献计量方法，以2000~2012年CNKI数据库的CSSCI来源期刊中人口、资源与环境经济学领域文献为研究对象，揭示出该领域的研究热点及趋势的知识图谱，通过战略坐标展示出该领域的基础型研究主题及潜在型研究方向，并归集本学科的高产作者和研究机构，为人口、资源与环境经济学领域的研究和学科建设提供参考。

一　数据库的选择和数据的规范化处理

本章所利用的数据来自中国期刊全文数据库（CNKI），在"经济与管理科学"学科领域范围内，用布尔逻辑式语言"或"，按主题组构专业检索式："SU＝'人口、资源' * '环境' OR SU＝'人口增长' * '环境' OR SU＝'人力资源' * '环境' OR SU＝'人口' * '社会环境' OR SU＝'人口' * '经济环境' OR SU＝'人口' * '可持续发展' OR SU＝'人口' * '人口问题' OR SU＝'世界人口' * '环境' OR SU＝'中国人口'＊'环境'OR SU ＝'人口'＊'资源'＊'环境'"，检索到 2000～2012 年人口、资源与环境经济学领域的 CSSCI 文献共计 2135 条，略去会议通知、书评、编者评论等，最后得到有效数据 2072 条，更新时间为 2013 年12 月。

（一）论文的年度分布

图 9－1 显示了人口、资源与环境经济学领域发文量的年度分布曲线。2000～2012 年发文量呈总体上升趋势；2003 年以来，每年发文数量都在150 篇以上，2005 年发文量达到峰值 199 篇。

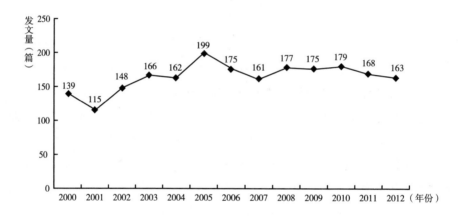

图 9－1　2000～2012 年人口、资源与环境经济学领域论文发文量年度分布

注：图中数据均为与本研究相关的学术研究论文（不包括会议通知、刊首语等）

（二）刊发论文的期刊统计

图 9－2 显示了 2000～2012 年人口、资源与环境经济学领域载文量居前十位的期刊，其中载文量较高的是《商场现代化》《经营管理者》《现代商业》等。CSSCI 来源期刊中载文量最高的是《中国人口·资源与环境》，2000 年以来刊发了本领域共计 101 篇论文，该刊由中国可持续发展研究会、山东省可持续发展研究中心、山东师范大学主办，是人口、资源与环境经济学领域影响力最大的核心期刊。

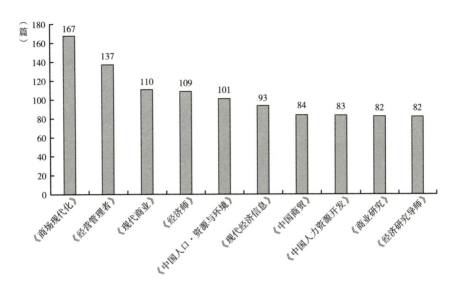

图 9 - 2　2000～2012 年人口、资源与环境经济学领域发文量居前的期刊分布

表 9 - 1　2000～2012 年人口、资源与环境经济学
领域主要 CSSCI 期刊的载文量统计

期刊名称	载文量 （篇）	期刊名称	载文量 （篇）
《中国人口·资源与环境》	101	《资源科学》	51
《商业研究》	82	《干旱区资源与环境》	49
《生态经济》	75	《长江流域资源与环境》	48
《经济地理》	54		

二　实证分析

（一）关键词共现

在通过可视化软件 CiteSpace（Chen，2006）生成实证分析所需的矩阵前，需要对文献数据的关键词标引进行规范化处理，主要包括：对无关键词的文献提取关键词；删除已有关键词的文献的不规范关键词，如现状、对策、因素等关键词；同义词、缩写词的规范化等。设置界面的主要操作如下：将时间切片设为每两年一个时段，关键词的阈值设定为（2，3，22）、

（3，3，22）、（3，3，22）。

运行期间各时段的数据样本、阈值、节点数、连线数如表9-2，运行结果生成2000~2012年人口、资源与环境经济领域的关键词共现的知识网络图谱（图9-3），图谱中共获得节点374个，节点之间的连线815条。在图谱中节点的大小代表该关键词出现的频次高低，节点越大，频次越高；节点之间的连线表示关键词之间的共现关系，连线越粗表示共现强度越大。

表9-2 CiteSpace运行期间各时段数据

年　段	阈值（C；CC；CCV）	样本（个）	节点（个）	连线（条）
2000~2001年	2｜3｜0.22	847	99	145/284
2002~2003年	2｜3｜0.22	870	135	194/372
2004~2005年	2｜3｜0.22	1028	150	210/396
2006~2007年	2｜3｜0.22	1072	139	207/359
2008~2009年	3｜3｜0.22	1050	65	47/133
2010~2011年	3｜3｜0.22	1119	54	37/87
2012~2012年	3｜3｜0.22	613	15	6/10

图9-3中，共现频次最高的是"可持续发展"（368次，已隐藏），其次是"人力资源"（131次）、"人力资源管理"（83次），关键词共现频次居前十位的还有"人口""环境""城市化""资源""西部大开发""生态

图9-3 2000~2012年人口、资源与环境经济学领域的关键词共现知识图谱

环境"。从共现频次来看，2000～2012 年人口、资源与环境经济学领域的研究热点和趋势集中于可持续发展、人力资源管理与城镇化发展等几个方面。

（二）共现聚类分析

在可视化软件 CiteSpace 设置界面进行主要设置后，运行 CiteSpace 软件，获得 374 个高词频关键词，依据关键词之间的共现关系和余弦指数值，构建了 374×374 的关键词共现矩阵。374 个高频关键词中，"可持续发展"词频最高（Freq = 368）。但只根据高频关键词个体无法识别研究内容和方向，因此本章借鉴卡龙的聚类分析方法，通过聚类分析来识别研究内容和研究方向。按照上述的聚类方法和原则，将 374 个关键词划分为 46 个聚类，每个聚类根据所包容的关键词，可以概括出聚类名称，46 个聚类的名称就是该领域的主要研究内容和研究方向（见表 9 - 3）。

表 9 - 3　聚类名称与聚类成员

聚类号	聚类名称	聚类成员
1	人口问题	人口数量、人口结构、人口素质、人口迁移、人口问题、人口流动
2	企业员工	企业员工、人才流失、企业文化、人才环境、现代企业、相结合、企业人力资源、竞争力、以人为本、中小企业
3	农业生产	耕地、粮食、回归分析、动态变化、驱动力、山东省
4	核心竞争力	核心竞争力、战略联盟、竞争优势、竞争战略、工业化
5	组织结构	组织结构、科技型企业、管理模式、人才资源、人力资源
6	企业文化	浙江现象、东北现象、创业文化
7	生态经济	生态经济学、政府干预、环境与发展、生态经济系统、可持续性、生态系统、自然资源、生态赤字、生态足迹
8	环境承载能力	主体功能、环境承载能力、优化开发、功能定位、开发创新、城镇化、经济社会发展
9	空间信息技术	时空变化、空间信息技术、土地利用、三峡库区
10	区域经济理论	梯度理论、区域发展理论、广义梯度理论、区域经济
11	土地利用	农牧交错带、土地利用变化、内蒙古、环境效应
12	环境资源	环境资源、国民经济核算体系、问题研究、实现可持续发展、可持续
13	土地资源	土地资源、山丘区、长江流域、土地资源承载力、小城镇、芜湖市、滇西北、承载力、开发利用、城市
14	生产力	生产力、工作压力、心理健康

聚类号	聚类名称	聚类成员
15	结构方程研究	结构方程、评价、因子分析、投资环境、区域、指数、项目管理、经济、资源环境
16	综合评价	综合评价、preest 系统、发展模式
17	转变经济增长方式	资源节约型、资源短缺、发达国家、能源、水资源、转变经济增长方式
18	政策调整	国家资源环境安全、人地关系、政策调整、浙江省、调控、新疆
19	区位选择	跨国公司、区位选择、启示、全球化
20	新型工业化道路	经济效益、新型工业化道路、东北地区、信息产业、增长质量、健康发展、生态环境、经济发展、信息技术
21	可持续发展战略	文明发展道路、可持续发展战略、生态文明建设、清洁生产、循环利用、北京市、环境保护、人与自然、绿色 GDP、可持续发展模式
22	农业可持续发展	江汉平原、农业可持续发展、影响、开发、社会发展、粮食安全、科技进步、制约因素、评价指标体系
23	民族地区的小康建设	小康社会、民族地区、效率、反贫困、全面建设小康、制造业
24	城市发展模式转型	资源型城市、转型、县域经济、主体功能区、循环经济
25	西部经济结构调整	西部地区、结构调整、国有企业、和谐社会、关系、人力资源管理、外商投资、比较优势、障碍
26	知识经济	多元化、新经济、知识经济
27	新型工业化	南京、新型工业化、信息化、中部地区
28	企业创新	竞争、人才、机制、创新、企业
29	人口城市化	发展、问题、电子商务、产业结构、人口城市化
30	政府与企业	政府行为、企业竞争力、市场、中国
31	欠发达地区的经济模式	模式、探讨、农业、欠发达地区、国际化
32	能力评估	河南省、能力评估、战略构想、指标体系
33	人力资源规划	人力资源规划、人力资源战略、企业战略、发展战略
34	就业政策	就业、政策、新农村建设、经济增长方式、人力资源开发
35	少数民族扶贫	扶贫开发、人口较少民族、战略选择
36	农村经济	农村经济、农业资源、农民
37	人力资本积累	发展道路、改革、人力资本积累
38	人力资源开发	开发人力资源、劳动力市场、可持续发展
39	西部城市人口	城市发展、西北地区、城市人口、西部大开发
40	能源消耗	天然气、能源消耗、和谐
41	城乡一体化	协调发展、城乡一体化、生态建设、复合系统、科学技术
42	经济全球化	经济全球化、发展对策、挑战
43	人口增长	策略、城市化、人口增长、现代化
44	资源开发	资源开发、制度创新、市场经济
45	协调度	江苏省、协调度、空间分异
46	能源消费	青海省、能源消费、系统动力学

（三）战略坐标图

（1）根据关键词达到阈值的时间，计算每个聚类的平均共现时间，以此反映该聚类的平均年龄，再计算每个聚类的平均年龄与全部共现的关键词的平均共现年龄的离均差，称为"新颖度"。值有正负之分，若值为正数，表明研究的时间比较晚；若值为负数，表明研发的时间较早。根据各关键词的共现频次，计算每个聚类的平均共现频次，再计算每个聚类的平均共现频次与全部共现的关键词的平均共现频次的离均差，以此反映该聚类的受关注程度，称为"关注度"。值有正负之分，若值为正数，表明该聚类所代表的内容的研究受关注程度较高；若值为负数，则表明该聚类所代表的内容的研究受关注程度较低。各聚类的关注度和新颖度见表 9－4。

表 9－4　聚类关注度和新颖度

聚类号	关注度	新颖度	聚类号	关注度	新颖度
1	－ 8.00	－ 1.50	19	－ 5.00	1.72
2	－ 4.60	2.50	20	1.10	－ 0.20
3	－ 7.00	0.55	21	－ 5.00	0.62
4	－ 2.10	－ 2.00	22	0.40	－ 0.98
5	13.00	－ 0.38	23	－ 7.00	－ 1.00
6	－ 9.10	2.22	24	1.30	4.50
7	－ 3.67	－ 2.78	25	5.00	－ 1.78
8	－ 1.96	2.64	26	－ 6.00	－ 2.00
9	－ 4.50	－ 1.80	27	－ 0.60	0.50
10	－ 6.00	0.22	28	－ 4.00	－ 0.70
11	－ 7.50	1.22	29	－ 3.26	－ 2.00
12	－ 5.10	－ 2.38	30	4.00	－ 1.78
13	－ 5.00	－ 1.50	31	－ 3.70	－ 1.50
14	－ 9.00	1.22	32	－ 1.60	－ 1.60
15	－ 1.50	－ 0.60	33	－ 6.00	－ 1.28
16	－ 5.00	－ 0.70	34	－ 2.50	－ 0.70
17	－ 5.00	1.22	35	－ 8.00	－ 0.78
18	－ 4.26	0.55	36	－ 7.10	－ 2.78

续表

聚类号	关注度	新颖度	聚类号	关注度	新颖度
37	−5.00	3.22	42	−6.43	−0.78
38	−8.10	−2.78	43	11.00	0.22
39	6.40	0.22	44	−4.76	−2.78
40	−7.43	3.22	45	−4.76	4.50
41	−4.00	1.22	46	−6.00	4.50

（2）研究领域分区。从战略坐标各个象限的含义来看，在图 9−4 中，46 个聚类中有 3 个聚类位于第一象限、17 个聚类位于第二象限、21 个聚类位于第三象限、5 个聚类位于第四象限。

位于第一象限的 24、39、43 聚类的新颖度和关注度均大于 0，表明这些聚类所代表的内容是 2000～2012 年人口、资源与环境经济领域相对比较成熟的研究内容，即属于 2000～2012 年的学术研究热点，是目前国内该领域的核心内容。具体包括"城市发展模式转型""西部城市人口""人口增长"。

位于第二象限的 45、37、2、8、46、41、11、27、10、19、17 等聚类的新颖度大于 0，而关注度小于 0。这表明该聚类所代表的研究内容属于 2000～2012 年人口、资源与环境经济领域的最新研究热点，但是受关注程度还不高。这些研究热点或将成为该领域未来的研究课题，我们称其为潜在型研究领域。其中一些内容将会随着关注程度的提高，成为未来该领域的重要研究内容，它们具体包括"协调度""人力资本积累""企业员工""环境承载能力""能源消费""城乡一体化""土地利用""新型工业化""区域经济理论""区位选择""转变经济增长方式"等。

位于第三象限的 28、33、38、26、42、1、29、34、13、12、44、7、36、31、23、35、15 等聚类的新颖度和关注度都小于 0，这些聚类的关注程度不高，近些年来对其研究也较少。这表明该聚类所代表的研究内容属于 2000～2012 年人口、资源与环境经济领域的边缘型研究。这些聚类可以分为两类：一类是人口、资源与环境经济领域在以往研究较多的课题，但由于其时效性或者受经济环境变化的影响，最近已退出学术研究的主流；另一类是在 2000~2012 年受关注程度不高，近些年研究也较少的课题。它们分别是"企业创新""人力资源规划""人力资源开发""知识经济""经济全球化""人口问题""人口城市化""就业政策""土地资源""环境资源""资源开发""生态经济""农村经济""欠发达地区经济模式""民族地区小康建设""少数民族扶贫""结构方程研究"等。

位于第四象限的 25、22、30、5、20 等聚类的关注度大于 0，新颖度小于 0，表明这些聚类所代表的研究内容属于当前国内人口、资源与环境经济领域的基础性研究内容。这些聚类的构成成员是 2000~2012 年间较早的研究课题，多年来备受关注，但是从新颖度来看则不是近几年的新研发热点。它们具体包括"西部经济结构调整""农业可持续发展""政府与企业""组织结构""新型工业化道路"等内容。

（3）在以关注度为横轴、新颖度为纵轴的战略坐标图中，依据新颖度和关注度的指标含义，以及战略坐标的象限位置的含义，可以清楚地看到目前具有较大关注度，却缺乏一些新颖性的领域。图 9-4 显示，有 8 个聚类位于第一、四象限，其中 5、39、43 聚类的关注度较高，聚类 5 受关注的程度最高。根据聚类的成员构成可以确定其主要是关于"组织结构"的研究，其他依次是"人口增长""西部城市人口"。

从新颖度较高的领域来看，图 9-4 显示有 20 个聚类位于第一、二象限。主要有聚类 2、3、6、8、10、11、14、24、39、43 等，其中聚类 24、45、46 的新颖度最高，根据聚类的成员构成可以确定它们为"城市发展模

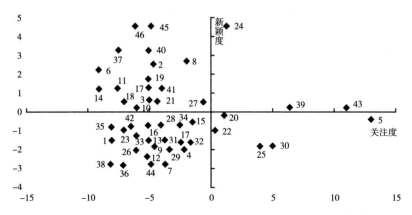

图 9-4　2000~2012 年人口、资源与环境经济学领域的战略坐标图

式转型""协调度""能源消费"方面的研究。其他新颖度较高的聚类依次
是"人力资本积累""企业员工""环境承载力"等。

三　文献的分类排序特征

(一)　文献发文量居前的作者

设置阈值显示前 150 位高产作者,以 13 年作为 1 个时间跨度,运行
Citespace 软件,显示出 2000~2012 年人口、资源与环境领域中 CSSCI 期刊
高产作者 150 人,作者之间有合作关系的有 44 条连线。其中南京大学商学
院赵曙明发文 10 篇,居于首位。发文量居第二位的是中国科学院地理科学
与资源研究所张雷(9 篇)。发文量较高的还有中科院南京地理所的姚士谋
(6 篇)、西安交通大学经济与金融学院的李具恒(5 篇)、西北师范大学地
理与环境科学学院的石培基(5 篇)、兰州大学资源环境学院的陈兴鹏(5
篇)和李国平(5 篇)等。

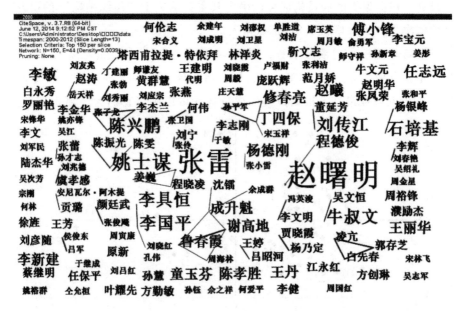

图 9 - 5　2000~2012 年人口、资源与环境经济学领域的作者共现知识图谱

（二）文献发文量居前的机构

设置阈值显示前 150 个高产机构，以 13 年作为 1 个时间跨度，运行 Citespace 软件，显示出该领域高产的研究机构 150 个，机构之间的合作有 13 个。在一级单位中，中国人民大学以 112 篇核心期刊位居首位，其次是南京大学（110 篇）。在机构合作方面，可视化分析结果显示各科研机构间的合作关系并不紧密，多局限于一级单位的内部合作，如中国社会科学院下属的地理科学与资源研究所、研究生院、区域可持续发展分析与模拟重点实验室之间的合作，吉林大学东北亚研究中心、经济学院、商学院之间的合作等，2000~2012 年人口、资源与环境经济学领域的机构共现知识图谱如图 9-6 所示。

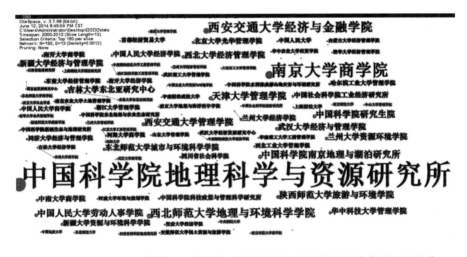

图 9-6 2000~2012 年人口、资源与环境经济学领域的科研机构共现知识图谱

四 本章小结

本章从 CNKI 数据库中提取人口、资源与环境经济学领域的 CSSCI 文献数据，借助文献计量软件 CiteSpace，运用共词聚类分析法和战略坐标图示法，计量分析出 2000~2012 年该领域的研究状况、研究热点和新颖的研究

方向。从关键词的共现分析中可以看出，人口、资源与环境经济学领域研究主要围绕可持续发展、人力资源管理、城镇化发展等几个关键点展开。利用战略坐标进行分析的结果显示，人力资本积累、企业文化及员工、环境承载能力、能源消费、城乡一体化、土地利用和农业生产、新型工业化、区域经济理论、区位选择、转变经济增长方式等主题是近几年来新颖的研究方向，但是受关注程度较低，有待于进一步研究。在高频作者及其合作的可视化分析中，发文量居前十位的作者均来自科研机构及高校，从聚类分析的结果来看，本领域的团队合作并不紧密。

实证篇 II
应用经济学

第十章 国民经济学研究领域文献计量

国民经济学作为一个独立的经济学科，最早出现在德国和斯堪的纳维亚半岛。我国的"国民经济学"研究最早来自1936年国民经济建设运动委员会江苏分会所编的《国民经济建设》一书。新中国成立后，对国民经济学诠释较为权威的是厦门大学钱伯海教授，他认为国民经济学是"以国民经济为载体，把政治经济学与宏观经济学结合起来，既研究生产力，又研究生产关系，既研究国民经济的规定性，又研究其量的规定性的一门综合性学科"。随着我国经济体制的市场化改革，国民经济学的核心研究内容逐步从国民经济计划转向国民经济管理。顺应这一变革，我国经济学界发表了大量有价值的研究成果。本章以2000~2012年CNKI数据库的CSSCI来源期刊和核心期刊中国民经济学领域的论文文献为研究对象，利用文献计量方法分析我国国民经济学的领域的研究现状、热点和学科动态，总结出我国国民经济学领域高产作者、科研团队、学术机构等有价值信息，为国民经济学领域的研究和学科建设提供参考。

一 数据库的选择和数据统计

本章采用关键词和篇名结合的布尔逻辑式语言"或"组构检索式，关键词为"国民经济"或篇名"国民经济"。在中国知网（CNKI）期刊论文数据库中，检索时间范围设定为2000~2012年，检索到期刊论文类别为CSSCI来源期刊和核心期刊数据共计5079条；略去会议通知、会议综述、书评、编者评论等后共获得2778条数据，检索和更新时间为2013年12月。

（一）论文年度分布

由图 10 - 1 可知，2000～2012 年国民经济学的发文量呈倒 U 形分布，2005 年发文量迅速增长、达到顶峰（462 篇），2006～2008 年又较快回落，其余年份发文量基本稳定在每年 200 篇左右。

2000 年以来国民经济学的研究热点在不断变化，2000 年以后国民经济学研究主要围绕国民经济统计与核算，2006 年左右侧重转变经济发展方式，自 2008 年开始文化产业、信息化建设、区域经济协调发展等成为研究重点。国民经济学领域的研究热点随我国经济运行的突出问题变化而演变，这是引起发文量波动的主要原因。

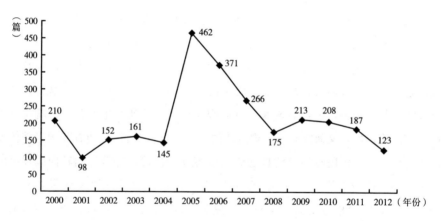

图 10 - 1　2000～2012 年国民经济学领域发文量年度分布

（二）刊发论文的期刊统计

根据表 10 - 1[①]，2000～2012 年在国民经济学领域，《统计与决策》的载文量最高（86 篇），占发文总量的 6.14%，载文量排名第二的是《统计研究》（55 篇）。统计学期刊刊发了较多国民经济学领域的学术论文，这与我国经济快速增长过程中重视国民经济数据的统计与核算密不可分。国民经济学领域其他载文量较高的期刊如表 10 - 2 所示。

---

① 注：发文量数据仅包括学术论文类文献，不包括会议通知、会议综述、书评、编者评论等。

表 10 - 1　2000 ~ 2012 年国民经济学领域期刊论文的载文量统计（前 10 位）

期刊名称	载文量 （篇）	期刊名称	载文量 （篇）
《统计与决策》	86	《当代中国史研究》	32
《统计研究》	55	《财贸经济》	25
《求是》	53	《经济纵横》	22
《宏观经济研究》	38	《当代经济研究》	19
《中国国情国力》	35	《中国软科学》	14

二　实证分析

（一）关键词共现

通过运用 CiteSpace 软件来生成实证研究所需要的矩阵，该软件可以对输入的文献数据进行可视化分析并生成关键词共现矩阵。具体步骤如下：（1）对国民经济领域的文献数据进行标准化处理，标准化处理主要是对文献进行筛选，确保数据属于国民经济领域。（2）对文献数据的关键词进行规范化处理，主要包括无关键词的文献的关键词的提取；已有关键词的文献的不规范关键词的删除，如现状、因素等关键词；同义词、缩写词的统一和规范，如"GDP"与"国内生产总值"统一为"GDP"等。（3）对国民经济领域的文献数据进行格式转换，格式转换是指 CiteSpace 对输入的数据有具体格式要求，须在输入软件之前对数据的格式进行转换，转换成软件默认的格式。

运行 CiteSpace 软件生成 2000 ~ 2012 年国民经济领域的关键词共现的知识网络图谱（图 10 - 2），图谱中共获得节点 429 个，节点之间的连线 734 条。在图谱中，节点的大小代表关键词出现的频次，节点越大，出现的频次越高；节点之间的连线代表关键词之间的共线关系，连线越粗代表两者之间的共线关系越强。

在图 10 - 2 中，共现频次最高的是"国民经济"（959 次），其次是

"经济增长"（118 次），第 3 至 10 位的分别是"中小企业""经济发展""对策""可持续发展""产业结构""国有企业""体育产业""国有经济"。这 10 个关键词所表征的研究领域属于该阶段国民经济学的研究热点。由于关键词"国民经济"出现频次过高，如果把"国民经济"显示出来，会使其他关键词字体过小而无法充分显示，因此在图谱中把"国民经济"进行技术隐藏。

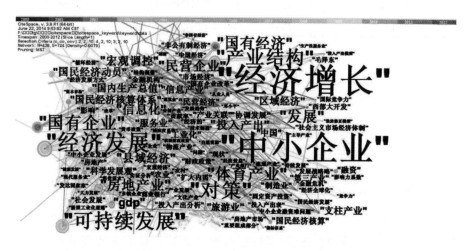

图 10－2　2000～2012 年国民经济学领域的关键词共现知识图谱

（二）共现聚类分析

分析中所采用的聚类分析方法不同于目前普遍采用的聚类方法，而是借鉴了卡龙等（Callon，Courtial&Laville，1991）的聚类原则来进行聚类划分，基本原则如下：（1）在 CiteSpace 软件生成的共现方阵中，通过查找余弦指数最高的一对关键词，作为第一个聚类的主题词。（2）将方阵中的关键词与该对关键词的任一关键词的余弦指数进行降序排列，由高到低选取 10 个关键词（若余弦指数大于 0 的关键词不足 10 个，只取余弦指数大于 0 的关键词），其中包括作为主题词的一对关键词。即使余弦指数仍大于 0，超过 10 个以上的关键词均拒绝加入该聚类，即该聚类达到了饱和值（10 个关键词）。（3）第一个聚类生成后（或者饱和，或者余弦指数大于 0 的不足 10个关键词），在方阵中将已加入聚类中的关键词删除掉（需要行、列同时删除），保证已加入聚类中的关键词不会加入下面的其他聚类。（4）反复进行第一步到第三步，就可以一个一个地生成聚类，一直进行到将所有存在共现关系的关键词都加入聚类中为止。若矩阵中虽然还有关键词，但这些关键词之间已经没有共现关系，即所有的关键词间的共现强度为0（余弦指数等于0），聚类生成结束，所剩的关键词不再加入任何聚类。

　　按照上述的聚类方法和原则，将所有关键词划分为78个聚类。其中有些聚类只有两个聚类成员，这类聚类不能准确反映聚类所代表的研究方向和内容，因此这些聚类不作为分析对象，删除这类聚类，依据关键词与关键词之间的共现强度，本学科一共形成了51个聚类，如表10-2所示。其中共现强度最高的是"经济增长点"，第二是"扩大内需"，第三是"发展战略"，排在第四到第十位的依次是"房地产市场宏观调控""西部发展""社会主义改革与发展""工业化进程与经济增长""中小企业融资""国民收入分配关系""小康社会建设"。这10个聚类基本代表了2000~2012年国民经济学的重点研究领域。

表10-2　聚类名称及构成

聚类号	聚类名称	聚类成员
1	民营经济	统计制度、港澳台商、民营经济、民营经济发展、"三个代表"、经营管理者、对外贸易、民营企业家
2	发展战略	发展战略、"两个大局"、邓小平、中西部地区、传统产业、东部地区、发展、毛泽东、启示、私营经济
3	国民收入分配关系	国民收入分配关系、工农关系、农村基础教育、城乡关系、转型时期、地方财政、恩格尔系数
4	GDP核算	核算、SNA、GDP、统计、绿色GDP
5	三农问题	农业和农村经济、新阶段、农业发展、基础设施建设、持续发展、农产品
6	扩大农村需求	农村市场、农村发展、消费需求
7	物流业发展	现代物流业发展、物流工作、物流产业发展、重要组成部分、现代服务业、大力发展
8	现代流通业	流通现代化、流通产业、流通效率、评价指标体系、从业人员、中外比较、贡献率
9	国民经济核算	机构部门、国民经济账户、试行方案、国民经济核算、增值税、人力资本

续表

聚类号	聚类名称	聚类成员
10	市场经济与经济增长	市场经济体制、经济增长速度、经济增长率、结构调整、产业结构
11	投入产出	感应度系数、影响力系数、投入产出表、投入产出分析、物流产业、第三产业、产业部门、投入产出、经济力
12	房地产市场宏观调控	房地产市场、土地价格、房地产业、融资渠道、宏观经济、固定资产投资、实体经济、经济发展方式、支柱产业、宏观调控
13	现代物流业	现代物流业产业、社会物流、物流活动、国内生产总值、经济全球化
14	绿色国民经济核算	资源与环境、账户、国民经济核算体系、绿色国民经济核算、可持续发展
15	工业化进程	工业化进程、生产力跨越式发展、制造业、历史进程、跨越式发展、经济发展、信息产业、经济增长
16	国民经济评论	国民经济评论、影子价格、运输方式
17	中小企业融资	国有商业银行、中小企业贷款、中小企业融资难问题、对策建议、银行贷款、投资需求、支持中小企业、中央银行
18	经济增长点	经济增长点、体育产业、假日经济、增长点、中国、体育经济、影响、科学发展观
19	非国有企业	竞争性领域、非国有企业、国有资本、非国有经济
20	信息化建设	国民经济动员、仿真演练、信息化建设、信息化、融资、计划经济
21	国有企业改革	国有资产、管理体制、国有企业、国际市场、改革、市场经济
22	工业化道路	重化工业、新型工业化道路、工业化、产业发展
23	农业结构调整	农业结构调整、粮食生产、增加农民收入、畜牧业
24	经济增长方式	经济增长方式、环境污染、绿色国民经济核算体系、自然资源
25	西部发展	西部地区、西部大开发、发展历程、货币政策、小企业、生态环境建设、科学技术、住房消费
26	制度保障	制度创新、社会保障体系、财政政策
27	扩大内需	扩大内需、启动经济、政府投资、国内需求、通货膨胀、税收政策、负面影响、旅游业、金融危机、国际金融危机
28	社会主义改革与发展	若干问题、社会主义市场经济体制、国有企业改革、国际竞争力、研究与开发、改革与发展、经营者、十五届四中全会、建立现代企业制度、主导产业

续表

聚类号	聚类名称	聚类成员
29	小康社会建设	社会发展、农村经济、全面建设小康社会、社会保障、贯彻落实、经济效益、县域经济
30	GDP 增速	人均 GDP、亚洲金融危机、增长指标、增长速度
31	国有股减持	国有股减持、上市公司、战略调整
32	市场机制	主导作用、市场机制、抓大放小、产业结构调整、健康发展、外部环境、政府
33	社会经济发展阶段	社会经济发展、"十五"计划纲要、新时期、经济发展阶段、农村剩余劳动力
34	产业创新	以信息化带动工业化、技术创新、核心竞争力、产业化
35	知识经济	经济运行、知识经济时代、工业增加值
36	民营经济科技进步	民营科技企业、技术进步、大企业、非公有制经济、发展趋势
37	外商投资	外商投资企业、发展中国家、我国农业、加入 WTO
38	我国中小企业	我国中小企业、中小银行、中小企业发展、中小金融机构、营销创新
39	私营企业	个体私营经济、农业产业化、个体私营企业
40	农村经济结构	实证分析、农民增收、农村经济结构、面向新世纪、小城镇建设
41	服务业	服务业、传统文化、外资企业、生产性服务业
42	社会保障	对我国的启示、社会保障制度、居民收入
43	新兴产业	新兴产业、新的增长点、集体经济
44	收入分配	收入分配、城镇居民、税制改革、边际消费倾向、民间投资、社会主义市场经济
45	国民经济结构	国民经济结构、国民经济总体、国民经济和社会发展
46	产业现状	对策、问题、通货紧缩、物流、山西、现状、旅游资源、文化产业、中小企业
47	金融信贷价格波动	价格波动、消费信贷、商业银行
48	比较优势	比较优势、21 世纪、县域经济发展
49	农业经济	农村、农业经济、农业、改革开放以来、地方政府、人力资源
50	经济社会发展	以人为本、三农问题、经济社会发展、经济活动
51	区域经济协调发展	新农村建设、区域经济、协调、协调发展

（三）战略坐标图

以每个聚类的时间值离差作为纵坐标代表新颖度，以关注度离差作为横坐标代表关注度，新颖度和关注度的具体数值如表 10-3 所示，据此形成战略坐标图（图 10-3），其中数据标签对应每个聚类的编号。

表 10 – 3　聚类新颖度及关注度

聚类号	新颖度	关注度	聚类号	新颖度	关注度
1	– 4. 86	0. 46	27	– 0. 08	0. 76
2	1. 72	– 0. 74	28	– 3. 00	– 2. 50
3	– 9. 05	0. 96	29	4. 38	3. 10
4	3. 32	2. 76	30	– 11. 48	– 2. 84
5	– 4. 15	– 2. 04	31	– 7. 00	– 0. 04
6	– 4. 98	1. 29	32	– 2. 80	0. 24
7	– 1. 81	3. 79	33	– 5. 88	– 0. 44
8	– 2. 05	0. 67	34	– 2. 48	0. 96
9	– 4. 15	0. 12	35	– 8. 81	– 2. 04
10	9. 12	– 1. 24	36	0. 72	– 2. 04
11	7. 74	1. 29	37	– 3. 63	– 1. 04
12	9. 32	1. 36	38	– 4. 68	– 1. 04
13	3. 12	0. 36	39	– 6. 15	0. 96
14	12. 92	0. 36	40	– 5. 18	– 2. 04
15	22. 89	– 0. 79	41	1. 02	– 0. 04
16	– 10. 15	– 2. 04	42	– 6. 15	– 0. 04
17	10. 77	– 0. 54	43	– 13. 00	– 2. 04
18	8. 39	0. 71	44	– 4. 81	– 1. 54
19	– 3. 00	– 2. 04	45	– 7. 81	– 0. 04
20	9. 35	2. 12	46	18. 52	2. 29
21	7. 85	– 1. 21	47	– 1. 81	– 2. 04
22	5. 02	2. 46	48	– 4. 48	– 0. 38
23	– 6. 00	– 2. 04	49	– 0. 15	1. 46
24	– 2. 98	3. 71	50	– 4. 23	2. 96
25	– 0. 37	– 1. 38	51	7. 52	1. 96
26	0. 85	– 2. 04			

　　位于第一象限的聚类新颖度和关注度均大于 0，表明这些聚类所代表的内容是 2000～2012 年我国国民经济学领域相对比较成熟的研究内容和方向，即

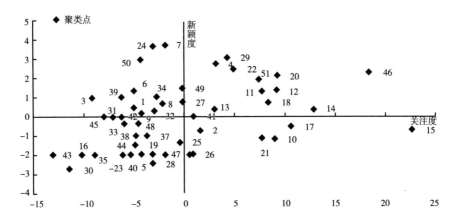

图 10 - 3　2000 ~ 2012 年国民经济学领域战略坐标图

属于 2000 ~ 2012 年的国民经济学学术研究热点，备受关注，因此是该领域的核心内容。它们包括"产业现状""投入产出""房地产市场宏观调控""信息化建设""工业化道路""区域经济协调发展"等聚类。

位于第二象限的聚类 5、7、24、50、39 等的新颖度大于 0，而关注度小于 0。这表明该聚类所代表的研究内容属于 2000 ~ 2012 年我国国民经济学领域新出现的学术研究热点，但是受关注程度还不高。这些学术研究热点或将会是以后该领域关注的研究课题，我们称其为经济思想史的潜在型研究领域。其中一些内容将会随着关注程度的提高，成为未来该学科的重要内容。第二象限中新颖度较高的研究领域有"扩大农村需求""物流业发展""经济增长方式""经济社会发展""私营企业"等；与第一象限的聚类相比，第二象限的研究内容更加细化和具体。

位于第三象限的聚类新颖度和关注度都小于 0，这些聚类的关注程度不高，又都是在时间上比较靠前的研究，近些年的研究较少。这表明该聚类所代表的研究内容属于 2000 ~ 2012 年我国国民经济学的边缘型研究。这些聚类有两类：一类是以前为国民经济学领域研究比较热的课题，但由于其时效性或者受政治经济环境变化的影响，这些聚类最近已经退出了学术研究的主流；另一类是在 2000 ~ 2012 年国民经济学领域一直关注程度不高，近些年又没有更多研究的领域，它们包括"社会经济发展阶段""知识经济""非国有企业""新兴产业""外商投资"等。

位于第四象限的聚类关注度大于 0，新颖度小于 0，表明这些聚类所代表的研究内容属于当前我国国民经济学领域的基础性研究内容。这些聚类的构成成员是 2000～2012 年时间较靠前的研究，多年来一直备受关注，但是从新颖度来看则不是近几年的新发热点。根据这些聚类的研究内容来看，它们属于国民经济学领域的基础性理论研究范围，它们具体包括"市场经济与经济增长""工业化进程""中小企业融资""国有企业改革"等。

三　文献的分类排序特征

（一）文献发文量居前的作者

运行 CiteSpace 可视化软件，按照阈值设定，运行结果生成高产出作者 150 人，作者与作者之间的连线代表了两者的合作关系，高产出作者之间有合作关系的有 33 组，高产出作者的知识网络图谱见图 10 – 4。

图 10 – 4　2000～2012 年国民经济学领域的高产作者知识图谱

2000~2012 年国民经济学领域中国家统计局许宪春发文 17 篇，居于首位，其研究方向为国民经济核算、宏观经济分析和经济统计。发文量居第 2 位的是中国人民大学宋涛（9 篇），其研究方向为当代资本主义经济、社会主义经济理论与实践等，宋涛发表的文章中被引次数最高的是《调整产业结构的理论研究》，共有 56 次。发文量居第 3 位的是中国社会科学院经济研究所的武力（7 篇），他从事我国经济发展和制度变迁方面的研究。第 4 至10 位分别是华中科技大学的王红卫（6 篇）、上海交通大学的朱启贵（6 篇）、中国社会科学院财政与贸易经济研究所的宋则（6 篇）、中南财经政法大学的张艳（6 篇）、北京林业大学的刘冰（5 篇）、华南师范大学的曹立村（5 篇）、国家统计局的彭志龙（5 篇）等。

（二）文献发文量居前的机构

运行 CiteSpace 可视化软件，按照阀值设定，共计出现高产出的科研机构 200 个，机构之间的合作有 17 个（图 10 – 5）。其中中国人民大学的发文量最高，达 51 篇，其次是中国社会科学院（36 篇），之后是国家统计局（33 篇）。排在第 4 至 10 位的依次是吉林大学（24 篇）、四川大学（24 篇）、华中科技大学（21 篇）、武汉理工大学（18 篇）、中南财经政法大学（17 篇）、武汉大学（17 篇）、首都经济贸易大学（13 篇）。

图 10 – 5　2000~2012 年国民经济学领域的科研机构共现知识图谱

在国民经济学领域，中国人民大学的主要科研机构是中国人民大学经济学院（18篇）、中国人民大学商学院（9篇）、中国人民大学财政金融学院（5篇）、中国人民大学统计学院（4篇）、中国人民大学经济管理学院（4篇）等。

在国民经济学领域，中国社会科学院的主要科研机构是中国社会科学院经济研究所（16篇）、中国社会科学院工业经济研究所（8篇）、中国社会科学院研究生院（5篇）、中国社会科学院数量经济与技术经济研究所（4篇）、中国社会科学院财贸经济研究所（3篇）等。

四　本章小结

本章利用 CiteSpace 可视化软件，对于 2000～2012 年 CNKI 数据库的CSSCI 来源期刊和核心期刊中的国民经济学领域论文数据，采用关键词共现分析、聚类分析和战略坐标相结合的文献计量方法，具体描述了国内国民经济领域的研究状况、热点和趋势。文献计量结果显示关注度较高的领域是"绿色国民经济核算""中小企业融资""工业化进程"等，这说明我国学者目前对于这几个领域的研究较多，符合我国转变经济发展方式、提升GDP 质量的宏观背景。新颖度较高的聚类是"物流业发展""小康社会建设"和"经济社会发展"，这是目前国民经济学中比较新颖、有待于进一步深入研究的领域。此外，我们还进一步归集了 2000～2012 年中国国民经济领域发文量居前的作者、研究机构等信息，希望这些分析结论能够为我国今后的国民经济学研究提供参考和借鉴。

第十一章　区域经济学研究
领域文献计量

区域经济理论最早源于 1826 年德国经济学家杜能提出的农业区位论，其演进过程历经了三个阶段：1826 年至 20 世纪 40 年代，围绕区位选择理论的系统研究；20 世纪 50 年代至 80 年代，区域经济学作为空间经济问题的分析框架，逐渐发展成为一门独立的经济学分支学科，单纯的区位研究逐渐转向区域经济研究，微观经济分析转向宏观经济分析；20 世纪 90 年代以来，区域经济理论出现了新分支——新经济地理学，其基本问题是空间经济的核心问题，即解释地理空间经济活动的集聚现象。

区域经济学是运用经济学的方法，研究资源的空间配置机制、区域间经济发展的交互作用过程与结构以及与此有关的区域决策的科学。本章运用 Citespace 文献计量方法，以国内区域经济学领域的期刊文献为研究对象，分析出该领域的高产作者和机构、研究热点及前沿的知识图谱，并通过战略坐标展示该领域的基础型研究主题及潜在型研究主题，为区域经济学的研究和学科建设提供参考。

一　数据库的选择和数据的规范化处理

本章所统计的数据来自中国期刊全文数据库（CNKI），按照 2010 年出版的《中国图书分类法》（第五版），查找区域经济的分类代码，用布尔逻辑式语言"或"组构检索式：中图分类号 = F061.5 或篇名 = "区域经济"

或关键词＝"区域经济"，检索时间范围设为 2000～2012 年，检索期刊论文类别设为经济与管理科学、CSSCI 期刊。检索到 2000～2012 年区域经济领域的 CSSCI 来源期刊文献共计 7068 条，略去会议通知、书评、编者评论等，最后获得有效数据 6715 条，更新时间为 2013 年 12 月。

（一）论文年度分布

从我国区域经济学领域发文量的年度分布来看（图 11-1），2000～2012 年区域经济学领域发文量呈现总体上升趋势，从 2003 年开始每年的发文数量都在 500 篇左右，其中 2007 年达到 637 篇，2009 年以后发文量开始呈现下降趋势。通过对 2000～2012 年发文情况的分析，可以看出对区域经济发展与合作、产业集群、产业结构、区域经济差异等方面的研究始终占据着我国区域经济学研究的重要位置，发文量较为平稳。

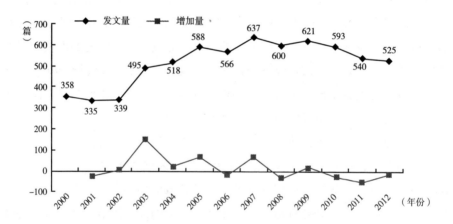

图 11-1* 2000～2012 年区域经济学领域论文发文量

* 图中数据均为本研究领域的学术论文（不包括会议通知、会议综述、刊首语等）

（二）刊发论文的期刊统计

依据 CNKI 数据库的检索结果以及人工标准化处理之后的结果，2000～2012 年区域经济学领域载文量居前 10 位的 CSSCI 期刊如下（表 11-1），《生产力研究》13 年间共刊发区域经济学论文 302 篇，主要刊登研究经济理论、经济改革、发展重大问题方面的论文、学术动态的综述性文章。同时，作为中国生产力学会会刊，它最及时、最权威地反映着全国生产力经济理论与实践研究的最新动态和最新成果。其次是《经济地理》，该刊为主要反映我国国土整治、区域规划、农业区划、城乡建设规划以及工业、农业、交通运输业、城市布局方面研究成果的专业性学术期刊。

表 11 - 1　2000 ~ 2012 年区域经济学领域 CSSCI 期刊的载文量统计（前 10 位）

期刊名称	载文量（篇）	期刊名称	载文量（篇）
《生产力研究》	302	《开发研究》	139
《经济地理》	261	《地域研究与开发》	134
《科技进步与对策》	199	《经济问题》	119
《统计与决策》	186	《经济纵横》	117
《科技管理研究》	143	《中国软科学》	115

二　实证分析

（一）关键词共现

通过可视化软件 CiteSpace 来生成实证研究所需要的矩阵，该软件的主要功能是对输入的文献数据进行可视化分析并生成矩阵。CiteSpace 软件的具体操作步骤如下：（1）对区域经济学领域的文献数据进行标准化处理，即对文献进行筛选，去掉书评、会议通知、会议综述、招聘启事、征稿通知等，确保数据属于区域经济学领域的学术论文。（2）对文献数据的关键词进行规范化处理，主要包括无关键词文献的关键词的提取；已有关键词文献的不规范关键词的删除，如现状、对策、因素等关键词；同义词、缩写词的统一和规范，如"可持续发展"与"持续发展"的统一等。（3）由于 CiteSpace 对输入的数据有具体格式要求，须在输入软件之前运用 CiteSpace 软件中的数据转换功能对数据的格式进行转换，转换成软件默认的格式。（4）对 CiteSpace 软件进行相应的设置，在设置界面主要操作如下：时间切片设为每两年一个时段；

根据本章的需要将分析的内容设为关键词（Keywork）或主题（Term）；阈值设定为（5，5，17）、（4，3，17）、（4，3，17）。（5）运行 CiteSpace 软件，在 project 文件夹中生成区域经济学领域的关键词共现矩阵。

运行结果生成 2000～2012 年区域经济学领域关键词共现的知识网络图谱（图 11-2），图谱中共获得节点 405 个，节点之间的连线 756 条。在图谱中节点的大小代表该关键词出现的频次大小，点越大，频次越高；节点之间的连线表示关键词之间的共现关系，连线越粗表示共现的强度越大。共现频次最高的是"区域经济"（2110 次，已隐藏），其次是"经济发展"（289次）、"经济增长"（263 次）、"产业集群"（211 次）、"区域经济一体化"（182 次）、"可持续发展"（157 次）。关键词共现频次居前 10 位的还有"协调发展""产业结构""西部大开发"，这 10 个关键词所表征的研究内容属于该阶段区域经济学的研究热点。

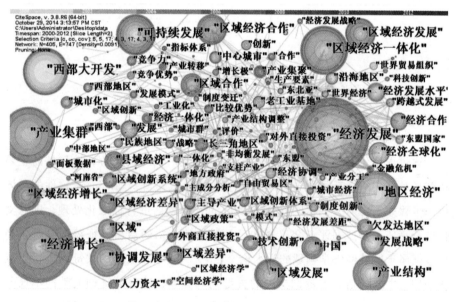

图 11-2　2000～2012 年区域经济学领域的关键词共现知识图谱

（二）共现聚类分析

本章采用的聚类分析方法不同于目前普遍采用的聚类方法，而是借鉴了卡龙等（Callon，Courtial&Laville，1991）的聚类原则来进行聚类划分，基本原则如下：（1）在 CiteSpace 软件生成的共现方阵中，通过查找余弦指数最高的一对关键词，作为第一个聚类的主题词。（2）将方阵中的 405 个关键词与该对关键词的任一关键词的余弦指数进行降序排列，由高到低选取10 个关键词（若余弦指数大于 0 的关键词不足 10 个，只取余弦指数大于 0的关键词），其中包括作为主题词的一对关键词。即使余弦指数仍大于 0，超过 10 个以上的关键词均拒绝加入该聚类，即该聚类达到了饱和值（10 个关键词）。（3）第一个聚类生成后（或者饱和，或者余弦指数大于 0 的不足10 个关键词），在方阵中将已加入聚类中的关键词删除掉（需要行、列同时删除），保证已加入聚类中的关键词不会加入下面的其他聚类。（4）反复进行第一步到第三步，就可以一个一个地生成聚类，一直进行到将所有存在共现关系的关键词都加入聚类中为止。若矩阵中虽然还有关键词，但这些关键词之间已经没有共现关系，即所有的关键词间的共现强度为 0（余弦指数等于 0），聚类生成结束，所剩的关键词不再加入任何聚类。

405 个高频关键词中，"区域经济" 词频最高（Freq = 2110）。但只根据高频关键词个体无法识别研究内容和方向，因此本章借鉴卡龙的聚类分析方法，通过聚类分析来识别研究内容和研究方向。按照上述的聚类方法和原则，将 405 个关键词划分为 66 个聚类；其中有些聚类只有两个聚类成员，这类聚类不能准确反映聚类所代表的研究方向和内容，因此不作为分析对象，删除这类聚类后再将相似聚类进行合并，最后形成 47 个有效聚类。根据每个聚类所包容的关键词，可以概括出聚类的名称，聚类的名称就是其对应领域的主要研究内容和研究方向（见表 11 - 2）。

表 11 - 2　聚类名称及其构成

聚类号	聚类名称	聚类成员
1	东北亚区域经济	东北亚国家、东亚区域合作、东北亚区域合作、东北振兴、区域经济一体化、东盟国家
2	东亚金融危机	金融危机、工作组会议、东亚一体化、东亚经济一体化、历史机遇、经济全球化、资源配置
3	区域投资自由化	投资自由化、亚太地区经济、经济技术合作、东盟自由贸易区、世界经济、世界贸易组织、次区域、多边贸易体制、领导人会议

续表

聚类号	聚类名称	聚类成员
4	两岸合作	福建、台湾、合作
5	区域经济合作	南方共同市场、区域贸易协定、出口产品、贸易转移、上合组织、北美自由贸易区、经济合作、经济发展水平
6	珠三角经济区	发展水平、珠三角经济、区域经济整合、经济发展差距、战略重点、城市经济、泛珠江三角洲、沿海地区、国内生产总值、地区经济
7	机遇与挑战	机遇、挑战、模式
8	区域经济发展	县域经济发展、跨越式发展、中原经济区、经济协调、制度创新、经济发展战略、战略地位、欠发达地区
9	区域经济政策协调	区域政策、区域协调、区域经济政策、协调发展、区域经济差距、区域发展、和谐发展、欧盟、启示、长江三角洲
10	区域发展理论	广义梯度理论、区域发展理论、区域创新、工业化
11	西部发展	特征、发展、西部、研究、评价、物流、问题
12	区域产业结构	产业结构调整、区域特色经济、主导产业、支柱产业、生产要素、信息化、产业升级、产业分工
13	区域差异	脉冲响应函数、货币政策、var模型、差异性、结构调整、外向型经济、经济发展方式、区域差异
14	非均衡发展	非均衡发展、均衡发展、对外直接投资、制度变迁、政府行为、协同发展、城镇化
15	区域经济学	区域经济学、新经济地理学、区域、空间集聚、空间经济学
16	区域比较优势	比较优势、竞争优势、区域分工、产业集群、市场化、集聚效应、主体功能区、竞争力
17	评价分析方法	综合评价、因子分析、聚类分析、人力资源、创新能力、区域物流、主成分分析、实证分析
18	中亚区域经济	新疆、中亚、区域经济合作、区域金融、城市化、类型
19	次区域合作	次区域合作、自由贸易协定、日本
20	自贸区经济发展	澳门、自由贸易区、经济发展
21	区域生态环境	生态环境、滨海新区、中部地区
22	投入产出	投入产出、产业、地区差距、政府
23	东亚区域经济	东亚经济、东亚区域经济、地缘经济、经济整合、贸易转移效应、贸易自由化、台湾经济、经济增长速度
24	可持续发展	可持续发展、资源、上市公司、指标体系
25	民族区域经济	民族地区、民族经济、转移支付、发展模式、战略、县域经济
26	技术进步	全要素生产率、技术进步、技术效率
27	循环经济	三峡库区、循环经济、增长极、城市发展、产业集聚
28	东盟	泛珠三角、东盟、经济一体化、行政区经济、中国、东亚、云南

续表

聚类号	聚类名称	聚类成员
29	人力资本	人力资本、条件收敛、经济增长
30	区域城市群	长三角地区、京津冀、城市群
31	技术创新	技术创新、区域创新体系、创新网络、中小企业
32	区域资源优势	资本市场、地方经济、资源优势、区域开发、扩散效应、地区基础设施
33	区域创新	运行机制、系统动力学、区域创新网络
34	社会经济发展格局	经济发展格局、社会经济发展、产业结构趋同、经济开发
35	区域竞争力指标体系	评价指标体系、区域竞争力、城市竞争力
36	区位理论	区位、区位因素、集聚
37	区域经济差异	区域经济差异、面板数据、地区差异、江苏省、空间格局、区域经济增长、甘肃省、区域协调发展、国家战略
38	建设与开发	建设、开发、城市、转型、经济
39	东北老工业基地	东北三省、老工业基地、增长速度
40	产业结构调整	调整、产业结构、区位商
41	一体化	一体化、政府竞争、协调、全球化、东北地区
42	税收优惠政策	税收政策、税收优惠、中部崛起
43	战略性新兴产业	战略性新兴产业、现代服务业、产业链、扩大内需
44	产业竞争力	相关性、产业竞争力、外商直接投资
45	西部产业转移	产业转移、西部地区、统筹区域发展、政策选择
46	实证研究	虚拟变量、实证研究、面板数据模型、影响因素
47	利用外资	地方政府、利用外资、科学发展观

（三）战略坐标图

（1）根据关键词达到阈值的时间，计算每个聚类的平均共现时间，以此反映该聚类的平均年龄，再计算每个聚类的平均年龄与全部共现的关键词的平均共现年龄的离均差，称为"新颖度"。值有正负之分，若值为正数，表明研究的时间比较晚；若值为负数，表明研发的时间较早。根据各关键词的共现频次，计算每个聚类的平均共现频次，再计算每个聚类的平均共现频次与全部共现的关键词的平均共现频次的离均差，以此反映该聚类的受关注程度，称为"关注度"。值有正负之分，若值为正数，表明该聚类所代表的内容的研究受关注程度较高；若值为负数，则表明该聚类所代表的内容的研究受关注程度较低。各聚类的关注度和新颖度见表11-3。

表 11 - 3　聚类的新颖度和关注度

聚类号	关注度	新颖度	聚类号	关注度	新颖度
1	14.58	0.20	25	8.24	-0.46
2	-4.55	0.54	26	-12.42	4.04
3	-11.12	-2.56	27	0.98	0.04
4	-9.42	-0.63	28	8.15	-0.68
5	-4.64	-0.63	29	78.24	-0.63
6	9.78	-2.16	30	3.91	2.04
7	-9.67	-2.21	31	7.08	-1.46
8	5.83	-1.71	32	-10.92	-3.96
9	14.48	-0.96	33	-16.09	3.37
10	-9.67	-0.46	34	-14.42	-3.96
11	0.33	0.29	35	-16.42	2.70
12	-3.42	-1.07	36	-15.09	-1.96
13	-6.55	1.29	37	6.36	3.15
14	-4.99	1.18	38	-14.22	-1.56
15	5.58	2.04	39	-1.76	-0.63
16	20.20	0.79	40	27.58	-0.63
17	-8.80	2.04	41	-8.82	-0.36
18	11.91	1.04	42	-10.42	3.37
19	-10.42	2.70	43	-18.92	5.04
20	57.83	-0.46	44	-8.09	4.70
21	-6.42	2.70	45	-4.67	-0.46
22	-9.42	-0.96	46	-13.17	4.04
23	-15.17	-1.46	47	-4.76	-0.63
24	25.08	-1.96			

（2）研究领域分区。从战略坐标各个象限的含义来看，47 个聚类中有 8 个聚类位于第一象限、13 个聚类位于第二象限、16 个聚类位于第三象限、10 个聚类位于第四象限。

位于第一象限的 1、11、15、16、18、27、30、37 等聚类的新颖度和关注度均大于 0，表明这些聚类所代表的内容是 2000～2012 年区域经济领域相对比较成熟的研究内容，即属于 2000～2012 年的学术研究热点，是目前国内该领域的核心内容。具体包括"东北亚区域经济""西部发展""区域经济学""区域比较优势""中亚区域经济""循环经济""区域城市群""区域经济差异"。

位于第二象限的 2、13、14、17、19、21、26、33、35、42、43、44、46 等聚类的新颖度大于 0，而关注度小于 0。这表明该聚类所代表的研究内容属于 2000~2012 年区域经济领域的最新研究热点，但是受关注程度还不高。这些学术热点或将成为该领域未来的研究课题，我们称其为潜在型研究领域。其中一些内容将会随着关注程度的提高，成为未来该领域的重要研究内容，它们具体包括"东亚金融危机""区域差异""非均衡发展""评价分析方法""次区域合作""区域生态环境""技术进步""区域创新""区域竞争力指标体系""税收优惠政策""战略性新兴产业""产业竞争力""实证研究"。

位于第三象限的 3、4、5、7、10、12、22、23、32、34、36、38、39、41、45、47 等聚类的新颖度和关注度都小于 0，这些聚类的关注程度不高，近些年来对其研究也较少。这表明该聚类所代表的研究内容属于 2000~2012 年区域经济领域的边缘型研究。这些聚类可分为两类：一类是区域经济领域在以往研究较多的课题，但由于其具有时效性或者受经济环境变化的影响，最近已退出学术研究的主流；另一类是在 2000~2012 年受关注程度不高，近些年研究也较少的课题。它们分别是"区域投资自由化""两岸合作""区域经济合作""机遇与挑战""区域发展理论""区域产业结构""投入产出""东亚区域经济""区域资源优势""社会经济发展格局""区位理论""建设与开发""东北老工业基地""一体化""西部产业转移""利用外资"。

位于第四象限的 6、8、9、20、24、25、28、29、31、40 等聚类的关注度大于 0，新颖度小于 0，表明这些聚类所代表的研究内容属于当前区域经济领域的基础性研究内容。这些聚类的构成成员是 2000~2012 年较早的研究课题，多年来备受关注，但是从新颖度来看则不是近几年的新研发热点。它们具体包括"珠三角经济区""区域经济发展""区域经济政策协调""自贸区经济发展""可持续发展""民族区域经济""东盟""人力资本""技术创新""产业结构调整"。

（3）在以关注度为横轴、新颖度为纵轴的战略坐标图中，依据新颖度和关注度的指标含义,以及战略坐标的象限位置的含义,可以清楚地看到目前具有较大关注度,却缺乏一些新颖性的领域。图 11 - 3 显示,有 18 个聚类位于第一、四象限,其中 16、20、24、29、40 聚类的关注度较高,聚类 29 受关注的程度最高。根据聚类的成员构成可以确定其主要是关于"人力资本"的研究,还有"自贸区经济发展""产业结构调整""区域比较优势"等方面的研究。

从新颖度较高的领域来看,有 21 个聚类位于第一、二象限。主要有聚类 1、11、13、14、17、18、27、30、37、43 等,其中聚类 43、44、46、26、33、42、37 的新颖度最高。根据聚类的成员构成可以确定其主要是关于"战略性新兴产业""产业竞争力""实证研究""技术进步""区域创新"的研究。

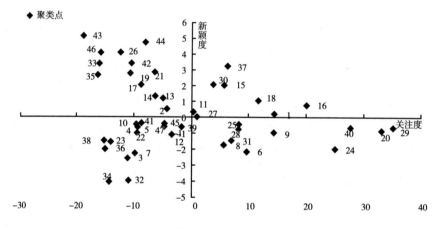

图 11 - 3   2000 ~ 2012 年区域经济学领域的战略坐标图

三   文献的分类排序特征

(一) 发文量居前的作者

设置阈值显示前 150 位高产作者,以 13 年作为 1 个时间跨度,运行 Citespace 软件,显示出 2000 ~ 2012 年区域经济领域中的高产作者 150 人 (图 11 - 4),作者之间有合作关系的有 13 条连线。其中北京大学城市与环境学系李国平发文量最高（29 篇），其主要研究方向是经济地理学的研究与教学工作。发文量居第二位的是河南大学环境与规划学院覃成林（26 篇），其主要研究方向为区域协调发展、区域发展规划与管理。发文量较高的还有浙江大学国际经济研究所赵伟（17 篇）、中国社会科学院工业经济研究所陈栋生（16 篇）等。另外，一些学者在区域经济学方面的研究成果数量虽有限，但其对特定领域的研究成果被引频次较高，是区域经济学研究中不可忽视的一部分。比如，魏后凯等关于外商直接投资对区域发展的研究，魏守华等关于产业集群的研究。

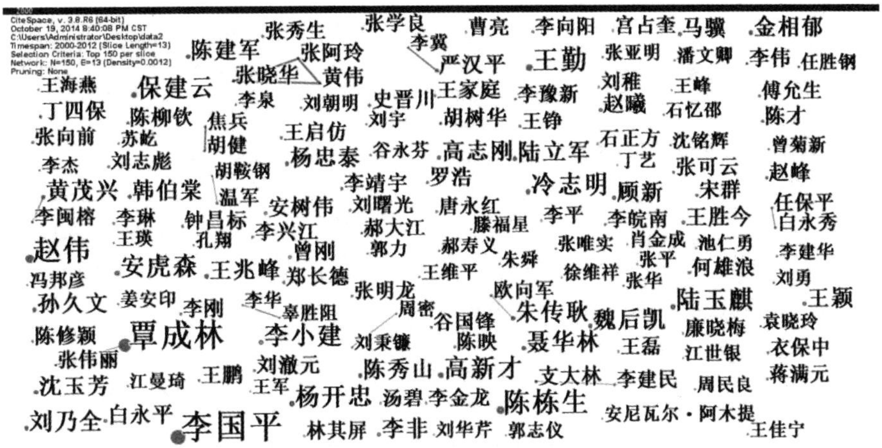

图 11-4　2000～2012 年区域经济学领域的作者共现知识图谱

（二）文献发文量居前的机构

设置阈值显示前 150 个高产机构，以 13 年作为 1 个时间跨度，运行 Citespace 软件，获得高产机构的知识网络图谱（图 11-5）。在一级单位中，南开大学以 148 篇发文量位居首位，其次是四川大学（124 篇）、吉林大学（109 篇）、西安交通大学（105 篇）。发文量排名前 12 位的二级科研机构如表 11-4 所示，四川大学经济学院发文量（100 篇）居于首位，发文量较多的还有西安交通大学经济与金融学院（76 篇）、浙江大学经济学院（50 篇）、东北师范大学城市与环境科学学院（49 篇）等。在机构合作方面，可视化分析结果显示二级科研机构间的合作关系并不紧密，合作多限于一级单位内部。

表 11 – 4 2000～2012 年区域经济学领域的高产科研机构（前 12 位）

单 位	年份	频次	单 位	年份	频次
四川大学经济学院	2000	100	南开大学经济研究所	2000	39
西安交通大学经济与金融学院	2000	76	中国科学院地理科学与资源研究所	2000	36
浙江大学经济学院	2001	50	暨南大学经济学院	2003	34
东北师范大学城市与环境科学学院	2001	49	武汉大学商学院	2000	32
西北大学经济管理学院	2000	48	南京大学商学院	2001	32
兰州大学经济学院	2003	48	武汉大学经济与管理学院	2000	31

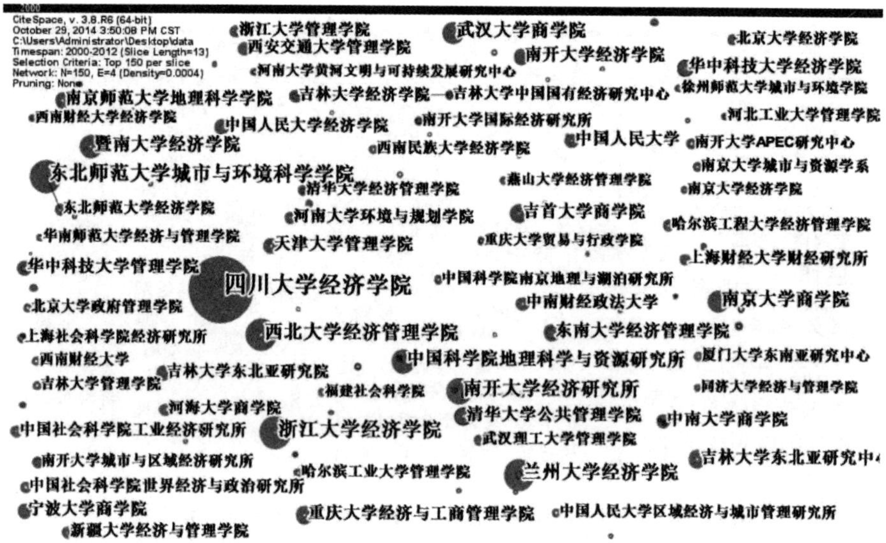

图 11 – 5 2000～2012 年区域经济学领域的科研机构共现知识图谱

四 本章小结

本章通过对 CNKI 数据库中的 2000～2012 年区域经济学领域核心期刊的发文进行检索、下载和文献计量分析，发现区域经济学的研究一直是国内经济学界关注的热点，近十年来发文量趋于稳定。

在关键词的共现分析中，知识图谱显示出 2000～2012 年区域经济学主要围绕"经济增长""产业集群""区域经济一体化""可持续发展""产业结构"等关键词开展研究；战略坐标角度分析结果显示，"东亚金融危机""区域差异""非均衡发展""次区域合作""区域生态环境""技术进步""区域创新""区域竞争力指标体系""税收优惠政策""战略性新兴产业"等主题是近几年来新的研究热点，但是受关注程度较低，有待继续研究。

在高频作者及其合作的可视化分析中，发文量居前 10 位的作者均来自科研机构及高校；但从聚类分析的结果来看，本领域的团队合作并不紧密，团队组建意识不强，这将成为该领域着重解决的问题。在科研机构的可视化分析中，发文量居前 10 位的都是高校及其下属的科研院所，科研力量均集中于各大高校及科研院校，且机构之间的合作仅限于高校及科研院所，产学研合作较少。

第十二章 财政学研究领域文献计量

　　财政学是研究以国家为主体的财政分配关系的形成与发展规律的学科，主要研究国家如何获取资金并实现国家职能。20 世纪 40 年代末，由萨缪尔森开始，将政府干预和市场机制结合起来，重视财政学的微观基础研究。基于萨缪尔森的研究，理查德·马斯格雷夫提出了著名的财政三职能：资源配置、收入分配和经济稳定。之后出现了新凯恩斯主义和新自由主义，虽然两者观点多有冲突，但将政府与市场有机结合已经达成共识。我国的财政研究始于新中国成立之后，初期受苏联经济理论和实践的影响，形成了我国财政理论的雏形；80 年代改革开放时期，开始引入西方财政思想；90 年代随着我国社会主义市场经济体制的确立，我国财政理论体系引入更多市场经济理论，获得了进一步发展。本章以 2000~2012 年 CNKI 数据库的 CSSCI 来源期刊中财政学领域文献数据为研究对象，可视化分析财政学的研究现状、热点、特征、研究动态，并归集该领域高产作者、机构等有价值信息，为我国财政学领域研究和学科发展提供参考。

一　数据库的选择和数据统计

　　按照 2010 年第五版的《中国图书分类法》，使用财政学分类代码 F81，在中国知网（CNKI）数据库中检索，检索时间范围设为 2000~2012 年，期刊类别设置为 CSSCI、经济与管理科学，共检索到 20041 条数据，检索和更新时间为 2013 年 12 月。进而，对初始数据进行处理，略去会议通知、会议综述、刊首语等非学术论文类数据，最终获得 17768 条数据。

（一）论文年度分布

由图 12 - 1 ① 可以看出，国内财政学领域的年度发文量整体呈上升趋势，以 2006 年为界分为明显的两个水平；2007 年以前发文量在每年 1300 篇左右，2007 年以后的年发文量在 1400 篇左右。可以看到，发文量增加的现实背景是政府财政政策方向发生转变，即由积极的财政政策转向稳健的财政政策。我国在 1998 年开始实行积极的财政政策刺激经济增长，2004 年以前财政支出一直保持高速增长，但国内通货膨胀压力不断增大；为防止经济过热，国家出台了稳健的财政政策，即中性财政政策。宏观财政政策的转变，国内财政学领域的研究增多，导致了 2005 年开始财政领域发文量增加。同样，2008 年由美国次贷危机引起的全球金融危机促使我国实施积极财政政策，财政学领域发文量又一次显著增加。

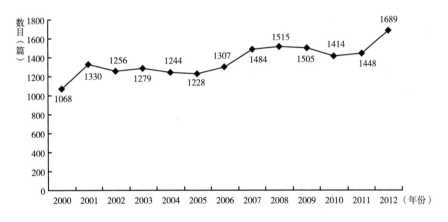

图 12 - 1　2000 ~ 2012 年国内财政学领域年度发文量统计

（二）刊发财政学领域论文的期刊统计

表 12 - 1 列出了刊文量前 10 位的期刊。其中《税务研究》和《国际税收》刊文量最高，分别为 2806 篇和 2618 篇，占总量的 15.79% 和 14.73%；

---

① 注：表中数据均为处理后的本领域的学术论文类数据，不包含会议通知、会议综述、刊首语等。

居第三位的为《财政研究》（1404 篇），占总数的 7.9% 。排名前 3 位的期刊刊文量占总数的 38.42% ，说明财政学领域期刊的发文期刊比较集中。

表 12 - 1 2000 ~ 2012 年 CSSCI 来源期刊中财政学领域发文量的期刊分布

期刊名称	载文量（篇）	期刊名称	载文量（篇）
《税务研究》	2806	《税务与经济》	406
《国际税收》	2618	《统计与决策》	282
《财政研究》	1404	《当代财经》	276
《财贸经济》	415	《财经问题研究》	194
《中央财经大学学报》	406	《经济纵横》	179

二 实证分析

（一）关键词共现

运行 Citespace 软件，运行期间各时段的数据样本、阈值、节点数、连线数如表 12 - 2，运行结果生成 2000 ~ 2012 年财政学领域的关键词共现知识网络图谱（图 12 - 2），图谱中共获得节点 478 个，连线 943 条。

表 12 - 2 CiteSpace 运行各时段的数据显示

年 段	阈值（C；CC；CCV）	样本（个）	节点（个）	连线（条）
2000 ~ 2001 年	5；5；0.15	2696	184	104
2002 ~ 2003 年	5；5；0.15	3103	203	140
2004 ~ 2005 年	5；5；0.15	5481	365	504
2006 ~ 2007 年	5；5；0.15	6665	452	693
2008 ~ 2009 年	6；6；15	6641	330	250
2010 ~ 2011 年	6；6；15	6107	296	202
2012 年	6；6；15	3914	145	117

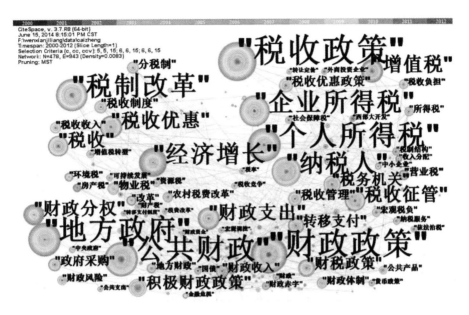

图 12 - 2　2000 ~ 2012 年财政学领域的关键词共现知识图谱

在图 12 - 2 中，频次最高的关键词为"税收政策"（573 次），其次是"财政政策"（544 次）、"公共财政"（506 次），共现频次居第 4 ~ 10 位的分别为"个人所得税"（498 次）、"地方政府"（495 次）、"税制改革"（466 次）、"企业所得税"（453 次）、"纳税人"（428 次）、"经济增长"（425 次）、"增值税"（346 次）。可以看出，在频次居前 10 位的关键词中，与税收相关的占主要部分，说明税收是财政学研究的重点。在该共现图谱中，可以通过关键词的聚集程度直观看出我国 2000 ~ 2012 年财政学领域的研究主要集中在三个方面：第一是"税收及其征管"，第二是"政府财政政策"，第三是"税制改革"。

（二）共词聚类分析

通过关键词共现得到 478 个高频关键词，依据关键词间的共现关系和余弦指数值构建 478 × 478 的关键词共现矩阵，根据聚类方法，在 478 个关键词中划分出 36 个聚类，依据每个聚类所包含的关键词概括出聚类的名称，36 个聚类的名称就是其对应领域的主要研究内容，如表 12 - 3 所示。

表 12 - 3 聚类名称及构成

聚类号	聚类名称	聚类成员
1	税收效应	微观效应、中国税收、税收收入增长、宏观经济形势、贸易经济、税收增长、税收收入、GDP
2	社会保障体系	征管体制、社会保险费、费改税、税务部门、社会保障制度、财政管理、
3	政府采购	政府采购制度、政府采购法、部门预算、政府采购、公共支出
4	增值税转型	生产型增值税、消费型增值税、收入型增值税、增值税转型、税收中性、个人所得税制、增值税
5	公共服务	基本公共服务、公共服务均等化、一般性转移支付、财政转移支付、转移支付制度、转移支付
6	税源管理	专业化、税源管理、专业化管理、精细化管理、纳税评估、税源监控、税务机关、税收工作、纳税人、税收管理、税收征管、跨国公司
7	税制改革	路径依赖、制度安排、制度变迁、税制改革、制度创新、农业税
8	效率与公平	效率、公平、减税、个人所得税、国债资金、数据包络分析、国际税收、地方财政、遗产税
9	国家债务	国债规模、债务风险、财政赤字、经济增长、国债政策、国债市场
10	财政政策与货币政策	财政政策、货币政策、通货膨胀、var模型、宏观调控、自动稳定器、人力资本、通货紧缩、经济周期、宏观经济政策、区域经济、扩大内需、经济发展、国库现金管理、宏观调控、积极的财政政策
11	新农村建设	农村义务教育、建设社会主义、新农村、中西部地区、国家财政、中央与地方、和谐、农村税费改革、公共服务
12	纳税人	进项税额、一般纳税人、企业、东北地区、纳税义务
13	财产税	房产税、土地增值税、房地产业、征税范围、物业税、房地产市场、改革试点、财产税、营业税
14	政府支出效应	居民消费、政府支出、居民收入、财政支出结构、市场失灵、政府职能、基尼系数、城乡收入差距
15	外资企业税收	内资企业、外资企业、外商投资企业、外资企业所得税、税收优惠政策、应纳所得税额、反避税、税收筹划
16	政府预算	政府预算、预算公开、预算改革、预算管理、绩效管理、制度、市场经济、信息不对称、公共产品、财政改革
17	乡镇财政	乡镇财政、乡镇政府、县乡财政、税费、财政管理体制
18	西部大开发	西部大开发、西部地区、东部地区、财税政策、协调发展、财政资金、小康社会、高新技术产业
19	财政收入	预算外资金、非税收入、地方财政收入、分税制、规范化、政府财政、财政预算、政府部门、税收制度
20	农业税	农民负担、税费改革、取消农业税
21	地方税收	地方税收、主体税种、所得税、宏观税负、地方政府、税制结构
22	资源税	资源税、绿色税收、可持续发展、矿产资源、农村、消费税、外部性、博弈
23	分税制	地方税体系、分税制改革、财政体制改革、分税制财政体制、政府间财政关系

续表

聚类号	聚类名称	聚类成员
24	税收激励	税收激励、自主创新、税收改革、技术创新、战略性新兴产业、中小企业
25	税收风险	税收风险、欧债危机、风险、税基、发展中国家
26	税务稽查	国家税务总局、税务稽查、企业所得税、税收征管法、财政部
27	资源配置职能	财政职能、资源配置、国有企业
28	财政风险	财政风险、财政困难、融资平台、国际金融危机
29	税务管理	税务管理、转让定价、避税地、预约定价、增值税专用发票
30	税收竞争	国际税收竞争、经济全球化、税收竞争外商直接投资
31	财政支农	农民收入、协整分析、财政支农、财政支出
32	环境税制	环境保护、环境税制、节约资源、循环经济、环境税、制度设计
33	财政透明	财政、财政透明度、政府会计
34	税务人员	国家税务局、税务人员
35	税收优惠	税收优惠、文化产业、税收支出、企业年金
36	税收流失	税收流失、产业结构调整、纳税意识、诚信纳税
37	税收环境	市场经济条件、税收环境、税收负担

（三）　战略坐标图

根据关注度和新颖度的计算方法，分别计算每个聚类的关注度和新颖度的值（表 12 - 4），以关注度为横轴，新颖度为纵轴，作出财政学 2000 ~ 2012 年的战略坐标图（图 12 - 3）。

表 12 - 4　聚类的关注度和新颖度

聚类号	关注度	新颖度	聚类号	关注度	新颖度	聚类号	关注度	新颖度
1	- 20.780	0.63	14	- 26.780	2.916	27	- 25.447	- 1.703
2	- 27.947	0.797	15	2.664	- 0.592	28	- 9.280	2.33
3	17.819	- 2.37	16	- 11.280	- 0.47	29	- 20.780	- 0.97
4	25.362	- 1.941	17	- 37.380	- 0.97	30	- 7.780	- 1.62
5	24.386	0.463	18	6.094	- 0.245	31	49.719	0.38
6	57.969	0.647	19	1.775	- 1.037	32	- 11.447	1.963
7	44.219	- 1.04	20	- 8.447	- 1.037	33	8.553	- 1.037
8	- 4.002	- 1.37	21	97.386	- 2.37	34	- 47.113	1.497
9	33.791	- 2.37	22	- 3.947	- 0.12	35	34.469	1.13
10	- 23.717	- 0.632	23	- 10.447	- 1.37	36	- 34.530	- 1.37
11	- 17.507	1.721	24	- 8.780	0.963	37	- 10.780	- 0.703
12	- 43.380	1.23	25	- 22.494	2.201			
13	7.947	0.63	26	59.819	0.43			

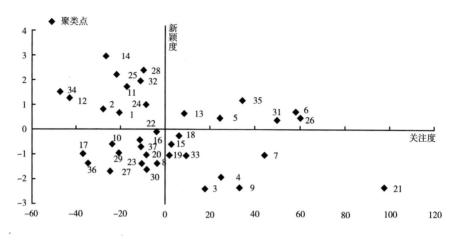

图12-3　2000～2012年财政学领域战略坐标图

位于第一象限的聚类有5（公共服务）、6（税源管理）、13（财产税）、26（税务稽查）、31（财政支农）、35（税收优惠），共计6个聚类。这些部分新颖度大于0，关注度也大于0，代表了我国2000～2012年财政学领域内相对较为成熟的研究方向和内容，属于13年间财政学的理论研究热点和核心内容。

位于第二象限的聚类有1（税收效应）、2（社会保障体系）、11（新农村建设）、12（纳税人）、14（政府支出效应）、24（税收激励）、25（税收风险）、28（财政风险）、32（环境税制）、34（税务人员），共计10个聚类。这一部分关注度小于0，而新颖度大于0，代表2000～2012年国内财政学领域内新出现的研究方向，但并没有受到较多的关注，是值得进一步重点研究的方向，未来或将发展成财政学研究的核心内容。

位于第三象限的聚类有8（效率与公平）、10（财政政策与货币政策）、16（政府预算）、17（乡镇财政）、20（农业税）、22（资源税）、23（分税制）、27（资源配置职能）、29（税务管理）、30（税收竞争）、36（税收流失）、37（税收环境），共计12个聚类。这一部分关注度和新颖度都小于0，属于边缘型研究方向。

第四象限包括3（政府采购）、4（增值税转型）、7（税制改革）、9（国家债务）、15（外资企业税收）、18（西部大开发）、19（财政收入）、21（地方税收）、33（财政透明），共计9个聚类。这一部分属于关注度大于 0、新颖度小于 0 的研究方向，是基础性研究。

第四象限所示的基础性研究领域大多为财政收入、支出等方面的内容。税收、国债等属于财政收入，政府采购、西部大开发则可归为财政支出部分。财政收入、支出作为财政政策的基本部分，在财政学诞生之初就开始进行研究，并且在财政学发展过程中一直备受关注，其新颖度不高，但作为基本政策会一直受到学者关注。比如，我国于 2004 年开始推动增值税转型改革，使得增值税转型方面的研究备受关注。对外资企业所得税的研究始于1978 年，一直以来也受到研究者的持续关注。可见，在第四象限内的聚类，均属于较早且长期受到关注的研究领域，是我国 2000～2012 年财政税收方面的基础性研究。

在第一象限，关注度最高的为税务稽查，新颖度最高的为税收优惠，关注度和新颖度均较高的是税源管理。税源管理是税收征管的基础，随着我国市场经济发展，尤其是近几年来我国经济体制改革加快，大量原国有企业转制为股份制企业、私营企业或者破产拍卖，税源结构发生了变化，原有的税源管理体制难以适应新经济环境，因此，2006 年开始关于税源管理新模式的研究开始增多；2009 年，国税总局提出探索税源专业化管理新模式的要求，逐步试点建立以税源管理专业化为基础的改革。随着政策的实施，税源管理成为国内财政学领域的研究热点。

第二象限中，关注度最低、新颖度较高的聚类为税务人员、纳税人。关于纳税人个体、征税人员个体的分析是最近几年来开始出现的基于个体行为进行的税收学研究，主要涉及税收激励、税收制约等，这一方面的研究有可能成为我国财政税收领域的新的热点，值得关注。此外，第二象限中还包括与资源环境相关的聚类，如环境税制等，这体现了当前流行的可持续发展理念。环境税制主要涉及的税种有污染税、产品税及其他专门为环境保护筹集资金的税种，目前我国虽设有资源税、土地使用税、耕地占用税等具有环境保护性质的税收项目，但尚未设置专门的环境保护税收，未来相关研究或可成为研究热点。

第三象限的聚类大多是较早的研究热点，但随着财政学研究的发展，逐渐退出了财政税收领域的主流，如分税制等。我国于 1994 年就开始实施分税制财政管理体制，当时相关研究受到关注，但随着相关政策的落实分税制问题退出了主流研究领域。

从四个象限的聚类分布来看，作为第四象限即财政学的基础性研究内容，主要是对税收体制、政府财政职能（收入、支出等）的宏观研究。目前的研究趋势是对基础性研究进行细化，例如，对税收体制下的税务稽查、税源等进行更深入细致地分析。而一些关注度低、新颖度高的领域，即财政学未来的研究热点，更多包含了较新的发展理念，更多关注对纳税人、税务人员的微观研究，这是我国财政学研究的新方向。

三　文献的分类排序特征

（一）发文量居前的作者

运行 Citespace 软件，展示发文量前 200 的作者，如图 12 - 4 所示。其中，发文量最高的为贾康，2000 年以来在财政学领域发文 116 篇；其次为高培勇（73 篇），发文量居第 3 ~ 10 位分别为邓子基（55 篇）、安体富（50 篇）、邓力平（49 篇）、郭庆旺（46 篇）、夏杰长（38 篇）、刘佐（36

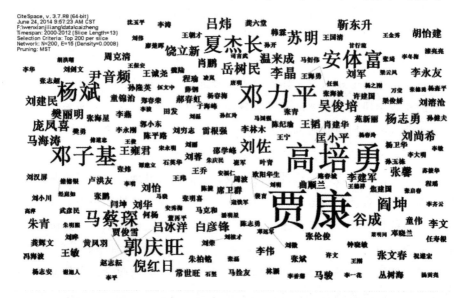

图 12 - 4　2000 ~ 2012 年财政学领域高产作者共现知识图谱

篇）、苏明（35 篇）、杨斌（34 篇）。从共现图中我们可以通过作者间的连线看到两大研究团队，其一是以贾康为首的团队，其二为以郭庆旺、夏杰长两人为核心的团队。发文量前 10 位的作者及其所属科研机构、主要研究领域如表 12-5 所示。另外，在检索结果中按照被引次数排序，被引频次前 5 位的文献作者分别为贾康（财政部财政科学研究所）、白景明（财政部财政科学研究所）；傅勇（复旦大学）、张晏（复旦大学）；林毅夫（北京大学）、刘志强（北京大学）；陈晓（清华大学）、李静（清华大学）；周飞舟（北京大学）。

表 12-5　发文量居前的作者及其主要研究方向

作　者	发文量（篇）	所属机构	主要研究领域
贾　康	116	财政部财政科学研究所	宏观经济及财经理论、政策
高培勇	73	中国社会科学院	财税理论研究、财税政策分析
邓子基	55	厦门大学	财政基本理论与政策研究、财政与宏观调控研究
安体富	50	中国人民大学	财税理论与政策
邓力平	49	厦门国家会计学院	国际财税、宏观经济
郭庆旺	46	中国人民大学	宏观经济理论与政策、经济增长理论与模型，财政理论与政策
夏杰长	38	中国社会科学院	宏观经济、公共财政
刘　佐	36	国家税务总局	中国税制改革与发展
苏　明	35	财政部财政科学研究所	财政支出政策理论、"三农"财税政策、能源财税政策
杨　斌	34	厦门大学	宏观经济、财政税务

（二）发文量居前的机构

运行 Citespace 软件，取发文量前 150 的科研机构，得到 2000～2012 年财政学研究领域高产机构共现知识图谱，如图 12-5 所示。从图谱来看，排名前 10 位的分别是中国人民大学（811 篇）、厦门大学（746 篇）、中央财经大学（746 篇）、财政部财政科学研究所（627 篇）、中南财经政法大学

（500 篇）、东北财经大学（498 篇）、上海财经大学（487 篇）、西南财经大学（349 篇）、北京大学（318 篇）、武汉大学（299 篇），如表 12 – 6 所示。

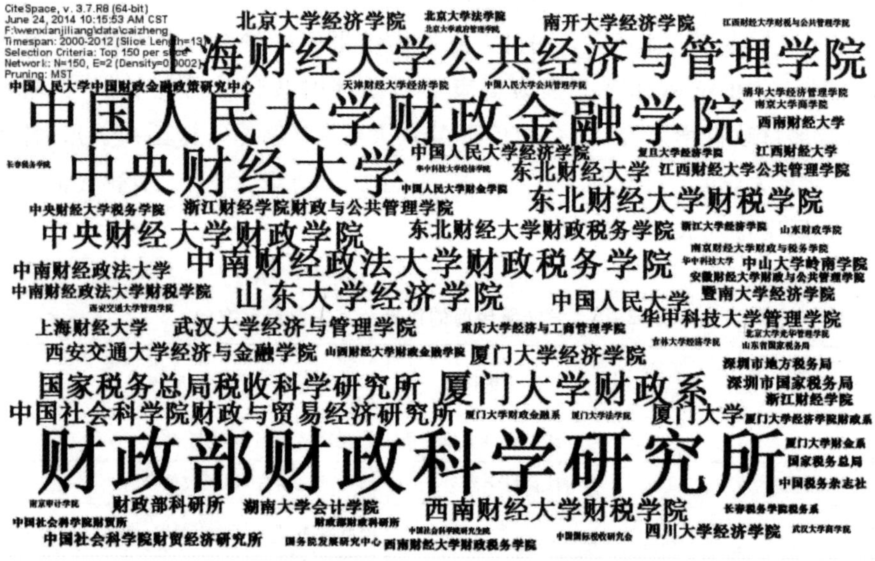

图 12 – 5   2000 ~ 2012 年财政学领域的科研机构共现知识图谱

表 12 – 6   2000 ~ 2012 年财政学领域发文量居前的科研机构发文量

科研机构	发文量（篇）	科研机构	发文量（篇）
中国人民大学	811	东北财经大学	498
厦门大学	746	上海财经大学	487
中央财经大学	746	西南财经大学	349
财政部财政科学研究所	627	北京大学	318
中南财经政法大学	500	武汉大学	299

四   本章小结

本章使用 Citespace 可视化软件展示了我国财政学在 2000 ~ 2012 年的科学知识图谱，形象化地揭示了我国财政税收领域的研究现状、热点和理论动态。文献计量分析结果显示，财政学领域的研究基础为宏观方面的财政政策，主要包括税收政策、政府支出结构等，而当前财政学的研究热点则是这些基础研究的细化方向，如税收政策当中的税源管理、各种单项税的实施等。同时，我们还分析了财政学研究的理论趋势，即财政学未来的研究热点更多包含了较新的发展理念，更多关注对纳税人、税务人员的微观研究，这是我国财政学研究的新方向。另外，本章还归集了高产作者和科研机构的相关信息，希望这些研究结论能够为我国财政税收领域的进一步研究提供借鉴和参考。

第十三章 金融学研究领域文献计量

按照《新帕尔格雷夫货币金融大辞典》（*The New Palgrave Dictionary Of Money And Finance*）中斯特芬·A. 罗斯关于"金融"词条的解释，金融以其不同的中心点和方法论成为经济学的一个分支，中心点是资本市场的运营、资本资产的供给和定价，方法论是使用相近的替代物给金融合约和工具定价。罗斯概括了金融领域的四大主题：有效市场、收益和风险、期权定价理论和公司金融。保险学是一门研究保险及保险相关事物演变规律的经济学科，其基本研究对象是保险商品关系，可以分为四方面理论：保险基础理论、保险实务、保险经营、保险市场。之所以保险学被涵盖在金融学之中，是因为现代保险业是经营与管理风险的特殊行业，是金融业的一个有机组成部分，与银行、证券并称金融业的三大支柱。我国学者对金融保险领域的问题一直较为关注，长期以来发表了丰富的研究成果。本章以我国金融学领域的中文文献为研究对象，通过运用文献计量方法，对 2000～2012 年 CSSCI 来源期刊中金融学（含：保险学）领域的学术论文进行文献统计分析，并通过战略坐标图展示该领域中文文献的研究现状、热点和主要研究方面，从中总结出相关前沿成果、高产作者等有价值信息，为金融领域的研究和学科建设提供科学参考。

一 数据库的选择和数据统计

（一）数据的标准化处理

按照 2010 年第五版《中国图书分类法》，查找金融保险领域的分类代

码，获得 F83、F84 两个代码，将其用逻辑式语言"或"组构检索式：F83
或含 F84，检索时间范围设为 2000～2012 年，检索期刊论文类别设为经济
与管理科学，期刊来源选择 CSSCI，在中国知网（CNKI）期刊论文数据库
中检索，共获得 59901 条数据，检索和更新时间为 2013 年 12 月。

　　CiteSpace 软件对输入的数据有具体的格式要求，因此需要对所获数据
进行格式转换。首先，略去书评、会议通知、会议综述、编者语、征稿通知
等非学术论文类文献数据，最终获得 56446 条有效数据；其次，对有效数据
进行标准化处理，包括关键词的删除、合并，关键词的统一、缩写词与全称
的统一、作者机构的合并等。从而保证可视化软件运行结果的客观性和准
确性。

（二）年度发文量

　　根据图 13 - 1 可以看出，21 世纪以来，金融学（含：保险学）领域的
期刊发文量呈波动上升趋势；年发文量低于 4000 篇的有 6 个年份，分别是
2000 年（发文量最少，为 3358 篇）、2001 年、2003 年、2004 年、2005 年
和 2006 年；发文量在 4000 到 5000 篇的年度有 4 个年份，分别是 2002 年、
2008 年、2010 年和 2011 年；2007 年、2009 年和 2012 年的发文量都在 5000
篇以上，2007 年的发文量达到峰值，为 5244 篇。2007 年以后发文量显著增
长与美国次贷危机及其造成的全球金融危机、欧债危机相关。

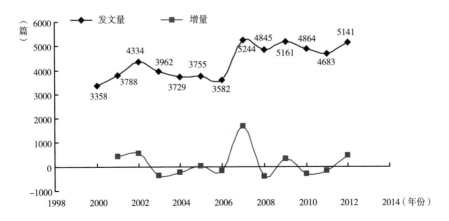

图 13 - 1　2000～2011 年金融学（含：保险学）领域发文量及增加量年度分布

（三）刊发金融学领域论文的期刊统计

表 13 – 1 列出了 2000～2012 年在金融学（含：保险学）领域刊文量前 15 位的期刊及其载文量。其中，《上海金融》的载文量最高，占金融保险领域总发文量的 4.75%，平均每年载文 206 篇。载文量居前 15 位的期刊载文量占总发文量的 37.87%，是金融学（含：保险学）学科学术研究的主要平台。

表 13 – 1　2000～2012 年金融学（含：保险学）领域期刊载文量统计（前 15 位）

期刊名称	载文量（篇）	期刊名称	载文量（篇）	期刊名称	载文量（篇）
《上海金融》	2681	国际金融研究	1490	《投资研究》	952
《统计与决策》	2478	证券市场导报	1331	《财经理论与实践》	884
《保险研究》	2170	财经科学	1143	《经济问题》	883
《金融研究》	1930	山西财经大学学报	1126	《财贸经济》	808
《金融论坛》	1620	经济导刊	1093	《中央财经大学学报》	785

二　实证分析

（一）关键词共现矩阵

通过运用可视化软件 CiteSpace 来生成实证研究所需要的矩阵，该软件主要功能是对输入的文献数据进行可视化分析及生成关键词共现矩阵。对 CiteSpace 软件进行相应的设置，在设置界面主要操作如下：时间切片设为每年一个时段，根据所要分析的内容点选可视化主题，点选"关键词"选项，阈值设定为（15，5，10）、（13，5，10）、（15，5，10）。运行 CiteSpace 软件，在 project 文件夹中生成关键词矩阵。表 13 – 2 是软件运行各时段的数据显示。表 13 – 2 显示了运行期间各时间段的样本数据、阈值、节点数和连线数。

表 13 - 2　CiteSpace 运行各时段的数据显示

年份	阈值(C;CC;CCV)	样本(个)	节点(个)	连线(条)
2000	15|5|0.1	9007	156	271/2707
2001	14|5|0.1	9617	183	271/3019
2002	14|5|0.1	10247	173	195/2665
2003	14|5|0.1	9825	159	187/2167
2004	13|5|0.1	8768	139	128/1567
2005	13|5|0.1	7882	134	111/1260
2006	13|5|0.1	7878	125	100/1034
2007	13|5|0.1	10340	163	105/1591
2008	13|5|0.1	9760	151	123/1381
2009	13|5|0.1	10090	172	127/1687
2010	14|5|0.1	10256	136	99/1143
2011	14|5|0.1	9761	108	46/709
2012	15|5|0.1	10636	113	32/703

软件运行结果共获得 427 个高频次关键词，并生成 2000～2012 年金融学（含：保险学）研究领域的关键词共现知识图谱（图 13 - 2）。在图谱中节点的大小代表该关键词出现的频次大小，节点越大，频次越高；节点之间的连线表示关键词之间的共现关系，连线越粗表示共现的强度越大。

在图 13 - 2 中，为显示较多关键词，略去了共现频次排名第 1、图形显示较大的关键词"商业银行"（3110 次）。共现频次排名第 2～10 位的关键词分别为："fdi"（1786 次）、"金融危机"（1357 次）、"证券市场"（1355次）、"上市公司"（1314 次）、"国有商业银行"（1210 次）、"资本市场"（1202 次）、"金融机构"（1045 次）、"股票市场"（1007 次）以及"经济增长"（947 次）。这 10 个关键词所表征的研究领域是 2000～2012 年金融学（含：保险学）领域的热点问题。可以看到，有关商业银行和金融市场这两类问题的研究在金融保险领域文献中占了很大比重。

（二）　共词聚类分析

分析中所采用的聚类分析方法不同于目前普遍采用的聚类方法，而是借鉴了卡龙等（Callon，Courtial&Laville，1991）的聚类原则来进行聚类划

图 13 – 2　2000～2012 年金融学（含：保险学）领域的关键词共现知识图谱

分，基本原则如下：（1）在 CiteSpace 软件生成的共现方阵（427×427）中，通过查找余弦指数最高的一对关键词，作为第一个聚类的主题词。（2）将方阵中的 305 个关键词与该对关键词的任一关键词的余弦指数进行降序排列，由高到低选取 10 个关键词（若余弦指数大于 0 的关键词不足 10 个，只取余弦指数大于 0 的关键词），其中包括作为主题词的一对关键词。即使余弦指数仍大于 0，超过 10 个以上的关键词均不再加入该聚类，即聚类饱和值为 10 个关键词。（3）第一个聚类生成后（或者饱和，或者余弦指数大于 0 的不足 10 个关键词），在方阵中将已加入聚类中的关键词删除掉（需要行、列同时删除），保证已加入聚类中的关键词不会加入下面的其他聚类。（4）反复进行第一步到第三步，就可以一个一个地生成聚类，一直进行到将所有存在共现关系的关键词都加入聚类中为止。若矩阵中虽然还有关键词，但这些关键词之间已经没有共现关系，即所有的关键词间的共现强度为 0（余弦指数等于 0），聚类生成结束，所剩的关键词不再加入任何聚类。

　　427 个高频关键词中"商业银行"的词频最高（Freq＝3110），但只根据高频关键词个体无法识别研究内容和方向。因此本研究借鉴卡龙的聚类分析方法，通过聚类分析来识别研究内容和研究方向。按照上述的聚类方法和原则，将 427 个关键词划分出 60 个聚类。其中有些聚类只有两个聚类成员，这类聚类不能准确反映聚类所代表的研究方向和内容，因此这些聚类不作为分析对象，删除这类聚类，最后形成的有效聚类共计 47 个。每个聚类根据所包容的关键词，可以概括出聚类的名称，47 个聚类名称就是其所对应领域的主要研究内容和研究方向（表 13 - 3）。

表 13 - 3　聚类名称及其构成成分

聚类号	聚类名称	聚类成分
1	西部大开发	西部大开发、西部地区、东部地区
2	金融业混（分）业经营	混业经营、分业经营、金融控股公司、金融业、证券公司、制度变迁、投资银行业务、金融监管、金融机构、国有商业银行
3	中资、外资银行	中资银行、外资银行、人民币业务、外资银行进入、银行业、中间业务、外资金融机构、金融产品、网络银行
4	风险投资	风险投资公司、风险投资家、风险企业、风险投资基金、风险投资业、风险投资机构、风险资本、有限合伙制、二板市场、创业投资
5	开放式、封闭式基金	开放式基金、封闭式基金、基金经理人、基金管理公司、证券投资基金、流动性风险、投资基金、机构投资者、货币市场基金、投资组合
6	正规、非正规金融	非正规金融、正规金融、交易成本、金融风险
7	碳金融	碳金融、低碳经济、金融创新、金融支持、金融服务、商业银行
8	信贷配给	道德风险、逆向选择、信贷配给、存款保险制度、信息不对称、银行不良资产、债转股、存款保险、新自由主义、公司治理
9	股权激励机制	激励机制、股票期权、经营者、股权结构、经理人员
10	实体、虚拟经济	实体经济、虚拟经济、国际货币体系、世界经济、金融危机、国际金融危机、美国、地方政府、经济发展、资本市场
11	国际收支和人民币升值	国际收支、人民币汇率、人民币升值、资本项目、外汇储备、汇率制度、美元、货币市场、服务贸易、人民币国际化
12	外商投资	外商投资企业、利用外资、跨国公司、中西部地区、fdi、外商投资、对外直接投资、投资环境、改革开放、产业结构
13	农村金融	农村金融机构、农村信用合作社、农村金融市场、新农村建设、中小金融机构、产权制度、股份制商业银行、改革、农村金融、利率
14	上市公司	上市公司、证券市场、证券交易所、净投资收益率、主板市场、投资者、市盈率、资产重组、国有股、信息披露
15	汇率	汇率、人民币、中国、资本流动、资产价格、货币政策
16	美联储	美联储、美国经济、美国政府

续表

聚类号	聚类名称	聚类成分
17	有效市场假说、行为金融	有效市场假说、行为金融学、行为金融、过票价格
18	民间资本	民间投资、民间资本、民营企业、小企业、民营经济
19	国际贸易与投资	东道国、国际直接投资、发展中国家、国际贸易、发展趋势、金融稳定
20	金融资产管理	金融资产、资产管理公司、不良资产、资产证券化、不良贷款
21	保险业	保险市场、保险监管、保险公司、保险产品、偿付能力、保费收入、结构调整、保险业、风险防范
22	金融改革、创新与发展	创新、发展、金融改革、保险
23	房地产市场危机	危机、房地产市场、中国经济、抵押贷款、股票市场、流动性、金融市场、投资银行
24	银行监管	市场约束、银行监管、银行危机、监管、资本充足率
25	养老保险	养老保险、社会保障、农民工、制度安排、和谐社会、消费信贷、个人账户、投资
26	金融自由化、全球化	金融自由化、金融全球化、亚洲金融危机、经济全球化、金融深化、金融发展、金融体系、非银行金融机构
27	误差修正模型	协整、误差修正模型、协整检验、协整分析
28	garch 模型	garch 模型、波动性、股指期货、股权分置改革、中国股票市场
29	中小企业融资	融资、中小企业、民间金融、企业债券
30	利率市场化	利率市场化、利率管制、利率风险、产权、国有企业、中央银行
31	不确定性	不确定性、实物期权、风险管理
32	市场、信用和操作风险	市场风险、信用风险、风险控制、国有银行、操作风险
33	物价与汇率传动机制	通货紧缩、通货膨胀、汇率传递
34	主权财富基金	政策建议、国际比较、竞争力、主权财富基金
35	我国上市公司治理结构	独立董事、董事会、公司治理结构、我国上市公司、公司治理机制、利益冲突
36	企业年金问题	问题、对策、影响、企业年金、风险、挑战
37	风险投资	风险投资、高新技术、技术创新、退出机制、二板市场
38	经济增长与金融结构	经济增长、金融结构、金融资源
39	制度环境	制度环境、政府干预、城市商业银行
40	跨国并购	跨国并购、对外开放、金融安全
41	小额信贷绩效	绩效、小额信贷、上市银行、银行、农户
42	因子分析	影响因素、因子分析、资本结构、实证分析
43	养老基金投资策略	养老基金、投资策略、启示
44	债务危机	债务危机、信用评级、次贷危机
45	证券投资	证券投资、保险资金、中国证券市场
46	ipo	反洗钱、博弈、ipo
47	市场竞争效率	竞争、效率、市场结构

（三） 战略坐标图

根据表 13 - 4 中各聚类的关注度和新颖度数值，我们在图 13 - 3 中刻画了 2000 ~ 2012 年金融学（含：保险学）领域的战略坐标图。图中横坐标是频数离差均值，表示关注度；纵坐标是年份离差均值，表示新颖度。图中各点数值分别对应表 13 - 3 中的聚类。图 13 - 3 中，有 5（省略聚类点 7）个聚类位于第一象限，16 个聚类位于第二象限，12 个聚类位于第三象限，13 个聚类位于第四象限。

表 13 - 4　聚类的新颖度和关注度

聚类号	关注度	新颖度
1	- 122. 005	- 2. 73488
2	158. 695	- 2. 43488
3	- 79. 005	- 1. 13488
4	- 117. 705	- 2. 43488
5	2. 550166	- 1. 23488
6	- 12. 755	1. 965116
7	528. 1617	1. 465116
8	7. 395017	- 0. 93488
9	- 112. 505	- 2. 13488
10	154. 095	2. 365116
11	38. 69502	- 0. 23488
12	126. 695	- 1. 43488
13	- 27. 205	0. 665116
14	187. 995	- 2. 43488
15	110. 3283	- 1. 03488
16	- 134. 172	3. 79845
17	- 78. 005	- 0. 23488
18	- 130. 705	0. 265116
19	- 65. 8383	0. 965116
20	47. 89502	- 2. 53488
21	- 47. 0605	- 1. 64599
22	- 24. 755	- 2. 28488
23	76. 99502	1. 590116
24	- 34. 505	1. 665116

聚类号	关注度	新颖度
25	− 47.505	0.340116
26	7.82835	− 2.42377
27	− 92.005	3.715116
28	− 80.505	1.465116
29	16.24502	− 0.23488
30	29.49502	− 0.86822
31	60.82835	0.171783
32	25.09502	− 1.53488
33	− 88.505	2.79845
34	− 90.255	2.215116
35	− 101.005	− 1.36822
36	55.16168	− 1.53488
37	− 5.33832	− 0.83488
38	175.495	0.181783
39	− 119.172	4.465116
40	− 88.505	1.131783
41	− 65.505	3.665116
42	108.495	0.215116
43	− 59.8383	− 1.53488
44	− 56.1717	6.131783
45	− 155.505	− 1.86822
46	− 98.505	3.131783
47	− 45.1717	− 0.86822

　　四个象限分别表示不同的含义：位于第一象限的聚类的新颖度和关注度均大于0，无论是新颖度还是关注度都高于平均水平，表明该聚类所代表的内容是2000～2012年金融学（含：保险学）研究领域相对比较成熟的研究内容和方向，即属于该时间段金融学（含：保险学）的学术研究热点，是目前国内统计学领域的核心内容。

　　位于第二象限的聚类的新颖度大于0，而关注度小于0。这表明该聚类所代表的研究内容属于2000～2012年国内金融学（含：保险学）研究领域新出现的学术研究热点，但是受关注程度还不高。这些学术研究热点或将会是以后金融学（含：保险学）领域关注的课题，称之为潜在型研究领域。

位于第三象限的聚类的新颖度和关注度都小于 0，这些聚类的关注程度不高，又都是在时间上比较靠前的研究，近些年的研究较少。这表明该聚类所代表的研究内容属于 2000～2012 年国内金融学（含：保险学）领域的边缘型研究。这些聚类有两类：一类是以前为金融学（含：保险学）领域研究比较热的问题，但由于其具有时效性，这些聚类最近已经退出了学术研究的主流；另一类是在 2000～2012 年金融学（含：保险学）领域一直受关注程度不高，近些年又没有更多研究领域。

位于第四象限的聚类的关注度大于 0，新颖度小于 0，表明这些聚类所代表的研究内容属于当前金融学（含：保险学）领域的基础性研究内容。这些聚类的构成成员是 2000～2012 年较早期的研究，多年来受关注程度较高，但是从新颖度来看则不是新的研究热点。

为了更好地展示关键词的分布，图 13－3 省略了一个聚类点 7（528.16，1.47），位于第一象限，该聚类是"碳金融"。据前所述，根据聚类 7 在战略坐标中的位置，"碳金融"是金融学（含：保险学）领域的核心问题。

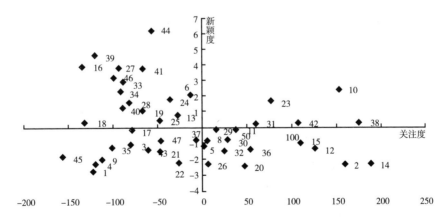

图 13－3　2000～2012 年金融学（含：保险学）领域战略坐标图

图 13－3 中，位于第四象限的聚类有 2（金融业混（分）业经营）、5（开放式、封闭式基金）、8（信贷配给）、11（国际收支和人民币升值）、12（外商投资）、14（上市公司）、15（汇率）、20（金融资产管理）、26（金

融自由化、全球化)、29 (中小企业融资)、30 (利率市场化)、32 (市场、信用和操作风险)、36 (企业年金问题)。这些研究涉及了金融制度、金融工具、金融市场、金融组织机构等,都是金融研究中的基础性研究。

在金融学 (含:保险学) 的研究中,较为新颖而关注度不高的聚类是潜在型研究领域,主要包括 6 (正规、非正规金融)、13 (农村金融)、16 (美联储)、18 (民间资本)、19 (国际贸易与投资)、24 (银行监管)、25 (养老保险)、27 (误差修正模型)、28 (garch 模型)、33 (物价与汇率传动机制)、34 (主权财富基金)、39 (制度环境)、40 (跨国并购)、41 (小额信贷绩效)、44 (债务危机)、46 (ipo),这些领域或将成为未来的研究热点,值得进一步关注。

四 文献的分类排序特征

(一) 金融学领域发文量居前的作者

设置阈值为 (6,2,10)、(6,1,10)、(6,2,10)。运行 CiteSpace 软件,运行结果生成高产作者知识图谱 (见图 13-4)。

图 13-4 中,2000~2012 年金融学 (含:保险学) 领域中,国务院发展研究中心金融研究所巴曙松发文量最高,共发表论文 80 篇;其次是西安

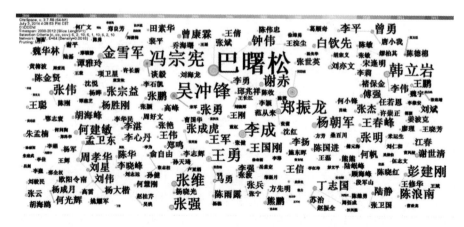

图 13-4 2000~2012 年金融学 (含:保险学) 领域的高产作者知识图谱

交通大学李成,发文 60 篇;发文量居第 3~10 位学者依次是北京航空航天大学的韩立岩(57 篇)、厦门大学的郑振龙(50 篇)、浙江大学的金雪军(44 篇)、湖南大学的谢赤(43 篇)、重庆大学的周孝华(42 篇)、重庆大学的张宗益(42 篇)、西安交通大学的冯宗宪(42 篇)、东南大学的何建敏(41 篇)。

在 CNKI 数据库的检索结果中,排序方式点选"被引",文献按照被引频次由高到低排列。结果显示,林毅夫和李永军合作的《中小金融机构发展与中小企业融资》被引次数最高(3974 次);谢平的《中国农村信用合作社体制改革的争论》被引次数为 1331 次,排名第二;夏立军和方轶强合作的《政府控制、治理环境与公司价值——来自中国证券市场的经验证据》被引 1324 次,排名第三。这说明,有些学者虽然在金融保险领域的发文量并不靠前,但是其成果可能是该领域的重要成果。

(二) 发文量居前的团队

在对发文量居前的作者进行可视化分析的基础上,运用聚类分析方法进行聚类划分,共生成 37 个聚类(图 13-5),这 37 个聚类即为合作关系紧密的科研团队。其中,三人及三人以上的团队有 11 个,分别是以巴曙松、吴冲锋、郑振龙、何光辉、李晓峰、陈雨露、周孝华、丁志国、张维、曾勇等为主导的科研团队;巴曙松与钟伟、张斌、李勇等,周孝华与孟卫东、刘

图 13-5 2000~2012 年金融学(含:保险学)领域的主要研究团队图谱

伟、刘星等，陈雨露与马勇等的合作团队较为突出。这 37 个科研团队基本来自国内金融学（含：保险学）领域研究实力居前的机构，如中国社会科学院、中国人民大学、上海财经大学、上海交通大学、厦门大学、重庆大学、吉林大学等。

（三）文献发文量居前的机构

运行 Citespace 软件，设置阈值显示前 150 位科研机构，以 13 年作为 1 个时间跨度，形成机构的知识网络图谱（图 13 - 6）。二级科研机构中，西安交通大学经济与金融学院发文量最高，共计 944 篇；其次是上海财经大学金融学院（544 篇）、重庆大学经济与工商管理学院（482 篇）；排名居第 4 ~ 10 位的依次为四川大学经济学院（452 篇）、武汉大学经济与管理学院（441 篇）、南开大学经济学院（441 篇）、复旦大学经济学院（434 篇）、北京大学经济学院（431 篇）、清华大学经济管理学院（412 篇）、中国人民大学经济学院（400 篇）。

图 13 - 6　2000 ~ 2012 年金融学（含：保险学）领域的高产科研机构知识图谱

一级科研机构中，发文量居前 10 位的是中国人民大学（1706 篇）、南开大学（1519 篇）、西安交通大学（1422 篇）、复旦大学（1289 篇）、上海财经大学（1194 篇）、北京大学（1158 篇）、西南财经大学（1087 篇）、厦门大学（1083 篇）、武汉大学（1015 篇）和中央财经大学（992 篇）。

在金融保险领域，中国人民大学的主要科研机构包括中国人民大学经济学院（400 篇）、中国人民大学财政金融学院（377 篇）、中国人民大学商学院（215 篇）等。南开大学的主要科研机构是南开大学经济学院（441 篇）、南开大学金融学院（186 篇）、南开大学商学院（119 篇）、南开大学国际经济研究所（118 篇）、南开大学经济研究所（96 篇）、南开大学跨国公司研究中心（67 篇）、南开大学风险管理与保险学系（67 篇）、南开大学公司治理研究中心（46 篇）、南开大学虚拟经济与管理研究中心（32 篇）等。西安交通大学的主要科研机构为西安交通大学经济与金融学院（1113 篇）、西安交通大学管理学院（328 篇）、西安交通大学金禾经济研究中心（44 篇）等。

五　本章小结

本章采用共词分析、聚类分析和战略坐标相结合的文献计量方法，分类、具体揭示了当前国内金融学领域的研究状况、热点和趋势。我们发现 2000～2011 年金融学领域排名前 10 位的关键词中，对商业银行和金融市场的研究比例很高，说明这是当前研究的热点。这一结果符合我国金融发展和金融政策现状。高产作者与高产科研机构的可视化分析结果显示，金融保险领域的科研合作比较多，但合作多局限于两人，三人以上的团队合作有限。这些分析结果将有助于为我国金融学的进一步研究及学科建设提供参考和借鉴。

第十四章　产业经济学研究
领域文献计量

　　产业经济学是研究产业之间的关系结构、产业内企业组织结构的变化规律，以及经济发展中各种内在均衡问题的学科，其目的是分析得出合理的产业政策、促进产业协调发展和进步。产业经济理论源于社会分工的发展与新产业的不断产生。马歇尔首次提出"产业组织"概念并引入经济学分析。在涉及规模经济问题时，马歇尔发现了被后人称为"马歇尔冲突"的矛盾。20 世纪初，垄断性的经济组织逐步形成，张伯伦、罗宾逊提出了不完全竞争理论，对垄断竞争和寡头垄断市场进行了分析，对产业组织理论的发展起到了重要推动作用。20 世纪 30 年代，哈佛学派建立了"市场结构—市场行为—市场绩效"范式（S—C—P 范式），为早期产业组织理论的研究提供了基本的分析框架。自 20 世纪 50 年代以来，芝加哥学派崛起并逐渐取得主流的地位，形成了芝加哥学派的产业组织理论。到 20 世纪中叶，列昂惕夫（W. Leontief）创造了投入产出法，对产业关联理论的发展做出了重要贡献。20 世纪 70 年代开始，产业经济学进入迅速发展阶段，形成以突出理论研究为特征的所谓"新产业组织理论"。中国产业经济学兴起相对较晚，我国产业结构和产业组织理论体系尚在逐步完善之中。本研究运用文献计量方法，以 2000~2012 年我国产业经济学领域的期刊文献为研究对象，可视化分析产业经济学领域的国内研究现状、热点和知识结构，总结出我国在产业经济学领域的研究成果、科研团队状况以及存在的不足，为产业经济学领域的研究和学科建设提供参考。

一 数据库的选择和数据统计

按照 2010 年第五版的《中国图书分类法》，查找到产业经济学的分类代码（F260、F062.9），由这两个分类代码用布尔逻辑式语言"或"组构检索式：（F260 或 F062.9），检索时间范围设为 2000～2012 年，检索期刊论文类别设为经济与管理科学，期刊选择为全部期刊，在中国知网（CNKI）期刊论文数据库中检索，共获得 2663 条数据，略去会议通知、会议评述、图书评介等，获得 2421 条有效数据作为本研究的分析对象。检索和更新时间为 2013 年 12 月。

由于存在标引者效应，需要对文献数据的关键词标引进行规范化处理，主要包括无关键词文献的关键词的提取；已有关键词文献的不规范关键词的删除，如现状、对策、因素等关键词；同义词、缩写词的统一和规范，如"SCP 范式"与"scp"统一为"SCP"，"第三产业"与"第三次产业"统一为"第三产业"、"第二产业"与"第二次产业"统一为"第二产业"；等等。以客观准确地通过文献计量分析出该领域的研究现状、热点和趋势。

（一）论文的年度分布

如图 14-1 所示，2000～2012 年产业经济学领域的研究成果数量总体呈增长趋势，2005 年左右发文量波动较大，2005 年的发文量剧增到 352 篇，

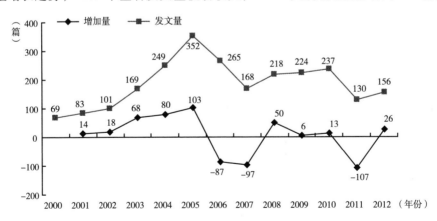

图 14-1 2000～2012 年产业经济学领域发文量及增加量年度分布

达到最大值，其后出现回落；2010 年以后发文量略有下降，2011 年发文量减少到 130 篇，其他年份基本处于 150 篇以上。发文量波动主要源于产业经济学在我国是一个新兴学科，我国对产业经济学的研究处于起步阶段，这个阶段的研究者较少，后来发文量大幅度增长主要源于我国经济体制改革和产业发展面临了较多现实问题，需要运用产业经济学理论提供政策。

（二）刊发论文的期刊统计

文献计量的结果显示，2000～2012 年刊发产业经济学领域论文的学术期刊中，《科技进步与对策》载文量最高（90 篇），占总发文量的 3.38%。发文量居第二位的是《中国工业经济》（51 篇），该刊是理论与实际相结合的应用经济学刊物，所载的文章一般为产业经济和企业经济方面的研究成果，是产业经济学领域的权威期刊之一。《产业经济研究》载文 39 篇、居第三位，是我国第一本专门研究产业组织、产业结构、产业政策与产业规制问题的专业学术刊物，该刊以产业经济学为核心、以研究产业经济学领域的理论和现实问题为主线，致力于探讨国家产业结构调整与升级面临的问题。CSSCI 来源期刊中载文量居前 10 位的还有《科学学与科学技术管理》《科技管理研究》《当代财经》《统计与决策》《中国软科学》《经济学动态》《经济评论》（见表 14 - 1）。

表 14 - 1　2000～2012 年 CSSCI 来源期刊中产业
经济学领域载文量的期刊分布

期刊名称	载文量（篇）	期刊名称	载文量（篇）
《科技进步与对策》	90	《当代财经》	31
《中国工业经济》	51	《统计与决策》	24
《产业经济研究》	39	《中国软科学》	24
《科学学与科学技术管理》	36	《经济学动态》	23
《科技管理研究》	35	《经济评论》	22

二　实证分析

（一）关键词共现

运用可视化软件 CiteSpace（Chen，2006）来生成实证研究所需矩阵，该软件主要功能是对输入的文献数据进行可视化分析以及矩阵的生成，我们运用其矩阵生成功能来获得关键词共现矩阵。具体步骤如下：（1）对产业经济领域的文献数据进行标准化处理，标准化处理主要是对文献进行筛选，确保数据属于产业经济领域。（2）对文献数据的关键词进行规范化处理，主要包括无关键词文献的关键词的提取；已有关键词文献的不规范关键词的删除，如现状、对策、因素等关键词；同义词、缩写词的统一和规范，如"FDI"与"外商直接投资"统一为"外商直接投资"，"第三产业"与"第三次产业"统一为"第三产业"、"第二产业"与"第二次产业"统一为"第二产业"；等等。（3）对产业经济领域的文献数据进行格式转换，即在输入软件之前将数据格式转换为软件默认的格式。（4）对 CiteSpace 软件进行相应的设置，在设置界面主要操作如下：时间切片设为每年为一个时段，将分析的内容设为关键词，阈值分别设定为（4，2，10）、（2，2，10）、（3，3，10）。（4）运行 CiteSpace 软件，在 project 文件夹中生成关键词矩阵。

运行 CiteSpace 软件，运行期间各时段的数据样本、阈值、节点数、连线数如表14-2所示，运行结果生成了 2000~2012 年产业经济学领域的关键词共现知识网络图谱（图14-2），图谱中共获节点458个，节点之间的连线883条。图谱中节点大小代表其所对应关键词出现的频次大小，节点越大，频次越高；节点之间的连线表示关键词之间的共现关系，连线越粗表示共现的强度越大，强度的大小采用余弦指数值来度量，共现强度越大，余弦指数值越高。依据关键词之间的共现关系和余弦指数值，构建了 458×458 的关键词共现矩阵。

在图14-2中，共现频次最高的是"产业集群"（360次）[1]，其次是"产业结构"（166次），排名第3~10位的分别是"产业组织""产业融合""自然垄断""产业政策""产业竞争力""产业""主导产业""竞争优势"。这10个关键词所表征的研究领域属于该阶段产业经济学的研究热点。我国有关产业集群的研究主要集中分析产业集群形式、特点、形成机理，以及产业集群如何提高企业的生产率、促进企业创新。另外，人口老龄化、劳

---

[1]　图14-2中，为使图谱显示更多关键词，共现频次最高的关键词"产业集群"被隐藏。

动力短缺、转变经济发展方式等现实因素使我国面临产业转型升级挑战，产业结构相关问题成为产业经济学领域的研究热点。

表 14 - 2　CiteSpace 运行各时段的数据显示

年段	阈值（C；CC；CCV）	样本（个）	节点（个）	连线（条）
2000 ~ 2000 年	4丨2丨0.1	332	4	4
2001 ~ 2001 年	3丨2丨0.1	357	18	36
2002 ~ 2002 年	3丨2丨0.1	373	20	26
2003 ~ 2003 年	3丨2丨0.1	516	44	62
2004 ~ 2004 年	2丨2丨0.1	740	145	286
2005 ~ 2005 年	2丨2丨0.1	984	198	389
2006 ~ 2006 年	2丨2丨0.1	675	132	221
2007 ~ 2007 年	2丨2丨0.1	554	86	160
2008 ~ 2008 年	2丨2丨0.1	617	93	153
2009 ~ 2009 年	2丨2丨0.1	584	95	143
2010 ~ 2010 年	2丨2丨0.1	652	107	133
2011 ~ 2011 年	2丨2丨0.1	396	49	62
2012 ~ 2012 年	3丨3丨0.1	487	18	9

图 14 - 2　2000 ~ 2012 年产业经济学领域的关键词共现知识图谱

（二）共现聚类分析

本章所采用的聚类原则如下：（1）在 CiteSpace 软件生成的共现方阵

（458×458）中查找余弦指数最高的一对关键词，作为第一个聚类的主题词；（2）将方阵中的458个关键词与该对关键词的任一关键词的余弦指数进行降序排列，从中由高到低选取10个关键词（若余弦指数大于0的关键词不足10个，只取余弦指数大于0的关键词），其中包括作为主题词的一对关键词，即使余弦指数仍大于0，只要超过10个以上的关键词均拒绝加入该聚类，即该聚类达到了饱和值（10个关键词）；（3）第一个聚类生成后（或者饱和，或者余弦指数大于0的不足10个关键词），在方阵中将已加入聚类中的关键词删除掉（需要行、列同时删除），保证已加入聚类中的关键词不会加入下面的其他聚类；（4）反复进行第一步到第三步，就可以逐个生成聚类，一直进行到将所有有共现关系的关键词都加入聚类中为止，若矩阵中虽然还有关键词，但这些关键词之间已经没有共现关系，即所有的关键词间的共现强度为0（余弦指数等于0），聚类生成结束，所剩的关键词不再加入任何聚类。

458个高频关键词中产业集群词频最高（Freq = 360），但只根据高频关键词个体无法识别研究内容和方向。因此本研究借鉴卡龙的聚类分析方法，通过聚类分析来识别研究内容和研究方向。按照上述的聚类方法和原则，将458个关键词划分为51个聚类，每个聚类根据所包容的关键词，可以概括出聚类的名称，51个聚类名称就是其所对应领域的主要研究内容和研究方向（表14-3）。

表14-3　聚类名称及构成

聚类号	聚类名称	聚类成员
1	所有制模式与经济转轨	所有制模式、经济转轨、社会福利、激励机制
2	产业组织形式的演变	演变、产业组织形式、产业组织空间形态、空间性交易成本
3	市场垄断与政府干预	市场垄断、政府干预、有效竞争、产业簇群、市场失灵、综述、民营化、政府规制、成本弱增性、自然垄断
4	产品与产业	人文精神产品、社会关系产品、自然物质产品、产业
5	对外直接投资	劳动密集型产业、对外直接投资、发达国家、发展中国家、比较优势、跨国公司、产业集聚
6	产业关联系数	影响力系数、感应度系数、产业关联、关键部门、投入产出模型

续表

聚类号	聚类名称	聚类成员
7	成本转嫁风险	激励、成本转嫁、风险、规制、社会网络、优势、竞争优势
8	垄断产业	垄断产业、收入分配、放松规制、价格管制、自然垄断行业、政府管制、管制、自然垄断产业
9	新产业组织理论	哈佛学派、芝加哥学派、新产业组织理论、新制度经济学、市场结构、规模经济、范围经济
10	产业结构政策与产业组织政策	产业结构政策、产业组织政策、进入壁垒、产业成长、产业结构调整、产业结构理论、产业布局、外部性、产业组织理论、产业经济学
11	消费需求与科技进步	消费需求、科技进步、产业结构升级
12	产业转移	东部地区、中西部地区、产业梯度、欠发达地区、国际产业转移
13	产业规制	关系、产业规制、研究趋势、经济发展、产业政策
14	产业的形成与发展	生命周期、新兴产业、传统产业、自主创新、知识经济时代、集群政策、形成与发展、产业创新、演进、策略
15	产业活动的战略选择	路径、产业活动、战略选择、框架、产业群、创新集群
16	产业集群	专业化分工、产业集群发展、持续竞争优势、创新能力、交易成本、集群经济、集群企业、市场经济、交易效率、企业集群
17	劳动生产率与技术进步	技术进步、劳动生产率、结构效应、第三产业、产业发展、生产要素
18	产业组织学的研究范式	范式、产业组织学、研究方法
19	比较优势理论	分析模型、比较优势理论、产业国际竞争力
20	产品分工与产业升级	产品内分工、作用机制、产业升级
21	创新系统	国家创新系统、区域创新系统、创新网络、战略、市场势力、产业集群
22	投入产出	比较、投入产出、影响系数、经济全球化、熵值法
23	产业生态化	循环经济、产业生态化、清洁生产、产业生态学、新机制、产业经济、影响因素、产业网络、产业组织优化、生态产业链
24	全球价值链与地方产业集群	全球价值链、地方产业集群、发展产业集群、集群升级、钻石模型、经济学分析、专业化、产业转移、价值链
25	产业发展的动力机制	动力机制、产业生态、产业共生、产业制度、空间集聚、可持续发展、升级、自组织、耗散结构、模型
26	产业核心竞争力	企业、市场、核心竞争力、服务业、政府、启示
27	产业融合	信息技术、技术融合、信息产业、产业部门、产业融合、探析
28	区域经济发展	小企业、核心能力、区域经济发展、产业组织、区域内、产业竞争优势、发展
29	产业特征	特征、概念、支柱产业、产业革命、内涵、演化路径、趋势、知识经济
30	知识转移	知识转移、复杂系统、仿真、产业系统

续表

聚类号	聚类名称	聚类成员
31	产业整合	最新进展、产业整合、实证研究
32	产业结构演进	边界、第四产业、产业分类、经济增长、产业问题、市场规模、产业分工、模块化、产业结构演进、区域主导产业
33	产业链治理	产业链治理、公司治理、演化过程、治理模式
34	知识产权竞争与垄断	知识产权、竞争、垄断、合作、网络型产业、创新
35	资源型产业转型	资源型产业、产业价值链、产业转型
36	网络外部性	定价、平台竞争、网络外部性、理论
37	纵向约束	纵向约束、买方垄断、市场圈定
38	新经济地理学	述评、新经济地理学、制度、形成机制、理论基础、国际竞争力
39	定价策略	定价策略、平台、价格结构、双边市场
40	博弈与均衡	地方政府、博弈、政府行为、均衡
41	产业链的动力机制	类型、动力、产业链
42	经济绩效	经济绩效、产业特性、制造业
43	金融危机与竞争力	金融危机、失业、竞争力
44	DEA 分析法	DEA 分析法、集约化、主导产业
45	外商直接投资	外商直接投资、产业安全、评价指标、技术扩散、理论模型、层次性、产业竞争力
46	产业集群升级	区域品牌、产业集群升级、区域经济、特色产业、层次分析法
47	产业演进	区域、产业演进、指标体系、主导产业选择、演化、技术创新
48	产业结构优化	产业结构优化、人力资本、产业结构
49	产业结构合理化	资源配置、产业结构合理化、高级化
50	劳动力持续发展	持续发展、劳动力、动因
51	知识网络	集群、知识、网络、机制

（三）战略坐标图

（1）计算关注度和新颖度。根据各关键词的共现频次，计算每个聚类的平均共现频次，再计算每个聚类的平均共现频次与全部共现的关键词的平均共现频次的离均差，以此反映该聚类的受关注程度，称为"关注度"。关注度的值有正负之分，若值为正数，表明该聚类所代表的内容的研究受关注程度较高；若值为负数，则表明该聚类所代表的内容的研究受关注程度较低。根据关键词达到阈值的时间，计算每个聚类的平均共现时间，以此反映该聚类的平均年龄，再计算每个聚类的平均年龄与全部共现的关键词的平均共现年龄的离均差，称为"新颖度"。新颖度的值有正负之分，若值为正数，表明研究的时间比较晚；若值为负数，表明研发的时间较早。各聚类的关注度和新颖度见表 14 - 4。

表 14 - 4 聚类的关注度与新颖度

序号	关注度	新颖度	序号	关注度	新颖度
1	- 13. 8775	0. 566553	27	7. 466894	- 1. 26678
2	- 14. 6275	4. 566553	28	8. 375914	- 2. 00488
3	5. 215017	- 1. 13345	29	- 5. 10623	0. 166553
4	6. 268771	0. 566553	30	- 7. 98123	3. 066553
5	8. 411628	- 0. 29059	31	- 4. 1479	- 0. 10011
6	- 9. 36379	0. 166553	32	- 3. 43311	0. 366553
7	2. 375914	0. 852267	33	- 10. 9812	4. 566553
8	- 2. 93123	- 0. 80345	34	5. 868441	- 0. 43345
9	3. 233057	- 0. 29059	35	- 8. 23123	0. 566553
10	1. 718771	- 1. 03345	36	- 7. 08123	0. 166553
11	- 8. 49226	- 0. 76678	37	- 10. 8146	0. 566553
12	- 6. 03311	0. 566553	38	- 2. 31456	- 1. 38011
13	6. 318771	0. 166553	39	- 11. 2312	2. 566553
14	0. 418771	- 1. 38345	40	- 11. 2312	1. 066553
15	- 4. 4579	1. 746553	41	4. 185438	1. 899886
16	- 4. 38123	- 1. 63345	42	- 9. 1479	4. 23322
17	4. 237315	- 1. 43345	43	- 4. 32008	2. 566553
18	- 8. 81456	0. 899886	44	11. 8521	1. 23322
19	- 4. 1479	- 0. 50011	45	11. 70073	- 0. 43345
20	3. 403982	0. 23322	46	- 1. 58123	2. 356553
21	16. 10819	- 3. 43345	47	8. 685438	- 2. 43345
22	- 4. 68123	1. 366553	48	17. 44152	- 0. 43345
23	- 7. 37935	1. 766553	49	- 12. 0441	- 1. 43345
24	- 2. 1479	- 0. 30011	50	- 9. 1479	- 1. 43345
25	- 5. 28123	0. 966553	51	- 4. 98123	- 2. 93345
26	- 5. 48675	- 0. 96678			

（2）根据上表所示的各聚类的关注度和新颖度具体数值，以关注度为横轴、新颖度为纵轴绘制出战略坐标图（图 14 - 3）。依据关注度和新颖度

的指标含义，以及战略坐标的象限位置，可以看出产业经济学领域不同研究内容在整个学科中所处的地位有很大差别。

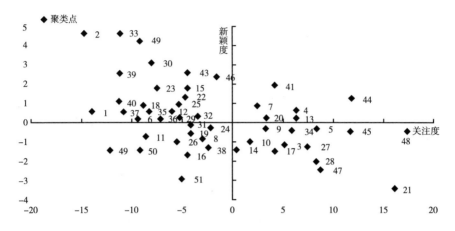

图 14 - 3 2000 ~ 2012 年产业经济学领域战略坐标图

关注度和新颖度都大于 0 的聚类包括 "DEA 分析法" "产业规制" "产品与产业" "产品分工与产业升级" "产业链的动力机制" "成本转嫁风险"。这是国内产业经济领域较为成熟的研究方向或研究内容。

位于第二象限的是关注度小于 0 但新颖度大于 0 领域，包括 "产业集群升级" "金融危机与竞争力" "产业活动的战略选择" "投入产出" "产业结构演进" "产业发展的动力机制" "产业生态化" "产业转移" 等。动态来看，这些主题属于新兴的研究领域，其关注度将随着进一步研究而提高，可能会使这些聚类从第二象限移动到第一象限，成为产业经济学领域的成熟研究主题或方向。

位于第三象限的是新颖度和关注度都较低的领域，包括 "全球价值链与地方产业集群" "垄断产业" "产业核心竞争力" "产业集群" "产业结构合理化" 等。这些主题研究是产业经济学研究的边缘领域，它们往往较早引起过学界关注，近年来相关成果较少。具体而言，这些聚类有两类：一类是过去产业经济研究比较热的课题，但由于具有时效性或者受政治经济环境变化的影响，这些聚类最近已经退出了学术研究的主流；另一类是在 2000 ~ 2012 年产业经济领域一直关注程度不高，近些年又没有更多研究的领域。

关注度大于 0 但新颖度小于 0 的研究主题主要有"创新系统""产业结构优化""外商直接投资""产业演进""对外直接投资""产业融合""劳动生产率与技术进步""市场垄断与政府干预""产业结构政策与产业组织政策"等。这些聚类属于当前国内产业经济领域的基础性研究内容。其构成成员是 2000～2012 年在时间上较靠前的研究，多年来一直备受关注程度较高，但是从新颖度来看则不是近几年的新研发热点。

按照关注度来比较，目前具有较大关注度、却缺乏新颖性的领域主要有"产业结构优化""外商直接投资""对外直接投资""新产业组织理论"等，其中最受关注的是"产业结构优化"。产业结构优化是指产业结构转型升级和合理化；现阶段，推进产业结构调整和优化升级，是我国转变经济增长方式、提高经济增长质量的迫切任务。由此产业结构优化问题成为产业经济学的基础性研究，长期受到学界关注。

按照新颖度来比较，具有新颖度的领域主要有"产业组织形式的演变"、"产业链治理"和"产业结构合理化"，特别是"产业组织形式的演变"新颖度最高。根据"产业组织形式的演变"的成员构成，不难发现产业组织空间形态、空间性交易成本、演变和产业组织形式等都是近些年来新颖的研究方向。其他新颖度较高但缺乏关注度的领域还有"知识转移""定价策略""产业集群升级""金融危机与竞争力"等，这些都是产业经济学的潜在型研究领域。

三　文献的分类排序特征

（一）文献发文量居前的作者

设置阈值显示前 200 位的高产作者，以 13 年为 1 个时间跨度，运行 CiteSpace 软件，运行结果生成高产出作者图谱（图 14 - 4），高产出作者之间有表示合作关系的 38 条连线。

图 14 - 4 中，2000～2012 年产业经济学中天津社会科学院陈柳钦发文量最高，共计 16 篇；其次是河南师范大学的何立胜和浙江师范大学的陈刚，各发文

10 篇；排名第 4 ~ 10 位的依次是合肥工业大学的刘志迎（9 篇）、湖南大学的陆国庆（8 篇）、上海交通大学的李创（7 篇）、复旦大学的杨永忠（7 篇）、南京大学的刘志彪（7 篇）、上海交通大学的陈继祥（7 篇）和浙江工商大学的何大安（6 篇）。排名前 10 位的高产作者的主要研究方向如表 14 - 5 所示。

图 14 - 4 2000 ~ 2012 年产业经济学领域的高产作者知识图谱

表 14 - 5 2000 ~ 2012 年产业经济领域发文量居前的作者及其研究领域

作 者	发文量（篇）	主要研究内容
陈柳钦	16	产业集群、产业融合
何立胜	10	产业融合、产业竞争力
陈 刚	10	区域产业竞争力、主导产业
刘志迎	9	产业集群、产业关联、产业融合
陆国庆	8	产业创新、衰退产业
李 创	7	产业国际竞争力
杨永忠	7	自然垄断产业
刘志彪	7	产业升级
陈继祥	7	产业集群、产业簇群竞争力
何大安	6	产业规制

（二）文献发文量居前的机构

设置阈值显示发文量居前 150 位的科研机构，以 13 年作为 1 个时间跨度，运行 CiteSpace 软件获得 2000～2012 年产业经济学领域的主要科研机构及其合作图谱（图 14 - 5），机构之间的合作有 31 个。南开大学的发文量最高，达 61 篇，其次是南京大学（59 篇），排名第 3 位的是中国人民大学（55 篇），发文量居第 4～10 位的依次是山东大学（54 篇）、暨南大学（53 篇）、复旦大学（46 篇）、东北财经大学（42 篇）、浙江大学（42 篇）、上海交通大学（39 篇）和西安交通大学（37 篇）。发文量在 30 篇以上的科研机构如表 14 - 6 所示。

图 14 - 5　2000～2012 年产业经济学领域的主要科研机构共现知识图谱

表 14 - 6　2000～2012 年产业经济学领域发文量 30 篇以上的科研机构

科研机构	发文量 （篇）	科研机构	发文量 （篇）
南开大学	61	上海交通大学	39
南京大学	59	西安交通大学	37
中国人民大学	55	江西财经大学	37
山东大学	54	武汉理工大学	35
暨南大学	53	四川大学	34
复旦大学	46	华中科技大学	33
东北财经大学	42	上海财经大学	33
浙江大学	42		

在产业经济学领域，南开大学的主要科研机构包括南开大学经济学院（18 篇）、南开大学经济与社会发展研究院（9 篇）、南开大学商学院（5

篇）、南开大学经济研究所（5 篇）、南开大学经济学系（9 篇）等。

南京大学的主要科研机构分别是南京大学商学院（28 篇）、南京大学经济学院（5 篇）、南京大学城市与资源学系（5 篇）、南京大学长江三角洲经济社会发展研究中心（6 篇）和南京大学国际商学院（4 篇）等。

四　本章小结

本章以 2000 ~ 2012 年产业经济学领域的期刊论文为研究对象，运用 CiteSpace 可视化软件中的共现分析、聚类分析和战略坐标分析法，对产业经济研究领域中的关键词、高产作者和科研机构等进行定量研究，揭示该学科的研究现状、热点和知识结构。分析结果发现，产业集群、产业结构、产业组织等是近十年来产业经济学领域的研究热点；新颖度较高的聚类则是产业组织形式的演变、产业链治理等。此外，通过对作者和机构进行共现分析，我们得到了产业经济学领域的高产作者和高产科研机构相关信息。希望这些研究结论能够为我国产业经济学研究和学科建设提供参考和借鉴。

第十五章　国际贸易学研究
领域文献计量

国际贸易学是研究国际商品与劳务交换过程中的生产关系及有关上层建筑发展规律的一门学科。作为一门学科，国际贸易学是一种部门经济学，是经济学科中一个组成部分。它的研究对象既包括国际贸易的基本理论，也包括国际贸易政策以及国际贸易发展的具体历史过程和现实问题。我国对国际贸易问题的研究主要始于 20 世纪 70 年代末改革开放以后。随着改革开放的推进，尤其在加入世界贸易组织以后，我国国际贸易领域的诸多问题的重要性凸显。本章以 CNKI 中 CSSCI 来源期刊的国际贸易领域文献为研究对象，利用文献计量方法分析我国国际贸易领域的研究现状、热点、主要特征，同时对该学科的高产作者、科研团队、学术机构等信息特征进行分析，为国际贸易学领域的研究和学科建设提供参考。

一　数据库的选择和数据统计

按照《中国图书分类法》查找国际贸易的分类代码，共获得 1 个分类代码（F74）；在 CNKI 数据库中，由这个分类代码用布尔逻辑式语言组构检索式：（F74），检索时间范围设为 2000～2012 年，检索期刊论文类别设为经济与管理科学、CSSCI 来源期刊，共获得 3729 条数据。检索和更新时间为 2013 年 12 月。

CiteSpace 软件对输入的数据有具体的格式要求，因此需要对所下载的数据进行格式转换；其次在获得的 3729 条数据中，略去书评、会议通知、会议综述、招聘启事、征稿通知等，获得有效数据 3221 条；最后对有效数据进行标准化处理，如关键词的统一、缩写词与全称的统一、作者机构的合并等，从而保证可视化软件运行结果的客观性和准确性。

（一）论文分布年度

如图 15 - 1 所示，2000 ~ 2008 年国际贸易学领域的发文量总体呈增长趋势，2009 ~ 2012 年逐步下降到 2000 年左右的水平。其中，2002 ~ 2009 年的发文量相对平稳，维持在每年 260 ~ 300 篇的较高水平，峰值是 2008 年的 296 篇，这主要源于 2001 年我国加入世界贸易组织，引发学界关注国际经济与贸易相关问题。

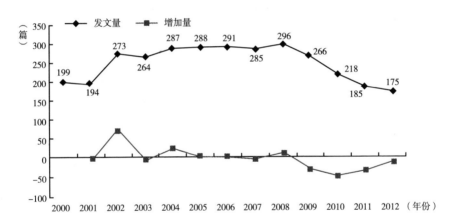

图 15 - 1　2000 ~ 2012 年国际贸易学研究论文的发文量及增加量

注：本章中的发文量数据只包括学术论文，不含书评、会议通知、会议综述、征稿通知、刊首语等非学术论文类数据。

从 2000 ~ 2012 年的发文主题来看，2002 ~ 2008 年的国际贸易学文献内容多集中于世界贸易组织；2008 年以后对国际金融危机的关注增多；2009 ~ 2012 年发文量下降，传统贸易问题的关注度降低，对碳关税、新贸易保护主义、金砖国家等国际贸易领域新问题的研究增多。2000 ~ 2012 年国际经济形势和我国贸易环境的不断变化促使国际贸易学的研究热点随之变化，这是引起发文量波动的重要原因。

（二）刊发国际贸易学论文的中文期刊

表 15 - 1 列出了 2000 ～ 2012 年刊载国际贸易学研究论文前 15 位的 CSSCI 来源期刊及其载文数量。2000 ～ 2012 年，《国际贸易问题》载文量最高（309 篇），占发文总量的 8.29%，该刊是中华人民共和国教育部主管、对外经济贸易大学主办的国际贸易领域的重要期刊，其影响因子被中国科学文献计量评价中心评为贸易经济类期刊排名第一。载文 100 篇以上的期刊还有《国际贸易》（266 篇）、《国际经贸探索》（170 篇）、《世界经济研究》（132 篇）。

表 15 - 1　2000 ～ 2012 年国际贸易学领域载文量前 15 位的 CSSCI 来源期刊

期刊名称	载文量（篇）	期刊名称	载文量（篇）	期刊名称	载文量（篇）
《国际贸易问题》	309	《财贸经济》	68	《经济问题》	34
《国际贸易》	266	《世界经济研究》	55	《商业经济与管理》	31
《国际经贸探索》	170	《经济学动态》	45	《当代经济研究》	28
《世界经济研究》	132	《当代财经》	43	《农业经济问题》	27
《亚太经济》	80	《经济经纬》	41	《中央财经大学学报》	27

二　实证分析

（一）关键词共现

通过运用可视化软件 CiteSpace（Chen，2006）来生成实证研究所需要的矩阵，该软件的主要功能是对输入的文献数据进行可视化分析以及矩阵的生成，我们运用其矩阵生成功能来获得关键词共现矩阵。具体步骤如下：（1）对国际贸易领域的文献数据进行标准化处理，标准化处理主要是对文献进行筛选，确保数据属于国际贸易领域。（2）对文献数据的关键词进行规范化处理，主要包括无关键词的文献的关键词的提取；已有关键词的文献的不规范关键词的删除，如现状、对策、因素等关键词；同义词、缩写词的统一和规范，如"WTO"、"世贸组织"与"世界贸易组织"统一为"世界贸易组织"，"外商直接投资"、"外国直接投资"与"FDI"统一为"FDI"；等等。（3）对国际贸易领域的文献数据进行格式转换，格式转换是指CiteSpace对输入的数据有具体格式要求，须在输入软件之前对数据的格式进行转换，转换成软件默认的格式。（4）对 CiteSpace 软件进行相应的设置，在设置界面主要操作如下：时间切片设为每年一个时段；根据本章的需要将分析的内容设为关键词；阈值分别设定为（3，3，12）、（3，3，12）、（2，3，12）。（4）运行 CiteSpace 软件，在 project 文件夹中生成关键词矩阵。

软件运行结果共获得 398 个高频次关键词，节点之间的 796 条连线并生成关键词共现网络知识图谱（图 15 - 2），在图谱中节点的大小代表该关键词出现的频次大小，点越大，频次越高。各时段的数据样本、阈值、节点数、连线数如表 15 - 2 所示。

图 15 - 2　2000 ~ 2012 年国际贸易学领域的关键词共现知识图谱

共现频次最高的是"国际贸易"（429 次），其次是"世界贸易组织"（345 次），排在第 3 位的是"发展中国家"（184 次）。为保证图中可以显示较多的关键词，该图未显示"国际贸易""世界贸易组织"和"发展中国家"

表 15 - 2　CiteSpace 运行各时段的数据显示

时间段	阈值(C;CC;CCV)	样本(个)	节点(个)	连线(条)
2000~2001 年	3|3|0.12	1091	98	217
2002~2003 年	3|3|0.12	1257	140	303
2004~2005 年	3|3|0.12	1318	121	245
2006~2007 年	3|3|0.12	1393	135	295
2008~2009 年	3|3|0.12	1325	130	263
2010~2011 年	2|3|0.12	999	179	339
2012~2012 年	2|3|0.12	514	79	123

三个占据页面比较大的关键词。排名第 4~10 位的分别是："反倾销""比较优势""发达国家""贸易自由化""服务贸易""贸易保护""多边贸易体制"。这些关键词所表征的研究领域属于该阶段国际贸易领域的研究热点。

（二）共词聚类分析

分析中所采用的聚类分析方法不同于目前普遍采用的聚类方法，而是借鉴了卡龙等（Callon, Courtial & Laville, 1991）的聚类原则来进行聚类划分，基本原则如下：（1）在 CiteSpace 软件生成的共现方阵（398 × 398）中，查找余弦指数最高的一对关键词，作为第一个聚类的主题词。（2）将方阵中的 398 个关键词与该对关键词的任一关键词的余弦指数进行降序排列，由高到低选取 10 个关键词（若余弦指数大于 0 的关键词不足 10 个，只取余弦指数大于 0 的关键词），其中包括作为主题词的一对关键词。即使余弦指数仍大于 0，超过 10 个以上的关键词均拒绝加入该聚类，即该聚类达到了饱和值（10 个关键词）。（3）第一个聚类生成后（或者饱和，或者余弦指数大于 0 的不足 10 个关键词），在方阵中将已加入聚类中的关键词删除掉（需要行、列同时删除），保证已加入聚类中的关键词不会加入下面的其他聚类。（4）反复进行第一步到第三步，就可以一个一个地生成聚类，一直进行到将所有存在共现关系的关键词都加入聚类中为止。若矩阵中虽然还有关键词，但这些关键词之间已经没有共现关系，即所有的关键词间的共现强度为 0（余弦指数等于 0），聚类生成结束，所剩的关键词不再加入任何聚类。

398 个高频关键词中"国际贸易"的词频最高（Freq = 429），但只根据高频关键词个体无法识别研究内容和方向。因此本研究借鉴卡龙的聚类分析方法，通过聚类分析来识别研究内容和研究方向。按照上述的聚类方法和原则，将 398 个关键词划分出 68 个聚类。其中有些聚类只有两个聚类成员，这类聚类不能准确反映聚类所代表的研究方向和内容，因此这些聚类不作为分析对象，删除这类聚类，最后形成的有效聚类共计 46 个。每个聚类根据所包容的关键词，可以概括出聚类的名称，46 个聚类名称就是该领域的主要研究内容和研究方向，如表 15 - 3 所示。

表 15 - 3　聚类名称及构成

序号	聚类名称	聚类成员
1	温室气体问题	温室气体减排、温室气体排放、贸易发展、发达国家、国际贸易规则、贸易开放、碳排放、欧盟
2	服务贸易	·服务业、中国服务贸易、世界经济、国际金融危机、服务贸易、趋势、服务贸易出口、墨西哥、劳动生产率
3	多边贸易谈判	区域主义、多边主义、多边贸易谈判
4	自由竞争政策	竞争政策、竞争规则、限制竞争行为、世界贸易组织、区域贸易协定、国际竞争网络、自由贸易政策、外部性、贸易政策、政府采购
5	新兴经济体	世界经济复苏、新兴经济体、进出口
6	贸易收支	金融发展、贸易失衡、国际分工、贸易收支、合约实施、出口贸易、贸易顺差、国际货币基金组织、贸易逆差、产业转移
7	贸易保护措施	贸易救济、反补贴、贸易摩擦、保障措施、贸易保护措施、争端解决、经济危机、加拿大、反倾销、非市场经济国家
8	反倾销问题	反倾销措施、反倾销案件、反倾销法、反倾销调查、澳大利亚、国内产业、反倾销税、新贸易保护主义
9	技术贸易	技术贸易、要素禀赋、技术差异、预警机制、贸易模式
10	关税削减谈判	发达成员、关税削减、发展中成员、多哈回合、出口补贴、市场准入、乌拉圭回合、透明度原则、农产品贸易自由化
11	多边投资	多边投资框架、多边投资协议、国际收支、例外条款、国际投资、FDI
12	区域经济一体化	美洲自由贸易区、南方共同市场、经济一体化

序号	聚类名称	聚类成员
13	京都议定书	关税、京都议定书、绿色贸易壁垒、贸易保护主义、福利、发展中国家、纳什均衡、贸易保护、对外直接投资、网络贸易
14	国际贸易摩擦	产品种数、国际贸易摩擦、南北贸易、贸易利益、技术进步
15	异质企业	生产率、异质企业、出口、内生边界、失业、企业异质性
16	技术引进与创新	制度创新、技术创新、技术引进、进口贸易、全球化、规模经济、知识型服务贸易、战略性服务贸易、人力资本、贸易
17	中日韩自由贸易	中日韩、出口复杂度、出口结构、自由贸易、贸易结构、区域经济一体化、东亚
18	农产品贸易	农产品贸易、农产品出口、关税减让、转基因产品、贸易壁垒、技术标准、转基因、农业谈判、贸易条件
19	技术性贸易壁垒与非关税壁垒	技术法规、合格评定程序、技术性贸易壁垒、标准、非关税壁垒、对外贸易
20	商品倾销	替代国、正常价值、倾销幅度、贸易组织、原产地规则
21	贸易成本	贸易成本、成本测度、引力模型
22	贸易理论	克鲁格曼、新贸易理论、新兴古典贸易理论、国际贸易理论、新经济地理、产品内贸易、贸易理论、产业内贸易、现代比较优势理论、经济发展
23	服务贸易自由化	Gats、服务贸易自由化、自然人流动、国民待遇、知识产权、自由化、服务贸易谈判、国际服务贸易
24	国际税收	税收协调、国际税收、特许权使用费、贸易争端
25	贸易增长	贸易平衡、贸易增长、加工贸易、多边贸易
26	贸易规则	多边贸易体制、贸易规则、服务项目、劳工标准、自由化进程、全球治理、关贸总协定、自由贸易区、博弈
27	各国贸易竞争力	印度、中国、贸易竞争力、美国、东盟、日本、俄罗斯、产业结构、经济增长
28	Trips 协议	平行进口、Trips 协议、国际货物贸易
29	福利效应分析	一般均衡模型、福利效应、局部均衡、市场结构、气候变化、贸易自由化
30	国际竞争力	国际竞争力、国际市场占有率、金砖国家、RCA 指数、竞争力、竞争优势、贸易关系、经济全球化、幼稚产业、国家利益
31	贸易开放度	初级产品、服务外包、影响因素、贸易开放度
32	中国入世	中国入世、对外开放、货物贸易、世界贸易组织体制
33	环境规制	环境成本、环境规制、环境标准、绿色贸易
34	亚太贸易	贸易便利化、亚太地区、非农产品
35	国际分工	产品内分工、垂直专业化、工序贸易、不完全契约、跨国公司、后危机时代、外包、产业升级
36	人民币国际化	国内信用证、微观基础、人民币国际化

续表

序号	聚类名称	聚类成员
37	贸易与环境	贸易与环境、环境问题、环境标志、环境壁垒
38	贸易创造效应	贸易创造、APEC、战略选择
39	粮食安全	虚拟水贸易、粮食安全、农产品
40	比较优势	国际贸易、比较优势、全成本、李嘉图模型、国际直接投资、产品质量升级、交易成本、电子商务
41	可持续发展	可持续发展、协调发展、环境保护
42	自由贸易协定	自由贸易协定、TPP、一体化、边境措施、联盟转型
43	贸易政策	产业政策、战略性贸易政策理论、不完全竞争、内生比较优势
44	知识产权壁垒	知识产权保护、利益集团、国内支持、溢出效应、知识产权壁垒
45	政府采购协议	政府采购协议、世界贸易组织规则、透明度
46	风险防范	信用证、风险防范、国际保理

（三）战略坐标图

（1）计算关注度和新颖度。根据关键词达到阈值的时间，计算每个聚类的平均共现时间，以此反映该聚类的平均年龄，再计算每个聚类的平均年龄与全部共现的关键词的平均共现年龄的离均差，称为"新颖度"。值有正负之分，若值为正数，表明研究的时间比较晚；若值为负数，表明研发的时间较早。

根据各关键词的共现频次，计算每个聚类的平均共现频次，再计算每个聚类的平均共现频次与全部共现的关键词的平均共现频次的离均差，以此反映该聚类的受关注程度，称为"关注度"。值有正负之分，若值为正数，表明该聚类所代表的内容的研究受关注程度较高；若值为负数，则表明该聚类所代表的内容的研究受关注程度较低。各聚类的关注度和新颖度见表15－4。

（2）研究领域分区。在以关注度为横轴、新颖度为纵轴的战略坐标图（图15－4）中，依据关注度和新颖度的指标含义，以及战略坐标的象限位置的含义，可以清楚地看到，尽管国际贸易领域研究的热点呈现多元化的特点，但各方向研究内容的新旧程度和关注度差别较大。由图15－4可看出，国际贸易领域的46个聚类中有2个聚类位于第一象限、20个聚类位于第二象限、15个聚类位于第三象限、9个聚类位于第四象限。

表 15 - 4 聚类关注度和新颖度

序号	关注度	新颖度	序号	关注度	新颖度	序号	关注度	新颖度
1	5.08	2.22	17	- 1.87	0.86	33	- 8.80	- 3.58
2	2.70	- 0.50	18	- 3.18	- 3.39	34	- 14.30	6.06
3	- 7.30	2.09	19	6.87	- 1.61	35	- 8.55	2.97
4	33.48	- 1.50	20	- 13.10	- 3.48	36	- 17.96	6.06
5	- 16.63	5.72	21	- 9.30	4.39	37	- 15.55	- 2.78
6	- 10.30	3.82	22	- 12.50	0.22	38	- 19.96	- 3.37
7	14.70	- 1.18	23	- 1.05	- 2.78	39	- 12.30	2.49
8	- 7.30	- 2.28	24	- 12.80	- 4.28	40	57.45	- 0.28
9	- 10.50	2.12	25	- 15.30	0.22	41	- 1.63	- 1.48
10	13.37	- 1.83	26	4.70	- 0.94	42	- 4.50	2.92
11	- 9.46	- 2.91	27	- 0.30	0.39	43	- 18.55	- 1.83
12	- 16.30	- 4.28	28	- 11.96	- 2.28	44	- 14.70	3.72
13	27.10	- 2.68	29	4.04	1.72	45	- 6.96	- 0.28
14	- 7.30	2.52	30	- 4.80	1.12	46	- 8.30	0.79
15	- 12.13	3.39	31	- 13.05	4.22			
16	2.90	- 2.08	32	- 10.05	- 1.28			

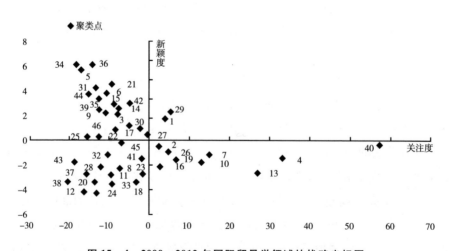

图 15 - 4 2000～2012 年国际贸易学领域的战略坐标图

位于第一象限的是具有较高关注度和新颖度的主题，包括 1 和 29 两个聚类，它们分别是温室气体问题和福利效应分析。这两个主题从 21 世纪初开始就引起了我国学者的广泛注意，这两个主题一方面强调了国际贸易与环境保护的关系及碳排放问题的重要性，另一方面，通过一般均衡和局部均衡分析说明国际贸易所能带来的福利效应。长期以来，学界对这两个主题的研究成果较多，使其成为国际贸易领域的研究焦点，在整个研究领域中处于核心位置。

位于第二象限的是具有较高新颖度但关注度不突出的主题。按照所处位置，第二象限的聚类可以划分为三个部分，第一部分是新颖度最高的5、34、36三个聚类；第二部分包括6、9、14、15、21、31、35、39、42、44等新颖度次之的聚类；第三部分是17、22、25、27、46五个聚类。第一部分的"人民币国际化""亚太贸易""新兴经济体"成为新的研究热点，这既源于人民币在国际贸易中地位提升，也与2008年金融危机后世界经济复苏、亚太地区经贸交流加快相关。对以上三个主题的研究多发生于金融危机之后，新颖度很高，但是由于时间仍较短，研究数量仍相对有限；随着研究深入，这部分研究的关注度可能会进一步提高，因此这部分属于潜在的研究主题。第二部分的聚类，如"贸易收支""自由贸易协定""知识产权壁垒"等，新颖度比第一部分略低，但是更加靠近竖轴，说明更容易转移到第一象限，成为国际贸易学的研究重点。第三部分的研究主题，如"贸易理论""各国贸易竞争力""风险防范"等，虽然新颖度大于零，距离竖轴也比较近，但是近年来学界对这部分内容的研究逐步减少。

位于第三象限的是关注度和新颖度都较低的领域，这些聚类可分为两类：一类是以前为国际贸易领域研究比较热的课题，但由于具有时效性或者受国际贸易环境变化的影响，这些聚类最近已经退出了学术研究的主流；另一类是在2000~2012年国际贸易领域一直关注程度不高，近些年又没有研究的领域。该象限的聚类包括：8、11、12、18、20、23、24、28、32、33、37、38、41、43和45。第三象限的聚类成员较多表明我国国际贸易领域中许多研究主题是边缘型研究，成果数量较少，这印证了2009年以来该领域发文量逐步降低的趋势。

位于第四象限的是关注度较高而新颖度较低的领域，包括：2、4、7、10、13、16、19、26、40。这些研究主题的关注度大于0而新颖度小于0，表明其所代表的研究内容虽不是较新的研究领域，但是属于当前国内国际贸易学科的基础性研究内容，在整个国际贸易领域中与其他研究主题的联系较为密切。

三 文献的分类排序特征

（一）国际贸易学领域发文量居前的作者

设置阈值显示前 200 位高产作者，以 13 年作为一个时间跨度，运行 Citespace 软件，形成高产作者的知识网络图谱（见图 15 - 5）。

图 15 - 5 2000～2012 年国际贸易学领域的作者共现知识图谱

注：图中李□、张□、朱廷□分别为李翀、张晖、朱廷珺。

在图 15 - 5 中，西安交通大学的冯宗宪发文量最多（21 篇），其次是北京师范大学的曲如晓（18 篇），发文量居第 3～9 位的依次是：中国商务部国际贸易经济合作研究院的陆燕（14 篇）、安徽大学的李春顶（14 篇）、浙江大学的宋玉华（12 篇）、南开大学的佟家栋（12 篇）、上海师范大学的朱颖（11 篇）、湖北大学的杨仕辉（11 篇），复旦大学的尹翔硕、厦门大学的黄建忠以及北京师范大学的李钏、蔡宏波都发文 10 篇，并列第 10 位。发文量前 10 位的作者及其主要研究内容如下表（表 15 – 5）所示。

表 15 – 5　2000 ~ 2012 年国际贸易学领域发文量居前的作者及其研究领域

作　者	发文量（篇）	主要研究内容
冯宗宪	21	技术壁垒、服务贸易、国际贸易概况
曲如晓	18	贸易与环境、国际公平贸易运动
陆　燕	14	贸易自由化、服务贸易、WTO 多哈谈判
李春顶	14	贸易摩擦、技术性贸易壁垒
宋玉华	12	贸易机制、关税升级
佟家栋	12	世贸组织与其成员发展、国际贸易理论与政策
朱　颖	11	双边经贸关系、自由贸易协定、竞争政策
杨仕辉	11	反倾销
尹翔硕	10	技术性贸易壁垒、国际贸易摩擦
黄建忠	10	服务贸易、异质性企业理论
蔡宏波	10	中国自贸区、南北贸易、服务贸易

按照被引次数来看，2000 ~ 2012 年国际贸易学领域被引次数最多的前 3 篇文章是：谢建国、陈漓高于 2002 年发表的《人民币汇率与贸易收支：协整研究与冲击分解》（被引 582 次），樊纲、关志雄和姚枝仲于 2006 年发表的《国际贸易结构分析：贸易品的技术分布》（被引 388 次）以及夏友富于 2001 年发表的《技术性贸易壁垒体系与当代国际贸易》（被引 272 次）。其中，第一篇文章所研究的人民币国际化问题和贸易收支问题分别位于战略坐标图的第二象限的第一部分和第二部分；第二篇文章所研究的贸易结构问题位于第二象限；第三篇文章所研究的技术性贸易壁垒问题位于第三象限。

（二）国际贸易学领域发文量居前的机构

设置阈值显示前 150 个科研机构，以 13 年作为 1 个时间跨度，运行 CiteSpace 软件，形成高产科研机构知识网络图谱（见图 15 – 6）。在图 15 – 6 中，2000 ~ 2012 年国际贸易领域发文量最高的科研机构是南开大学（117 篇），其次是中国人民大学（82 篇），然后是武汉大学（79 篇），发文量前 15 的科研机构如表 15 – 6 所示。

图 15 - 6　2000～2012 年国际贸易学领域的高产机构共现知识图谱

表 15 - 6　2000～2012 年国际贸易学领域发文量前 15 的科研机构

科研机构	发文量（篇）	科研机构	发文量（篇）	科研机构	发文量（篇）
南开大学	117	厦门大学	74	浙江大学	55
中国人民大学	82	复旦大学	72	上海财经大学	45
武汉大学	79	对外经济贸易大学	71	商务部	42
中国社会科学院	75	中南财经政法大学	64	西安交通大学	37
南京大学	75	北京师范大学	56	北京大学	35

　　发文量最多的 3 个一级机构中，南开大学在国际贸易学领域的主要研究机构是南开大学国际经济研究所（33 篇）、南开大学国际经济贸易系（31 篇）和南开大学经济学院（21 篇）等（注：未对院系进行整合，下同）。中国人民大学在国际贸易学领域的主要研究机构为中国人民大学经济学院（46 篇）、中国人民大学商学院（12 篇）、中国人民大学法学院（8 篇）等。武汉大学在国际贸易学领域发文量较高的机构为武汉大学经济与管理学院（29 篇）、武汉大学经济发展研究中心（14 篇）、武汉大学法学院（11 篇）等。

四　本章小结

　　本章以中国知网（CNKI）的 CSSCI 期刊中国际贸易学领域的文献数据为研究对象，运用 CiteSpace 可视化软件中的共现分析、聚类分析和战略坐标分析结合的分析模式，对国际贸易研究领域中的主要研究领域、高产作者和科研机构进行定量分析，揭示了该领域的研究现状、热点和知识结构。分析发现，具有较高关注度和新颖度的主题是温室气体问题和福利效应分析，在整个研究领域中它们处于核心位置。"人民币国际化""亚太贸易""新兴经济体"等将成为新的研究热点，希望这些分析结论能为我国今后的国际贸易理论研究提供参考和借鉴。

第十六章　劳动经济学研究
领域文献计量

　　劳动经济学是研究劳动要素投入的经济效益以及与此有关的社会经济问题的经济学科。工业化生产方式发展过程中的劳工问题及劳工运动是劳动经济学产生的主要社会背景。

　　劳动经济学和劳动与人力资源问题一直是国内外主流经济学关注的重要问题，包括就业、人口经济、人力资源等，学者们在研究方法上不断创新，丰富和完善了经济学研究方法。中国劳动经济学兴起相对较晚，相关问题的研究与国际经济学界相比尚存在较大的差距，专门从事劳动经济学研究的机构较少，随着中国的经济增长方式的转型和产业结构的调整，中国正面临着日益严峻的就业形势。就业、失业、劳动力市场发育等问题成为越来越重要的课题。本章以 2000～2012 年国内劳动经济学研究领域的核心期刊文献为研究对象，可视化展示 2000～2012 年国内劳动经济学领域的研究现状、热点和主要特征，总结出国内学术界 2000～2012 年在劳动经济学领域的研究成果、科研团队状况以及存在的不足，为劳动经济学领域的学术研究和学科建设提供参考。

一　数据库的选择和数据统计

　　本章所统计的数据来自中国知网（CNKI）数据库。按照 2010 年出版的《中国图书分类法》（第五版），查找劳动经济的分类代码，共获得 11 个分类代码（C971、F24、F240、F241、F242、F243、F244、F245、F246、F247、F249），这 11 个分类代码用布尔逻辑式语言"或"组构检索式 ＝（C971 或 F24 或 F240 或 F241 或 F242 或 F243 或 F244 或 F245 或 F246 或 F247 或 F249），检索时间范围设为 2000～2012 年，检索期刊论文类别设为经济与管理科学。检索到 2000～2012 年劳动经济学领域的期刊文献数据17967 条，略去会议通知、述评、编者评论等非学术论文类数据，最后获得有效数据 15144 条，检索和更新时间为 2013 年 12 月。

（一）论文年度分布

由图 16－1 可知，进入 21 世纪，劳动经济学的研究呈现增长趋势，到2003 年以后发文量处于波动状态，但波幅不是很大，只有 2008 年发文量减少到 1295 篇，其他年份基本处于 1300 篇以上，2003 年的发文量达到最大值（1666 篇），其次是 2007 年的 1579 篇，然后是 2009 年的 1549 篇。

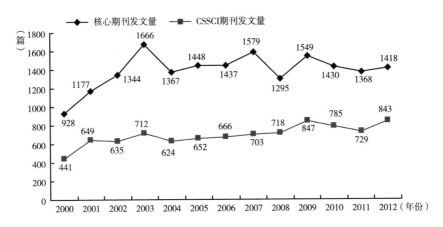

图 16－1　2000～2012 年劳动经济学领域核心期刊及
CSSCI 期刊发文量年度分布

但按照 CSSCI 期刊的发文量年度分布来看，检索的 9004 篇核心期刊文献中，从趋势上来看，各年度的发文量基本平稳，除 2000 年为 441 篇外，其他年份的发文量都在 600 篇以上，且各年度的波动幅度不大。2009 年的发文量最多（847 篇），2012 年的发文量为 843 篇，居于第二位。说明 2012年专家学者的学术研究较前一时段质量上有所提高。21 世纪以来劳动经济学的研究热点在不断变化，这也是引起发文量波动的一个主要原因。

根据 CSSCI 期刊论文的检索结果统计来看，2000～2012 年学者关注的学术问题主要有：人力资本、农民工就业、人力资源、经济增长、劳动力市场、劳动关系、失业、产业结构、劳资关系、就业结构、劳动力工资、人力资源开发、社会保障等问题。

（二）刊发劳动经济学论文的 CSSCI 期刊统计

依据 CNKI 数据库的检索结果，以及人工标准化处理之后的结果来看，2000～2012 年刊发劳动经济学领域的 CSSCI 期刊论文前 20 位的 CSSCI 期刊及刊文量详见表 16 - 1。从整个时段来看，《中国人力资源开发》（694 篇）、《生产力研究》（384 篇）、《统计与决策》（293 篇）的刊文量居于前三位。这表明经济与管理类 CSSCI 期刊中多数期刊都刊发与劳动经济相关的学术论文，证明了国内关于劳动经济学领域的相关研究得到了越来越多的国内核心期刊的广泛关注，尤其是中文社会科学引文索引（CSSCI）中的来源期刊、扩展版来源期刊等的关注。在排名前 20 位的期刊中有 CSSCI 来源期刊（2014～2015 版）目录中经济与管理类期刊中影响较大的期刊，如《管理世界》（刊文 87 篇）、《经济学动态》（刊文 126 篇）等。

表 16 - 1　2000～2012 年 CSSCI 期刊中劳动经济学领域论文的载文量统计（前 20 位）

序号	期刊名称	载文量(篇)	序号	期刊名称	载文量(篇)
1	《中国人力资源开发》	694	11	《经济经纬》	106
2	《生产力研究》	384	12	《经济问题》	104
3	《统计与决策》	293	13	《宏观经济管理》	96
4	《人口与经济》	260	14	《中国国情国力》	90
5	《中国人口科学》	175	15	《经济体制改革》	89
6	《经济学动态》	126	16	《管理世界》	87
7	《科技进步与对策》	124	17	《当代经济研究》	86
8	《人口学刊》	119	18	《财经科学》	86
9	《经济纵横》	118	19	《中国统计》	81
10	《山西财经大学学报》	117	20	《经济与管理研究》	80

注：本表中的数据是去除了非学术论文后的数据，即不包括会议通知、会议举办之类的通讯、报道、数据公布等。

二 实证分析

（一）关键词共现矩阵

通过运用可视化软件 CiteSpace 来生成实证研究所需要的矩阵，该软件主要功能是对输入的文献数据进行可视化分析以及矩阵的生成，我们运用其矩阵生成功能来获得关键词共现矩阵。CiteSpace 软件输入的数据有具体的格式要求，具体步骤如下：（1）对劳动经济学领域的文献数据进行标准化处理，标准化处理主要是对文献进行筛选，确保数据属于劳动经济领域，因此，需要在获得的 17967 条数据中，去掉书评、会议通知、会议综述、招聘启事、征稿通知等。（2）对文献数据的关键词进行规范化处理，主要包括无关键词的文献的关键词的提取；已有关键词的文献的不规范关键词的删除，如现状、对策、因素等关键词；同义词、缩写词的统一和规范，如"下岗员工"和"下岗工人"的统一；作者机构的合并，如"山东大学威海分校"与"山东大学（威海）"的统一；等等。从而保证可视化软件运行结果的客观性和准确性。（3）需要对所下载的数据进行格式转换，将所下载和标准化处理的劳动经济学领域的文献数据进行格式转换，格式转换主要是为了能够将所要分析的数据输入 CiteSpace 软件中。（4）对 CiteSpace 软件进行相应的设置，在设置界面，主要操作如下：时间切片设为每一年一个时段；根据本章的需要将分析的内容设为关键词（Keywords）或主题（term）；阈值设定为（6，3，15）、（8，3，15）、（6，3，15）。（5）运行 CiteSpace 软件，在 project 文件夹中生成劳动经济学领域的关键词共现矩阵，即高频次关键词 454×454 方阵。

运行 CiteSpace 软件，生成 2000～2012 年劳动经济学领域的关键词共现知识网络图谱（见图 16-2），图谱中共获得节点 454 个，节点之间的连线有 986 条。

在关键词共现网络知识图谱（见图 16-2）中，节点的大小代表该关键词出现的频次大小，点越大，频次越高；节点之间的连线表示关键词之间的共现关系，连线越粗表示共现的强度越大。在图 16-2 中，共现频次最高的

图 16 – 2　2000 ~ 2012 年劳动经济学研究领域的关键词共现知识图谱

是"民工荒"（1143 次），其次是"三个代表"（1114 次），第 3 ~ 10 位的分别是"劳动法""fdi""it""var 模型""国际贸易组织""按劳分配""按生产要素分配""保障部门"（由于受图片篇幅所限，已作隐藏处理）。这 10 个关键词所表征的研究领域属于该阶段劳动经济学的研究热点。中介中心性较高的依次为"下岗失业人员"（0.1）、"下岗职工"（0.06）、"就业形势"（0.04）、"工资水平""高校毕业生""年薪制""职工平均工资""国有企业""再就业工作""就业弹性系数"。这 10 个关键词较高的中介中心性表明，以这 10 个关键词为核心形成的劳动经济学的研究领域，构成了整个劳动经济学研究领域知识网络的主要路径。

（二）共词聚类分析

分析中所采用的聚类分析方法不同于目前普遍采用的聚类方法，而是借鉴了卡龙等（Callon，Courtial & Laville，1991）的聚类原则来进行聚类划分，基本原则如下：（1）在 CiteSpace 软件生成的共现方阵（454 × 454）中，查找余弦指数最高的一对关键词，作为第一个聚类的主题词。（2）将方阵中的 454 个关键词与该对关键词的任一关键词的余弦指数进行降序排列，由高到低选取 10 个关键词（若余弦指数大于 0 的关键词不足 10 个，只取余弦指数大于 0 的关键词），其中包括作为主题词的一对关键词。即使余弦指数仍大于 0, 超过 10 个以上的关键词均拒绝加入该聚类, 即该聚类达到了饱和值 (10 个关键词)。(3) 第一个聚类生成后 (或者饱和, 或者余弦指数大于 0 的不足 10 个关键词), 在方阵中将已加入聚类中的关键词删除掉 (需要行、列同时删除), 保证已加入聚类中的关键词不会加入下面的其他聚类。(4) 反复进行第一步到第三步, 就可以一个一个地生成聚类, 一直进行到将所有存在共现关系的关键词都加入聚类中为止。若矩阵中虽然还有关键词, 但这些关键词之间已经没有共现关系, 即所有的关键词间的共现强度为 0 (余弦指数等于 0), 聚类生成结束, 所剩的关键词不再加入任何聚类。

454 个高频关键词中 "民工荒" 的词频最高 (Freq = 1143), 但只根据高频关键词个体无法识别研究内容和方向。本研究借鉴卡龙的聚类分析方法, 通过聚类分析来识别研究内容和研究方向。按照上述的聚类方法和原则, 将 454 个关键词划分出 69 个聚类。其中有些聚类只有两个聚类成员, 这类聚类不能准确反映聚类所代表的研究方向和内容, 因此这些聚类不作为分析对象, 删除这类聚类, 最后形成的有效聚类共计 45 个。每个聚类根据所包容的关键词, 可以概括出聚类的名称, 45 个聚类名称就是该领域的主要研究内容和研究方向 (见表 16 - 2)。

表 16 - 2　聚类名称及构成

聚类号	聚类名称	聚类成员
1	劳动关系与保护	劳动关系法治化、劳权保护、和谐社会、劳动关系
2	岗位招聘与薪资	薪资、岗位招聘、职业介绍、应聘者、工作经验
3	中东西地区优势比较	中西部地区、东部地区、比较优势、就业形势、小企业、制造业、非公有制经济、政策建议、劳动力成本、高校毕业生
4	社会保障与小康	小康社会、全面建设、社会保障制度、充分就业、经济社会发展
5	工资收入水平	工资水平、职工平均工资、收入差距、工资制度、工资差距、社会保障、非正规部门、民工工资、劳动者、工资分配
6	人才政策	政策、人力资源、人才、养老金
7	用人单位劳动合同与争议	解除劳动合同、劳动争议案件、用人单位、非公有制企业、当事人、员工
8	弱势群体劳动保障	南京市、劳动保障局、社区服务、弱势群体、劳动保障部门、就业弱势群体

聚类号	聚类名称	聚类成员
9	企业人力资源	人力资源会计、人力资源价值、企业人力资源、知识经济时代、知识经济、现代人力资源管理
10	薪酬体系和制度及管理	薪酬水平、薪酬体系、薪酬制度、工资总额、岗位工资、社会主义市场经济体制、薪酬管理、岗位技能工资制
11	社区服务与就业	家政服务、社区就业、社区服务业、下岗失业人员、劳动保障工作
12	西部人力资源开发	西部开发、西部地区、西部人力资源开发、人才流动、经济发展、人才资源开发、文化程度、职业技术教育、人力资源市场、科技人才
13	马克思的劳动价值论与科学技术价值	科学技术、价值、劳动价值论、人力资源管理、生产劳动、马克思、社会主义市场经济、马克思的劳动价值论
14	就业服务与方式	公共就业服务、非全日制就业、灵活就业、灵活就业方式、促进就业、就业政策、农村劳动力
15	生活保障与再就业	基本生活费、基本生活保障、再就业工作、再就业服务中心、国有企业下岗职工、财政部门、政策措施、积极就业政策、失业保险基金
16	人才需求	求职者、部分城市、职业指导、需求、职业技能、劳动力市场、失业人员、人才需求
17	股票期权与激励机制	上市公司、股票期权计划、经理人员、经营者、经理股票期权、股票期权制度、资本市场、激励机制、股票期权、激励
18	可持续发展与就业	就业人员、非正规就业、城镇登记失业率、劳动报酬、再就业、就业弹性、城市化、从业人员、可持续发展、经济转型
19	社会保障体系	社保、工作人员、社会保险费、养老保险、企业、医疗保险、社会保障体系、失业保险、劳动和社会保障、职业资格证书
20	产业结构调整与失业	第一产业、产业结构调整、就业工作、服务业、第三产业、结构性失业、经济全球化、实证分析、人力资本积累
21	收入分配与劳动力转移	劳动力转移、工资差异、性别歧视、劳务输出、收入分配、分配制度改革、按劳分配
22	经济体制下的就业问题	非国有经济、国有企业职工、就业机制、非国有企业、隐性就业、国有企业改革、下岗人员、下岗分流、外来劳动力、我国就业
23	再就业工程	再就业培训、就业和再就业、扩大就业、劳动保障、再就业工程、再就业问题、就业机会、自主创业、创业培训
24	人力资源开发	人力资源开发、开发与管理、职业教育、人力资源强国、留住人才、专业技术人员、区域经济、人事管理
25	和谐的劳动关系	企业劳动关系、和谐、社会主义、社会公平、劳资关系、劳动合同、工资集体协商
26	人力资本理论	剩余索取权、物质资本、人力资本所有者、人力资本理论、人力资本产权

续表

聚类号	聚类名称	聚类成员
27	企业文化	企业文化、以人为本、人才资源、科学发展观、外商投资企业
28	户籍制度与就业	城市居民、户籍制度、农业剩余劳动力、城乡统筹就业、市民化、城乡统筹、工业化
29	人力资本投资	人力资本投资、人力资本存量、教育投资、人力资本价值、技术工人、经济增长、劳动力市场分割、人力资源配置
30	农村剩余劳动力	农村剩余劳动力、乡镇企业、劳动密集型产业、民营经济、农村劳动力转移、劳动力资源、就业压力、就业岗位、就业问题、劳动力就业
31	国际劳工标准	发展中国家、发达国家、劳工标准、劳动力、生产要素、劳动报酬份额、中国
32	失业问题	失业问题、失业人口、失业率、城镇失业率、发展第三产业、失业、就业、人才市场、金融危机
33	民工荒	民工荒、刘易斯拐点、剩余劳动力、通货膨胀、民工返乡、新农村建设、农民工、创业、民工就业、劳务经济
34	产业结构与就业结构	产业结构、结构偏离度、就业结构、技术进步、就业增长、就业状况、经济结构调整
35	fdi与就业效应研究	外商直接投资、就业效应、对外贸易、最低工资、工资、实证研究、出口、入世后
36	高校大学生就业	就业市场、大学毕业生、高校毕业生就业、大学生就业、就业能力、大学生、能力建设、劳动力流动
37	就业服务与就业援助	实现再就业、下岗职工再就业、优惠政策、富余人员、"三个代表"、就业服务、就业援助、就业困难群体
38	企业职工失业问题	下岗职工、国有企业、民营企业、年薪制、企业职工
39	养老保险与医疗保险	个人账户、退休人员、基本医疗保险、机关事业单位、养老保险制度
40	非农就业对策建议、影响因素	对策建议、新生代、影响因素、中小企业、非农就业、新生代农民工
41	产权制度创新	产权、人力资本、制度创新、全要素生产率、社会资本、制度、劳动生产率、创新能力
42	劳动者合法权益	劳动法、合法权益、劳动监察、农民工权益
43	劳资冲突与协商	劳资双方、集体谈判、工会、集体协商、劳资冲突、工会组织
44	就业难原因研究	就业难、技能培训、失地农民、经济危机、劳动力需求、就业弹性系数
45	政府的作用	地方政府、人才市场体系、政府、东北老工业基地、制度安排、东北地区

（三） 战略坐标图

表 16 - 3　各聚类的新颖度和关注度列表

聚类号	关注度	新颖度	聚类号	关注度	新颖度	聚类号	关注度	新颖度
1	- 19. 5044	- 1. 64444	16	- 10. 3794	0. 855556	31	- 13. 6473	1. 069841
2	- 24. 7044	- 0. 64444	17	- 13. 0044	- 0. 04444	32	- 9. 83778	1. 466667
3	7. 295556	0. 255556	18	20. 59556	0. 155556	33	87. 49556	- 1. 24444
4	- 8. 30444	- 0. 64444	19	- 35. 0044	- 0. 34444	34	15. 3527	- 1. 21587
5	- 12. 4044	- 0. 74444	20	21. 82889	- 2. 64444	35	- 7. 75444	- 0. 64444
6	78. 49556	0. 155556	21	45. 3527	2. 784127	36	15. 49556	- 0. 89444
7	- 6. 17111	- 1. 47778	22	- 16. 9044	- 0. 44444	37	110. 8706	- 0. 64444
8	- 28. 6711	1. 688889	23	- 22. 7267	- 0. 97778	38	- 28. 1044	0. 755556
9	- 42. 5044	- 0. 47778	24	- 38. 5044	0. 730556	39	- 16. 1044	1. 555556
10	- 22. 3794	1. 230556	25	- 22. 7902	0. 212698	40	- 20. 0044	- 1. 97778
11	- 30. 9044	2. 555556	26	- 38. 9044	- 0. 24444	41	3. 620556	- 0. 01944
12	- 37. 0044	0. 455556	27	- 36. 3044	0. 955556	42	- 20. 5044	- 1. 89444
13	- 29. 0044	- 0. 51944	28	41. 92413	- 1. 07302	43	- 6. 17111	- 0. 81111
14	0. 066984	3. 069841	29	- 24. 8794	1. 605556	44	- 18. 8378	3. 522222
15	0. 495556	- 1. 75556	30	- 27. 0044	0. 755556	45	4. 995556	- 2. 14444

（1） 研究领域分区。根据表 16 - 3 各个聚类的新颖度和关注度，描绘出 2000 ~ 2012 年劳动经济学领域的战略坐标图（见图 16 - 3）。在图 16 - 3 中，45 个聚类有 5 个聚类位于第一象限、15 个聚类位于第二象限、16 个聚类位于第三象限、9 个聚类位于第四象限。

位于第一象限的 3、6、14、18、21 等 5 个聚类的新颖度和关注度均大于 0，表明这些聚类所代表的内容是 2000 ~ 2012 年劳动经济学领域相对比较成熟的研究内容和方向，即属于 2000 ~ 2012 年的劳动经济理论学术研究热点，是目前国内劳动经济领域的核心内容。它们具体包括 "中东西地区优势比较" "人才政策" "就业服务与方式" "可持续发展与就业" "收入分配与劳动力转移" 等相关内容。

位于第二象限的 8、10、11、12、16、31、29、32、39、30、44 等聚类的新颖度大于 0，而关注度小于 0。这表明该聚类所代表的研究内容属于

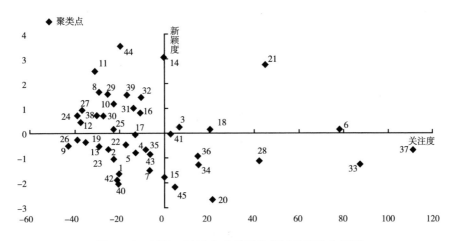

图 16 - 3   2000 ~ 2012 年劳动经济领域的战略坐标图

2000 ~ 2012 年国内劳动经济领域新出现的学术研究热点，但是受关注程度还不高。这些学术研究热点或将会是以后劳动经济领域关注的研究课题，我们将其称为劳动经济理论的潜在型研究领域。其中一些内容将会随着关注程度的提高，成为未来劳动经济领域的重要内容，它们的具体领域包括"弱势群体劳动保障""薪酬体系和制度及管理""社区服务与就业""西部人力资源开发""人才需求""国际劳工标准""人力资本投资""失业问题""养老保险与医疗保险""农村剩余劳动力""就业难原因研究"；等等。

位于第三象限的 1、2、4、5、7、9、13、17、19、22、23、26、35、40、42、43 等聚类的新颖度和关注度都小于 0，这些聚类的关注程度不高，又都是在时间上比较靠前的研究，近些年的研究较少。这表明该聚类所代表的研究内容属于 2000 ~ 2012 年国内劳动经济领域的边缘型研究。这些聚类有两类：一类是以前劳动经济领域研究比较热的课题，但由于具有时效性或者受社会经济环境变化的影响，这些聚类最近已经退出了学术研究的主流；另一类是在 2000 ~ 2012 年劳动经济领域一直关注程度不高，近些年又没有更多研究的领域。它们分别是"劳动关系与保护""岗位招聘与薪资""社会保障与小康""工资收入水平""用人单位劳动合同与争议""企业人力资源""马克思的劳动价值论与科学技术价值""股票期权与激励机制""社会保障体系""经济体制下的就业问题""再就业工程""人力资本理论""fdi 与就业效应研究""非农就业对策建议、影响因素""劳动者合法权益""劳资冲突与协商"等。

位于第四象限的 15、20、28、33、34、36、37、41、45 等聚类的关注度大于 0，新颖度小于 0，表明这些聚类所代表的研究内容属于当前国内劳动经济领域的基础性研究内容。这些聚类的构成成员是 2000～2012 年时间较靠前的研究，多年来一直受关注程度较高，但是从新颖度来看则不是近几年的新研发热点。它们具体包括"生活保障与再就业""产业结构调整与失业""户籍制度与就业""民工荒""产业结构与就业结构""高校大学生就业""就业服务与就业援助""产权制度创新""政府的作用"等内容。

（2）研究领域的热点和选题。

在以关注度为横轴、新颖度为纵轴的战略坐标图 16-3 中，依据新颖度和关注度的指标含义，以及战略坐标的象限位置的含义，可以清楚地看到目前关注度和新颖度都较高的研究领域。聚类 21 的关注度和新颖度都较高，聚类 21 有 7 个成员（劳动力转移、工资差异、性别歧视、劳务输出、收入分配、分配制度改革、按劳分配），这一聚类根据其成员可以确定为主要是关于"收入分配与劳动力转移"的研究，随着改革的不断深入我国在收入分配上出现很多亟待解决的问题，如性别歧视、收入分配差距悬殊、劳动力的转移等，这些都是近些年来的研究热点，同时也引起了专家学者的广泛研究。

在战略坐标图 16-3 中，2000～2012 年具有较大关注度，但是新颖度不高的领域有聚类 33 和 37。其中 37 的关注度最高，从其构成成员（实现再就业、下岗职工再就业、优惠政策、富余人员、就业服务、就业援助、就业困难群体等）可以看出，其属于"就业服务与就业援助"的研究。随着我国的产业结构的调整，出现了职工下岗再就业的问题，这需要社会和政府做好下岗职工的再就业服务和援助工作，这类问题属于我国再就业工程的基础性研究，是从 20 世纪 90 年代初就不断关注的问题，但近些年来这类问题的研究较少。

聚类 33 的构成成员（民工荒、刘易斯拐点、剩余劳动力、通货膨胀、民工返乡、新农村建设、农民工、创业、民工就业、劳务经济）反映的主要是"民工荒"的研究。这也是改革开放之初我国出现的一种典型的就业现象，引起了社会、政府的广泛关注，专家学者针对民工荒产生的原因、背景及其影响因素，提出了诸多解决民工荒的对策建议和政策措施。

在战略坐标图 16-3 中，具有较高新颖度但关注度不高的领域主要有聚类 11 和聚类 44，其中聚类 44 的新颖度最高。聚类 44 的构成成员（就业难、技能培训、失地农民、经济危机、劳动力需求、就业弹性系数）显示了该聚类主要涉及"就业难的原因研究或相关问题"。随着我国的经济发展和经济转型、大学生毕业人数增加，就业难是目前经济中的一个新的研究课题，原因主要有经济危机或金融危机的影响、劳动力的需求不足，或需求结构与劳动力供给不协调等。

聚类 11 包括（家政服务、社区就业、社区服务业、下岗失业人员、劳动保障工作）5 个成员，概括为"社区服务与就业"的研究。这是近些年来开始研究的一个新的话题，社区已经成为经济发展中不可缺少的一个重要部分。社区发展的好坏直接影响就业效果，家政服务、社区服务都是近些年发展起来的行业或部门，可以安排大量的富余劳动力就业，是减轻社会就业压力的很好的渠道，因此引起了学界和政府的关注。

三　文献的分类排序特征

（一）高产作者共现知识网络图谱

在 CiteSpace 界面将时间切片设为每 1 年一个时段，根据所要分析的内容点选可视化主题"作者（Author）"选项，阈值设定为（3，0，15）、（5，0，15）、（4，0，15）。将标准化处理的有效数据输入 CiteSpace 可视化软件中，进行高产作者的可视化分析。运行 CiteSpace 软件的结果显示，生成高产出作者 138 人，高产出作者之间有合作关系的有 23 条连线，高产出作者的知识网络图谱如图 16-4。

在图 16-4 中，2000~2012 年劳动经济学研究领域国家发展和改革委员会社会发展研究所的杨宜勇发文量最高，为 57 篇，其次是中国社会科学院农村发展研究中心的蔡昉，发表论文 56 篇；第 3~10 位依次是浙江大学的姚先国（40 篇）、中国人民大学的曾湘泉（28 篇）、上海财经大学的黄乾（27 篇）、劳动和社会保障部劳动科学研究所的莫荣（26 篇）、东北师范大

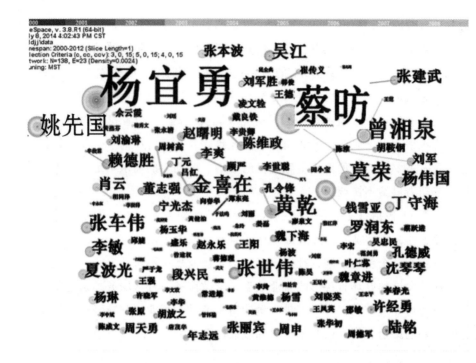

图 16 - 4　2000～2012 年劳动经济学领域的高产出作者知识图谱

学的金喜在（24 篇）、中国社会科学院人口与劳动经济研究所的张车伟（23 篇）、吉林大学的张世伟（23 篇）、西南财经大学统计学院的吴江（21 篇）等。

（二）科研机构共现知识网络图谱

在 CiteSpace 界面将时间切片设为每 1 年一个时段，根据所要分析的内容点选可视化主题"机构（Institution）"选项；阈值设定为（3，0，15）、（5，0，15）、（4，0，15）。将标准化处理的有效数据输入 CiteSpace 可视化软件中，进行作者机构的可视化分析。运行 CiteSpace 可视化软件，生成高产机构的可视化图谱。按照阈值设定，共计出现高产出的科研机构 223 个，机构之间的合作有 38 个（图 16 - 5）。其中中国人民大学的发文量最高，为 487 篇，其次是南开大学，为 300 篇，第三是南京大学，为 229 篇，排在第 4～10 位的依次是首都经济贸易大学（228 篇）、复旦大学（226 篇）、吉林大学（224 篇）、浙江大学（218 篇）、北京大学（216 篇）、中南财经政法大学（210 篇）、中国劳动关系学院（208 篇）。

图 16 - 5 2000～2012 年劳动经济学领域的科研机构共现知识图谱

中国人民大学的主要科研机构分别是中国人民大学劳动人事学院（126篇）、中国人民大学经济学院（59 篇）、中国人民大学农业与农村发展学院（32 篇）、中国人民大学公共管理学院（23 篇）、中国人民大学商学院（22篇）、中国人民大学人口与发展研究中心（4 篇）、中国人民大学社会学理论与方法研究中心（4 篇）等。

南开大学的主要科研机构分别是南开大学经济学院（74 篇）、南开大学人口与发展研究所（38 篇）、南开大学经济学系（24 篇）、南开大学经济研究所（22 篇）、南开大学国际经济贸易系（15 篇）、南开大学经济与社会发展研究院（5 篇）等。

四 本章小结

本章通过对 CNKI 数据库中的 2000～2012 年关于劳动经济领域的核心期刊的发文进行检索、下载和文献计量分析，发现劳动经济的研究一直是国内专家学者关注的一个热点领域，发文量一直较高，虽然某些年份有所减少，但是波动较小。

在研究领域的战略坐标分析中，结果显示有 5 个研究主题位于第一象限、15 个研究主题位于第二象限、16 个研究主题位于第三象限、9 个研究主题位于第四象限。在关键词的共现分析中，没有频次和中介中心性都较高的关键词，根据频次和中介中心性的指标含义可知，时段为 2000~2012 年的备受关注的 10 大热点在关键词共现知识网络中并不是具有较强影响力的研究领域，在知识网络中的重要性并不强，只是受关注度较高而已。而 10 个中介中心性较高的关键词对时段为 2000~2012 年的劳动经济学研究领域的知识网络的形成起着极其重要的作用，但是这些关键词在整个时段并没有成为劳动经济学领域的研究热点，但通过比较发现，与农民工、下岗相关的研究自 2000 年以来已经逐渐成为人们关注的研究领域，其次是与就业相关的研究也引起研究者的关注。以上的分析结果表明，目前国内劳动经济学领域的研究还比较分散，没有集中在几个主要研究领域进行相关的研究。在高产作者和作者合作的可视化分析中，前 10 位的高产作者中除了科研院所外，基本都是重点高校的一些研究者，从研究的内容上来看，互有交叉，但合作较少，只有蔡昉、曾湘泉、张车伟、胡鞍钢、刘军与其他作者之间有较多合作。这表明国内劳动经济学领域的研究团队正在形成过程之中。在科研机构的可视化分析中，发文量前 10 位的都是高校，其中包含这些高校下属的科研院所。从合作上来看，也基本是高校之间的合作，产学研合作较少，这是未来研究中需要关注的发展方向。

第十七章 统计学研究领域文献计量

统计学是一门古老的学科，两千三百多年前的古希腊时代就有关于统计的研究。统计学学科在 17 世纪至 18 世纪的欧洲逐步创立，18 世纪末至 19 世纪末统计学处于较快发展阶段，各种学派的观点开始形成，主要分为数理统计学派和社会统计学派。20 世纪以来，计算机技术的应用促进了统计学的发展，统计学由传统的记述和描述统计向推断统计发展，并且推断统计逐步成为统计学的主流，由单一的社会、经济统计向更多的分支学科发展，成为一门通用的方法论科学。

统计学概念在 19 世纪末传入我国，改革开放以前发展较为缓慢；改革开放之后，随着我国经济迅速发展，经济统计逐渐受到重视，1979 年中国统计学会成立并参加国际统计学会第 42 届会议，标志着我国统计学发展步入快车道。本章以 2000～2012 年 CNKI 数据库的 CSSCI 来源期刊中统计学领域的期刊文献为研究对象，可视化展示统计学领域的研究现状、热点和主要特征，总结出我国在统计学领域的研究成果、科研团队及研究动态，为统计学领域的进一步研究和学科建设提供参考。

一 数据库的选择和数据统计

（一）数据的来源和标准化处理

根据 2010 年第五版《中国图书分类法》中统计学的分类代码，获得 F222 以及 C8 两个代码，并由这两个代码用逻辑式语言"或"构造检索式：

F222 或 C8，在中国知网（CNKI）期刊论文数据库中进行检索，检索时间范围设为 2000～2012 年，检索期刊论文类别设为经济与管理科学，期刊来源选择 CSSCI，共获得 2319 条数据，检索和更新时间为 2013 年 12 月。

CiteSpace 软件对输入的数据有具体格式要求，因此需要对所下载的数据进行格式转换。数据的处理过程中，首先要略去书评、会议通知、会议综述、编者语、征稿通知等非学术论文类数据，最终得到 1950 条有效文献数据；其次，对有效数据进行标准化处理，包括关键词的删除、合并，关键词的统一、缩写词与全称的统一、作者机构的合并等。从而保证可视化软件运行结果的客观性和准确性。

（二）年度发文量

根据图 17-1 来看，2000～2004 年统计学领域的发文量总体呈上升趋势，2003 年略有下降；2005～2008 年发文量呈下降趋势，2009 年上升以后又呈小幅下降趋势。各年份中，2000 年发文量最少，为 69 篇；2004 年发文量最多，为 223 篇。总体来看，2000 年以来统计学领域的发文量波动较大。

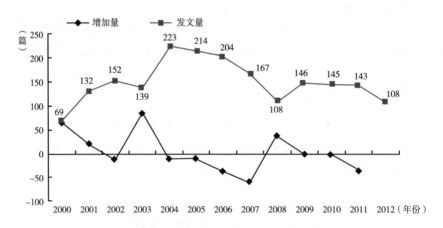

图 17-1　2000～2011 年统计学领域论文发文量及增量年度分布

（三）刊发论文的期刊统计

表 17-1 列出了 2000～2012 年在统计学领域载文量居前 10 位的期刊名

称及其载文量。其中，《中国统计》《统计与决策》《统计研究》三个期刊刊发的统计学论文总量占总发文量的 51.59%，是统计学学科的主要学术平台，表明统计学论文的发文期刊非常集中。

表 17 - 1　2000～2012 年统计学领域期刊论文载文量（前 10 位）

期刊名称	发文量（篇）	期刊名称	发文量（篇）
《中国统计》	421	《当代财经》	21
《统计与决策》	332	《经济研究》	20
《统计研究》	253	《宏观经济研究》	17
《数量经济技术经济研究》	34	《中国国情国力》	14
《生态经济》	24	《宏观经济管理》	9

二　实证分析

（一）关键词共现矩阵

通过运用可视化软件 CiteSpace 来生成实证研究所需要的矩阵，该软件主要功能是对输入的文献数据进行可视化分析以及矩阵的生成，我们运用其矩阵生成功能来获得关键词共现矩阵。对 CiteSpace 软件进行相应的设置，在设置界面主要操作为：时间切片设为一年一个时段；根据所要分析的内容点选可视化主题，点选"关键词"选项，阈值设定为（2，2，20）、（2，2，20）、（2，2，20）。运行 CiteSpace 软件，在 project 文件夹中生成关键词矩阵。表 17 - 2 显示了各时间段的样本数据、阈值、节点数、连线数。

表 17 - 2　CiteSpace 运行各时段的数据显示

年　段	阈值（C；CC；CCV）	样本（个）	节点（个）	连线（条）
2000～2000 年	2|2|0.2	338	26	34/42
2001～2001 年	2|2|0.2	363	37	24/30
2002～2002 年	2|2|0.2	421	44	37/43
2003～2003 年	2|2|0.2	383	53	56/72
2004～2004 年	2|2|0.2	570	71	79/157

续表

年　段	阈值(C;CC;CCV)	样本(个)	节点(个)	连线(条)
2005~2005 年	2|2|0.2	503	67	54/130
2006~2006 年	2|2|0.2	496	66	95/172
2007~2007 年	2|2|0.2	471	52	42/58
2008~2008 年	2|2|0.2	313	34	29/36
2009~2009 年	2|2|0.2	395	53	44/61
2010~2010 年	2|2|0.2	444	43	32/49
2011~2011 年	2|2|0.2	424	51	46/56
2012~2012 年	2|2|0.2	342	30	26/28

　　软件运行结果共获得 305 个高频关键词，并生成关键词共现网络知识图谱（见图 17-2），在图谱中节点的大小代表该关键词出现的频次大小，点越大，频次越高；节点之间的连线表示关键词之间的共现关系，连线越粗表示共现的强度越大。

图 17-2　2000~2012 年统计学领域的关键词共现知识图谱

　　图 17-2 中，为在图谱中展示更多的关键词，我们隐藏了排名前 3 位的高频关键词，分别是"GDP"（196 次）、"绿色 GDP"（149 次）、"GDP 核算"（109 次）。排名第 4~10 位的关键词分别为"GDP 核算体系"（74

次）、"经济普查"（73 次）、"可持续发展"（73 次）、"企业统计"（53次）、"经济增长"（51 次）、"指标体系"（50 次）、"绿色 GDP 核算"（48 次）。以这 10 个关键词为中心，构成了 2000~2012 年统计学领域的研究热点。

（二）共词聚类分析

分析中所采用的聚类分析方法不同于目前普遍采用的聚类方法，而是借鉴了卡龙等（Callon，Courtial&Laville，1991）的聚类原则来进行聚类划分，基本原则如下：（1）在 CiteSpace 软件生成的共现方阵（305×305）中，通过查找余弦指数最高的一对关键词，作为第一个聚类的主题词。（2）将方阵中的 305 个关键词与该对关键词的任一关键词的余弦指数进行降序排列，由高到低选取 10 个关键词（若余弦指数大于 0 的关键词不足 10 个，只取余弦指数大于 0 的关键词），其中包括作为主题词的一对关键词。即使余弦指数仍大于 0，超过 10 个以上的关键词均拒绝加入该聚类，即该聚类达到了饱和值（10 个关键词）。（3）第一个聚类生成后（或者饱和，或者余弦指数大于 0 的不足 10 个关键词），在方阵中将已加入聚类中的关键词删除掉（需要行、列同时删除），保证已加入聚类中的关键词不会加入下面的其他聚类。（4）反复进行第一步到第三步，就可以一个一个地生成聚类，一直进行到将所有存在共现关系的关键词都加入聚类中为止。若矩阵中虽然还有关键词，但这些关键词之间已经没有共现关系，即所有的关键词间的共现强度为 0（余弦指数等于 0），聚类生成结束，所剩的关键词不再加入任何聚类。

305 个高频关键词中 "GDP" 的词频最高（Freq = 196），但只根据高频关键词个体无法识别研究内容和方向。因此本研究借鉴卡龙的聚类分析方法，通过聚类分析来识别研究内容和研究方向。按照上述的聚类方法和原则，将 305 个关键词划分出 51 个聚类。其中有些聚类只有两个聚类成员，这类聚类不能准确反映聚类所代表的研究方向和内容，因此这些聚类不作为分析对象，删除这类聚类，最后形成的有效聚类共计 29 个。每个聚类根据所包容的关键词，可以概括出聚类的名称，29 个聚类名称就是其所对应领域的主要研究内容和研究方向（见表 17-3）。

表 17 – 3　聚类名称及其构成成分

聚类号	聚类名称	聚类成分
1	灰色预测模型	灰色马尔科夫预测、累积法、灰色预测模型、贵州省旅游
2	EDP 核算	EDP 核算、资源耗减、生态环境成本、资源生态环境核算、绿色、绿色 gdp 核算
3	购买力平价	购买力平价、汇率法、国际比较、国际比较项目、发达国家、经济全球化、平均数指数
4	财政支出	财政支出、资金投放、中国经济、gdp
5	组合预测	组合预测、arch、gmdh
6	社会总供求	社会总需求、社会总供给、gdp 核算
7	环境保护与可持续发展	生态环境保护、可持续发展、转变观念、城市、核算、资源、生态环境污染、新经济、生态环境、自然资源核算
8	经济增长核算	贡献度、三大需求、经济增长
9	社会核算矩阵	社会核算矩阵、北京市、区域、gdp 核算体系
10	经济增速与人均 GDP	翻两番、人均 GDP、受教育程度、arima 模型、常住单位、统计指标、经济增长率、科学发展观、gdp 总量、基尼系数
11	第三产业统计	第三产业、修订后、经济普查
12	主成分分析	主成分分析、区域经济、评价指标体系
13	统计与会计核算	统计核算、统计与会计、会计核算
14	统计信息化	统计信息化、信息化建设、统计信息系统、政府统计
15	统计普查工作	统计工作者、普查工作、综合统计、企业统计、普查登记、统计数据、数据质量、统计工作、统计信息
16	绿色 GDP 预测	绿色 GDP、预测、总产出、对策、模型、核算方法、投入产出、对策、资源生态环境、核算体系
17	非市场服务核算	非市场服务、产出核算、增加值、生产率
18	企业调查	企业、调查单位、联网、市场经济
19	计算机软件统计应用	计算机软件、固定资产投资统计、统计方法、工业增加值、指标、指标体系、改革、抽样调查、统计技术
20	金融统计	金融统计、统计年报、统计制度、金融危机、统计指标体系
21	能源消费	能源消费、var、协整
22	脉冲响应函数	脉冲响应函数、税收收入、协整检验
23	工资总额增速	增长速度、统计局、工资总额、地方官员、经济统计
24	生态环境经济	edp、生态环境经济、seea
25	产业结构升级	产业结构升级、经济活动、gdp 增长、贡献率
26	企业统计改革	现代企业统计、企业统计改革、企业统计制度
27	SNA	SNA、收入分配、经济交易
28	法人单位普查	法人单位、普查数据、普查表
29	综合评价	综合评价、建议、评价指标

（三）战略坐标图

表 17 - 4 为 2000～2012 年统计学领域聚类的关注度和新颖度数值，根据表 17 - 4 我们描绘出战略坐标图（见图 17 - 3）。图中横轴为关注度，纵轴为新颖度，各点数字分别对应表 17 - 4 中的聚类。为了更好地展现关键词的分布，保证坐标图效果，图中隐藏了两个聚类点，分别是 4（42.04，- 2.296）和 6（25.21，- 4.796），两个聚类都位于第四象限，分别为"财政支出"和"社会总供求"。图 17 - 3 中，1 个聚类位于第一象限，9 个聚类位于第二象限，9 个聚类位于第三象限，10 个（包括聚类 4 和 6）聚类位于第四象限。

表 17 - 4　聚类的新颖度和关注度

聚类号	关注度	新颖度
1	- 10.45698925	6.204301075
2	1.765232975	- 0.573476703
3	- 4.885560676	- 1.509984639
4	42.04301075	- 2.295698925
5	- 9.456989247	5.204301075
6	25.20967742	- 4.795698925
7	3.643010753	- 1.295698925
8	5.876344086	- 2.129032258
9	10.79301075	- 1.045698925
10	2.906647116	- 0.704789834
11	15.54301075	0.537634409
12	- 1.456989247	- 2.129032258
13	- 5.790322581	- 3.795698925
14	- 6.456989247	2.704301075
15	11.64301075	- 2.495698925
16	16.14301075	- 0.595698925
17	- 5.956989247	- 2.545698925
18	- 6.456989247	2.204301075
19	0.431899642	- 2.462365591
20	- 1.256989247	1.604301075
21	- 7.123655914	4.537634409

续表

聚类号	关注度	新颖度
22	- 7.456989247	3.204301075
23	- 7.656989247	0.604301075
24	- 4.790322581	- 0.170322581
25	- 4.956989247	0.954301075
26	- 9.123655914	- 1.795698925
27	- 1.123655914	- 3.462365591
28	- 4.456989247	- 0.492365591
29	- 8.456989247	- 2.795698925

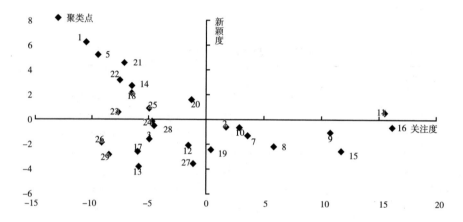

图 17 - 3　2000 ~ 2012 年统计学领域的战略坐标图

第一象限的聚类新颖度和关注度均大于 0，无论是新颖度还是关注度都高于平均水平，这些聚类所代表的内容是 2000 ~ 2012 年统计学研究领域相对成熟的研究内容和方向。图 17 - 3 显示，聚类 11（第三产业统计）属于该段时间统计学的学术研究热点，是目前国内统计学领域的核心内容。

第二象限的聚类新颖度大于 0、关注度小于 0。这些聚类所代表的研究内容属于 2000 ~ 2012 年国内统计学研究领域新出现的学术研究热点，但是受关注程度还不高。其中包括聚类 1（灰色预测模型）、5（组合预测）、21（能源消费）、22（脉冲响应函数）等，这些学术研究热点或将是以后统计学领域的重点研究方向，我们将其称之为潜在型研究领域。

第三象限的聚类的新颖度和关注度都小于 0，这些聚类的关注程度不高，又都是在时间上比较靠前的研究，近些年的研究较少。这些聚类所代表的研究内容属于 2000～2012 年国内统计学领域的边缘型研究，一共有两类：一类是较早的统计学领域研究热点，但由于时效性所限，这些聚类最近已经退出了学术研究的主流；另一类是在 2000～2012 年统计学领域一直关注程度不高，近些年又没有更多研究的领域。这些聚类有 13（统计与会计核算）、26（企业统计改革）、29（综合评价）等。

第四象限的聚类的关注度大于 0、新颖度小于 0，表明这些聚类所代表的研究内容属于当前统计学领域的基础性研究。这些聚类的构成成员是 2000～2012 年较早期的研究，多年来受关注程度较高，但是从新颖度来看则不是新的研究热点。它具体包括聚类 16（绿色 GDP 预测）、15（统计普查工作）、9（社会核算矩阵）等内容。

从战略坐标图可以看出，统计学中关注度居前的聚类包括财政支出、社会总供求、绿色 GDP 核算、第三产业统计等；其中前三个新颖度为负，是统计学中的基础性研究领域。近些年来，随着我国加快调整经济结构、转变经济增长方式，第三产业在国民经济中的比重逐渐提高，对第三产业的统计数据质量更为重视，第三产业统计成为统计学中关注度居前且较为新颖的研究领域。按照新颖度来比较，统计学中最新的研究领域是一些较为前沿的统计、预测方法和模型，比如灰色马尔科夫预测模型、组合预测方法、脉冲响应模型等。

三 文献的分类排序特征

（一）统计学领域发文量居前的作者

设置阈值显示前 200 位高产作者，以 13 年作为 1 个时间跨度，运行 CiteSpace 软件，形成高产作者的知识网络图谱（见图 17-4），作者间有合作关系的连线共 40 条。其中，发文量排名第一的作者为国家统计局的许宪春，共发文 28 篇；其次是中国人民大学的高敏雪，发文 16 篇；发文量排名第 3～10 位的学者分别为东北财经大学的蒋萍（11 篇）、上海交通大学的朱

启贵（8 篇）、中南财经政法大学的向书坚（8 篇）、湖南大学的许涤龙（7
篇）、山西财经大学的李宝瑜（7 篇）、国家统计局司的吴优（6 篇）、中国
社会科学院的李金华（6 篇）、西北师范大学的杨立勋（6 篇）。

图 17 - 4　2000～2012 年统计学领域的高产作者知识图谱

在 CNKI 数据库检索结果中，排序方法点选"被引"，将检索结果按照
被引频次由高到低排序；结果显示，张军和章元的《对中国资本存量 K 的
再估计》被引次数最多，为 1079 次，排名第一；李稻葵、刘霖林和王红领
的《GDP 中劳动份额演变的 U 型规律》被引次数为 419 次，排名第二；金
玉国的《宏观制度变迁对转型时期中国经济增长的贡献》被引 343 次，排
名第三。这显示出，有些学者虽然在统计学领域的发文量并不靠前，但是其
成果可能是该领域的重要成果。

（二）统计学领域发文量居前的团队

在对发文量居前的作者进行可视化分析的基础上，我们进一步进行
聚类分析，共生成 20 个聚类（见图 17 - 5），这是 2000～2012 年统计学
领域发文量居前的科研团队。人数在 3 人以上的团队有余芳东、陈杰、
查奇芬、马崇明、邱东为主导（按照发文量）的 5 个。这 5 个团队在统
计学领域发文的主要方向是"国际比较项目""采购经理人指数""因子
分析""现代化标准""经济学课程"。国内统计学领域合作较为突出的

学术机构有：国家统计局、中国人民大学、北京理工大学、首都经贸大学等。

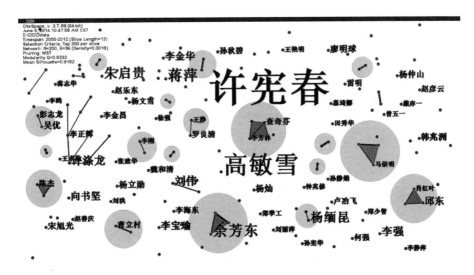

图 17 – 5　2000～2012 年统计学领域的主要研究团队图谱

（三）统计学领域文献发文量居前的机构

运行 CiteSpace 可视化软件，设置阈值显示前 200 的科研机构，以 13 年作为 1 个时间跨度，形成机构的知识网络图谱（见图 17 – 6），机构间有合作关系的连线 26 条。其中，国家统计局 GDP 核算司发文量最高，达到 31 篇；其次是东北财经大学统计系（21 篇），排名第 3～10 名依次为国家统计局核算司（18 篇）、中南财经政法大学信息学院（18 篇）、中国人民大学统计学院（16 篇）、厦门大学计划统计系（16 篇）、江西财经大学统计学院（16 篇）、厦门大学经济学院（16 篇）、西南财经大学（13 篇）、中南财经政法大学（11 篇）。

排名前 10 名的一级机构为国家统计局（94 篇）、中国人民大学（66 篇）、厦门大学（59 篇）、东北财经大学（50 篇）、中南财经政法大学（37 篇）、上海财经大学（34 篇）、江西财经大学（29 篇）、湖南大学（26 篇）、山西财经大学（20 篇）和中央财经大学（20 篇）。

国家统计局的主要机构是：国家统计局 GDP 核算司（31 篇）、国家统

图 17 - 6　2000~2012 年统计学领域的主要科研机构共现知识图谱

计局核算司（18 篇）、国家统计局国际统计中心（11 篇）、国家统计局统计科学研究所（8 篇）、国家统计局人口和社会科技统计司（2 篇）、国家统计局企业调查总队（2 篇）等。在统计学领域，中国人民大学的主要科研机构是：中国人民大学统计学院（20 篇）、中国人民大学生态环境学院（6 篇）、中国人民大学应用统计科学研究中心（5 篇）、中国人民大学经济学院（5 篇）、中国人民大学商学院（3 篇）、中国人民大学信息学院（2 篇）等。厦门大学的主要科研机构是：厦门大学经济学院统计系（29 篇）、厦门大学经济学院（16 篇）等。

四　本章小结

本章采用了共词分析、聚类分析和战略坐标相结合的文献计量方法，具体描述了当前国内统计学领域的研究状况、热点和趋势。分析发现，统计学领域文献的高频关键词包括 GDP、经济普查、可持续发展、企业统计、经济增长、指标体系、绿色 GDP 核算等，以这 10 个关键词为中心，形成了2000~2012 年统计学领域的研究热点。统计学中关注度居前的聚类包括财政支出、社会总供求、绿色 GDP 核算、第三产业统计等；其中前三个新颖度为负，是统计学中的基础性研究领域。近些年来，随着我国加快调整经济结构、转变经济增长方式，第三产业在国民经济中的比重逐渐提高，对第三产业的统计数据质量更为重视，第三产业统计成了统计学中关注度居前且较为新颖的研究领域。按照新颖度来比较，统计学中最新的研究领域是一些较为前沿的统计、预测方法和模型，比如灰色马尔科夫预测模型、组合预测方法、脉冲响应模型等。此外，我们还进一步归集了统计学领域的高产作者、合作团队和科研机构等。以上分析结论有助于为我国统计学领域的进一步研究和学科建设提供参考。

第十八章　数量经济学研究领域文献计量

数量经济学是运用数学方法分析经济变量间数量变化规律并由此揭示经济运行内在规律的学科。数量经济学在我国的发展始于 20 世纪 50 年代末，起初将 Mathematics Economics 直译为经济数学或者数学经济学；1979 年中国数量经济研究会成立后将其正式命名为数量经济学，并将其定义为"在定性研究的基础上，运用数学方法及计算机研究经济的数量表现、数量关系及其变化规律的一门学科"。数量经济学是数理经济学和计量经济学的统称，是数学、经济学和统计学的交叉学科，近年来数量经济学领域研究成果增长显著。本章以我国数量经济学领域的中文文献为研究对象，运用文献计量方法，对 2000 ~ 2012 年 CSSCI 来源期刊中数量经济学领域的学术论文进行文献统计分析，并通过战略坐标展示数量经济学领域的中文文献的研究现状、热点和主要研究方面，从中总结出相关前沿成果、高产作者等有价值信息，为数量经济学领域的研究提供科学参考。

一　数据库的选择和数据统计

根据 2010 年第五版《中国图书分类法》，查到数量经济学领域分类代码 F224.0 以及 F064.1，在中国知网（CNKI）数据库中检索，检索时间范围设为 2000 ~ 2012 年，文献来源类别设定为核心期刊及 CSSCI 来源期刊、经济与管理科学领域，共获得 3721 条数据，检索和更新时间为 2013 年 12 月。另外，略去会议通知、会议综述、刊首语等非学术论文类数据，最终获得 3587 条有效数据。

（一）论文年度分布

如图 18-1 所示，数量经济学领域年度发文量整体呈显著上升趋势，2005 年以后快速增长，2010 年以后开始稳定在每年发文量 540 篇左右。根据这一趋势可以看出，国内学术界对数量经济学的重视程度逐步提高，成果数量增长较快。

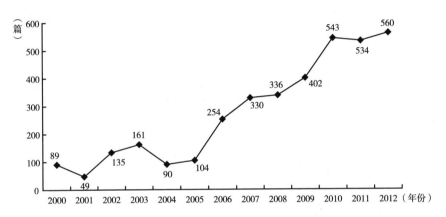

图 18-1　2000~2012 年数量经济学领域发文量年度分布

（二）刊发论文的期刊统计

表 18-1 列出了 2000~2012 年在数量经济学领域载文量前 10 位的期刊及其载文量，其中载文量 100 篇以上的有《统计与决策》（335 篇）和《数量经济技术经济研究》（220 篇），二者载文量共占 14.92%；排名前 10 位的其他期刊载文量较为平均，在 50~80 篇。由此看出，《统计与决策》和《数量经济技术经济研究》是我国数量经济学研究的重要平台。

表 18-1　2000~2012 年数量经济学领域期刊论文载文量（前 10 位）

期刊名称	载文量	期刊名称	载文量
《统计与决策》	335	《商业时代》	56
《数量经济技术经济研究》	220	《中国管理科学》	55
《数学的实践与认识》	63	《系统工程理论与实践》	54
《统计研究》	62	《系统工程》	48
《数理统计与管理》	60	《农业技术经济》	37

二　实证分析

（一）关键词共现

运行 Citespace 软件，运行期间各时段的数据样本、阈值、节点数、连线数如表 18 -2 所示，运行结果生成 2000 ~ 2012 年数量经济学领域的关键词共现知识图谱（见图 18 -2），图谱中节点共 284 个，连线 418 条。

表 18 -2　CiteSpace 运行各时段的数据显示

年份	阈值（C;CC;CCV）	样本（个）	节点（个）	连线（条）
2000	2;2;0.15	375	27	21
2001	2;2;0.15	201	8	2
2002	2;2;0.15	492	35	28
2003	2;2;0.15	564	38	23
2004	2;2;0.15	315	27	25
2005	2;2;0.15	345	26	22
2006	2;2;0.15	816	77	72
2007	3;3;0.15	1038	48	43
2008	3;3;0.15	1013	47	43
2009	3;3;0.15	1192	51	39
2010	3;3;0.15	1562	86	97
2011	3;3;0.15	1496	92	126
2012	3;3;0.15	1614	80	73

图 18 -2 中，共现频次最高的关键词为"面板模型"（131 次），其次是"时间序列模型"（112 次）、"协整检验"（101 次）、"参数估计"（101 次），排名第 5 ~ 10 位的依次为"外商直接投资"（64 次）、"非线性模型"（54 次）、"动态面板模型"（49 次）、"城市化"（47 次）、"granger 因果检验"（44 次）、"数据包络分析"（43 次）。可以看到，高频关键词主要集中

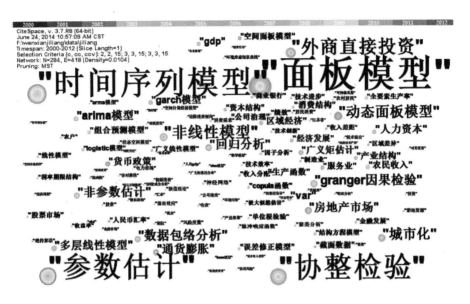

图 18 - 2 2000~2012 年数量经济学领域的关键词共现知识图谱

在各类复杂模型及其参数估计、检验方面。

软件运行结果共获得 284 个高频次关键词,同时生成关键词共现矩阵,在该矩阵中数值的大小代表相关的两个关键词共现的强度大小,即余弦指数的大小。矩阵中的数值有两种:一种是有具体数值,如果矩阵中的数值越大,表示相应的两个关键词的共现强度越大;另一种是数值为"0",表明相应的两个关键词没有共现关系。如果一个关键词与矩阵中的任何关键词的数值都为"0",那就可推断该关键词虽然频次很高,但总是孤立出现,与其他关键词从来都不存在共现关系。因此,依据关键词之间的共现关系和余弦指数值,我们构建出 284×284 的关键词共现矩阵。

(二) 共词聚类分析

分析中所采用的聚类分析方法不同于目前普遍采用的聚类方法,而是借鉴了卡龙等 (Callon, Courtial&Laville, 1991) 的聚类原则来进行聚类划分,基本原则如下:(1) 在 CiteSpace 软件生成的共现方阵 (284×284) 中,通过查找余弦指数最高的一对关键词,作为第一个聚类的主题词。(2) 将方阵中的 284 个关键词与该对关键词的任一关键词的余弦指数进行降序排列,由高到低选取 10 个关键词（若余弦指数大于 0 的关键词不足 10 个，只取余弦指数大于 0 的关键词），其中包括作为主题词的一对关键词。即使余弦指数仍大于 0，超过 10 个以上的关键词均拒绝加入该聚类，即该聚类达到了饱和值（10 个关键词）。（3）第一个聚类生成后（或者饱和，或者余弦指数大于 0 的不足 10 个关键词），在方阵中将已加入聚类中的关键词删除掉（需要行、列同时删除），保证已加入聚类中的关键词不会加入到下面的其他聚类。（4）反复进行第一步到第三步，就可以一个一个地生成聚类，一直进行到将所有存在共现关系的关键词都加入聚类中为止。若矩阵中虽然还有关键词，但这些关键词之间已经没有共现关系，即所有的关键词间的共现强度为 0（余弦指数等于 0），聚类生成结束，所剩的关键词不再加入任何聚类。

只根据高频关键词个体无法识别研究内容和方向，本研究借鉴卡龙的聚类分析方法，通过聚类分析来识别研究内容和研究方向。按照上述的聚类方法和原则，将 284 个关键词划分出若干个聚类。其中有些聚类只有两个聚类成员，这类聚类不能准确反映聚类所代表的研究方向和内容，因此这些聚类不作为分析对象，删除这类聚类，最后形成的有效聚类共计 23 个。每个聚类根据所包容的关键词，可以概括出聚类的名称，23 个聚类名称就是该领域的主要研究内容和研究方向，如表 18 - 3 所示。

表 18 - 3　聚类名称及构成

聚类号	聚类名称	聚类成员
1	非平稳处理	协整检验、截面数据、脉冲响应函数、非平稳性、虚拟变量、单位根检验、城市化、投资、经济发展、消费、效率、收入分配
2	时间序列	条件方差、Garch 模型、权证、股票市场、波动性、相关性、Arima 模型、股票指数、隐含波动率、汇率、Arma 模型
3	空间计量	外商直接投资、granger 因果检验、空间计量、全要素生产率、碳排放、技术进步、技术溢出、金融发展、对外贸易、面板模型、产业结构、空间面板模型、误差修正模型、服务业
4	知识资本	知识资本、企业成长路径、科技型中小企业
5	遗传算法	销售、供应链、仿真、优化、遗传算法
6	Lyapunov 稳定性	Lyapunov 稳定性、直接消耗系数、临界平均毛利率

续表

聚类号	聚类名称	聚类成员
7	非参数估计	预留现金比例、开放式基金、基金业绩、Copula 函数、Var、非参数估计
8	人力资本投资	教育资本、健康资本、内生增长、人力资本投资结构
9	模型参数估计	建模、模型参数、偏相关函数、时间序列模型、估计方法、状态空间模型、参数估计
10	非线性模型	资本结构、资产负债率、回归分析、非线性模型、公司治理、绩效
11	技术经济研究	消费结构、边际消费倾向、城镇居民、消费需求、技术经济研究、收入差距、收入、农村居民、消费支出、Eles 模型
12	聚类分析	区域差异、租值消散、居民消费、技术效率、聚类分析、高新技术产业、农民收入、房地产市场
13	定量分析	农村劳动力转移、中部地区、定量分析
14	极值理论	极值理论、风险度量、商业银行、操作风险
15	岭回归	R&D、岭回归、溢出效应
16	混沌计量	相空间重构、混沌、GDP
17	预测模型	组合预测模型、神经网络、Logistic 模型、粮食生产
18	线性模型	线性模型、民营企业、列联表、通货膨胀、线性回归模型、城乡收入差距、平滑概率、CPI
19	平滑转换模型	菲利普斯曲线、平滑转换模型、贸易顺差
20	多层线性模型	多层线性模型、创新行为、创新绩效、就业、人力资本
21	生产函数	生产函数、增长率、贡献率
22	ACD、SCD 模型	SCD 模型、卡尔曼滤波、ACD 模型
23	动态面板模型	空间误差模型、知识溢出、动态面板模型

（三）战略坐标图

根据关注度和新颖度的计算方法，我们得到了每个聚类的关注度和新颖度（见表 18－4），以关注度为横轴，新颖度为纵轴，作出 2000～2012 年数量经济学研究的战略坐标分析（见图 18－3）。图中 23 个聚类有 4 个聚类位于第一象限，7 个聚类位于第二象限，6 个聚类位于第三象限，6 个聚类位于第四象限。

表 18 - 4　聚类的关注度和新颖度

聚类号	关注度	新颖度	聚类号	关注度	新颖度	聚类号	关注度	新颖度
1	6.674	0.065	9	18.674	-1.935	17	2.674	-1.935
2	-1.325	-0.299	10	12.174	-2.935	18	0.474	-2.435
3	14.207	-0.402	11	-3.125	-1.635	19	-9.992	5.065
4	-11.992	6.065	12	1.799	1.94	20	3.274	1.465
5	-10.992	-5.935	13	-10.992	0.065	21	-2.658	-2.935
6	-14.325	-3.935	14	-1.075	0.815	22	-9.992	3.732
7	2.007	-1.435	15	-5.992	1.398	23	5.007	2.398
8	-14.075	0.065	16	-1.992	-4.268			

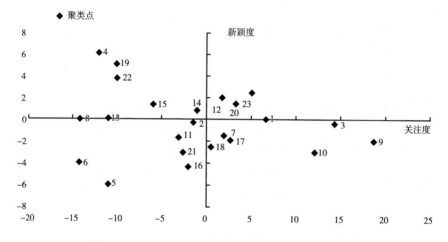

图 18 - 3　2000~2012 年数量经济学领域战略坐标图

位于第一象限的聚类有 1（非平稳处理）、12（聚类分析）、20（多层线性模型）、23（动态面板模型），共计 4 个聚类。这些聚类的研究方向是属于新颖度大于 0、关注度也大于 0 的一类，代表了 2000~2012 年我国数量经济学研究中相对较为成熟的研究方向和内容，属于数量经济学理论研究热点。

位于第二象限的聚类有 4（知识资本）、8（人力资本投资）、13（定量分析）、14（极值理论）、15（岭回归）、19（平滑转换模型）、22（ACD、SCD 模型），共计 7 个聚类。这一部分关注度小于 0、新颖度大于 0，是 2000~2012 年国内数量经济学研究中较为新颖的研究方向，但目前的受关注程度较低，是潜在的重点研究的方向，未来其中部分方向可能成为数量经济学研究的重点和热点领域。

位于第三象限的聚类有2（时间序列）、5（遗传算法）、6（Lyapunov稳定性）、11（技术经济研究）、16（混沌计量）、21（生产函数），共计6个聚类。这一部分关注度和新颖度都小于0，属于数量经济学领域边缘化的研究方向。第三象限中的聚类可以大体分为两类，一类是数量经济学早期的研究热点，但随着学科发展逐渐退出了数量经济学研究的主流；另一类则是在2000～2012年尚未受到关注的聚类，这类问题在研究中显示出边缘化倾向。

位于第四象限的聚类有7（非参数估计）、9（模型参数估计）、10（非线性模型）、17（预测模型）、18（线性模型），共计5个聚类。它们虽然新颖度较低，但一直受到研究者关注，属于数量经济学的基础性研究。

从各聚类在战略坐标的分布可以发现，线性、非线性模型，参数、非参数估计，以及模型的预测构成了数量经济学的基础研究领域。当前较为突出的研究热点则为动态面板模型、多层线性、聚类分析等。其中，动态面板模型在第一象限中距离原点最远，关注度、新颖度都很高，为当前最为突出的研究热点；动态面板模型不仅具有静态面板模型的优点，同时动态面板模型还可以通过增加动态因素（滞后项），更好地研究复杂动态行为。第二象限中距离原点最远的聚类是知识资本，随着知识资本、人力资本在经济增长和企业成长方面作用的提升，对其进行指标测算和定量研究尤为重要，因此这是目前数量经济学研究的新发热点。

三 文献的分类排序特征

（一）发文量居前的作者

运行 Citespace 软件，取发文量前 200 位的作者，形成高产作者共现知识图谱，如图 18-4 所示。发文量居前 10 位的作者为张世英（25 篇）、李子奈（11 篇）、叶阿忠（11 篇）、刘金全（11 篇）、柯善咨（10 篇）、汪寿阳（9 篇）、孙根年（9 篇）、吴玉鸣（8 篇）、缪柏其（8 篇）、何建敏（8篇），其所属机构、主要研究方向如表 18-5 所示。

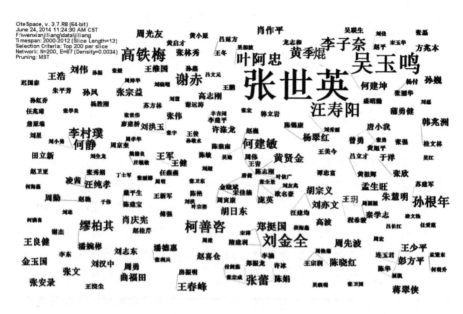

图 18 - 4 2000~2012 年数量经济学领域高产作者共现知识图谱

表 18 - 5 发文量居前的作者及其主要研究领域 (前 10 位)

作 者	发文量(篇)	所属机构	主要研究领域
张世英	25	天津大学	数量经济、技术经济
李子奈	11	清华大学	计量经济学理论与方法、宏观经济模型与政策
叶阿忠	11	福州大学	计量经济理论及其应用,技术进步与经济增长
刘金全	11	吉林大学	经济计量学、宏观经济学
柯善咨	10	湖南大学	应用计量经济学
汪寿阳	9	中国科学院数学与系统科学研究院	对策与冲突分析、预测方法与技术
孙根年	9	陕西师范大学	旅游经济运行与危机管理
吴玉鸣	8	广西师范大学	空间计量经济与数据挖掘、非线性数量经济分析
缪柏其	8	中国科学技术大学	变点统计推断、非参数统计
何建敏	8	东南大学	复杂管理、经济系统的分析

(二) 发文量居前的团队

对发文量居前的作者进行聚类分析,得到如图 18 -5 所示的发文量居前的科研团队知识图谱。图 18 -5 显示了科研团队的主导研究者及团队的主要研究方向。图中得到 30 个科研团队，其中，人数在 3 人以上的团队共计 13 个，按照团队发文量依次排序，前 5 位的科研团队及其研究方向如表 18 – 6 所示。

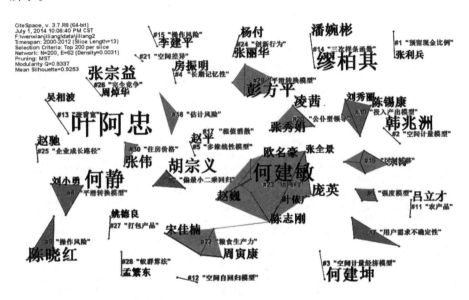

图 18 – 5　发文量居前的科研团队知识图谱

表 18 – 6　发文量前 5 位的科研团队主要人员及其研究方向（3 人以上团队）

主要人员	主要研究方向
何建敏、庞英、欧名豪、赵巍、陈志刚、张全景、叶依广等	LP 回归
何静、刘小勇等	平滑转换模型
彭方平等	平滑转换模型
宋佳楠、周寅康等	粮食生产力
陈锡康、刘秀丽等	投入产出模型

（三）发文量居前的机构

运行 Citespace 软件，显示发文量居前 150 名的科研机构，形成 2000 ~ 2012 年数量经济学领域高产机构共现知识图谱，如图 18 – 6 所示。从二级机构来看，发文量居第一的是天津大学管理学院（62 篇），第二名是清华大学经济管理学院（47 篇），第 3 ~ 10 位分别为重庆大学经济与工商管理学院（38

篇)、湖南大学经济与贸易学院（31 篇）、中山大学岭南学院（29 篇）、吉林大学数量经济研究中心（29 篇）、西安交通大学经济与金融学院（28 篇）、中南大学商学院（27 篇）、东南大学经济管理学院（27 篇）、华中科技大学经济学院（26 篇）。发文量居前 10 位的一级科研机构如表 18 - 7 所示。

图 18 - 6   2000 ~ 2012 年数量经济学领域高产机构共现知识图谱

表 18 - 7   2000 ~ 2012 年数量经济学领域高产科研机构发文量

科研机构	发文量(篇)	科研机构	发文量(篇)
湖南大学	109	重庆大学	76
清华大学	100	上海财经大学	76
中国人民大学	87	天津大学	75
厦门大学	84	华中科技大学	72
南开大学	83	北京大学	65

四　本章小结

本章利用 CiteSpace 软件对 2000 ~ 2012 年 CNKI 数据库的 CSSCI 来源期刊文献数据进行了计量分析，通过建立战略坐标图，展示了关键词、高产作者、科研团体、高产机构的知识图谱，揭示了数量经济学领域的研究热点、趋势、动态、新颖的研究方向。我们发现，在数量经济学领域中，线性、非线性模型，参数估计、非参数估计，模型预测以及空间计量构成了数量经济学的基础研究内容，其中模型参数估计、空间计量和非线性模型的受关注程度最高。2000～2012 年数量经济学的研究热点则为动态面板模型、多层线性、聚类分析；其中动态面板模型在第一象限中距离原点最远，关注度、新颖度都较高，为当前最为突出的研究热点。新颖度最高的聚类为知识资本和人力资本计量，随着知识资本、人力资本在经济增长和企业成长方面作用的提升，对其进行指标测算和定量研究逐渐凸显；值得注意的是，当前这一领域的关注度接近最低，是数量经济学的潜在型研究领域。此外，平滑转换模型、ACD 模型、SCD 模型也是数量经济学领域较为新颖的研究方面。遗传算法、时间序列以及有关生产函数、消费倾向等问题的新颖度和关注度都小于 0，这些聚类的关注程度不高，又都是在时间上比较靠前的研究，近些年的研究较少。这些结论将有助于为数量经济学领域的进一步研究和学科发展提供借鉴和参考。

第十九章　国防经济学研究领域文献计量

国防经济学主要研究国防领域的资源配置问题，研究目的是寻求实现既定国家安全目标下的投入最小化，或者在国防投入既定的条件下实现国家安全效益的最大化。国防经济学的发展与国际形势密切相关。第二次世界大战时，欧美一些学者因战争需要进行了军工生产、后勤管理、战争运筹等方面的研究；冷战时期，西方经济学家将经济手段视为武力手段之外的国防政策工具。1960年，美国著名学者查尔斯·J. 希奇与罗兰·麦基恩合著的《核时代的国防经济学》揭开现代国防经济学发展的序幕。近年来，国防经济学的研究越来越受到重视，国防经济学的研究成果对博弈论、采办理论和军事人力计量经济学的发展起到了重要作用。20 世纪 80 年代中期，在军队与国防建设服务于国家经济建设的大背景下，如何协调好国防建设与经济建设之间的关系成为学者们关注的重要问题，由此催生了我国国防经济学科的诞生。本章以国防经济的研究领域的期刊文献为研究对象，通过 Citespace 这一可视化工具展示国防经济领域的研究现状、热点和主要特征，总结出我国国防经济研究领域的研究热点、主要研究机构、高产作者、未来发展趋势等信息，为国防经济领域的研究和学科建设提供依据。

一　数据库的选择和数据统计

与其他经济学科不同的是，国防经济学领域的文献数量有限。为详察本学科学术研究的动态趋势，我们扩展了考察时段，即选取了 1985 ~ 2013 年核心期刊刊发的共计 2117 篇国防经济学文献作为研究对象。在中国知网

（CNKI）数据库中，设置发表时间范围为 1985～2013 年，检索期刊论文类别设置为经济与管理科学，期刊类型设置为核心期刊，使用检索式"SU ＝ 国防经济 OR JN ＝ 中国军事科学 OR JN ＝ 军事经济研究 OR JN ＝ 国防大学学报 OR JN ＝ 政工导刊 OR JN ＝ 军事史林 OR JN ＝ 军事历史研究 OR JN ＝ 世界军事 OR JN ＝ 军队政工理论研究 OR JN ＝ 南京政治学院学报 OR JN ＝ 国防科技工业 OR JN ＝ 国防 OR JN ＝ 国防制造技术 OR JN ＝ 国防技术基础 OR JN ＝ 装备指挥技术学院学报 OR JN ＝ 中国军转民 OR JN ＝ 华北民兵 OR JN ＝ 国防科技 OR JN ＝ 军事历史 OR JN ＝ 装甲兵工程学院学报 OR JN ＝ 现代防御技术"进行检索，获得 1985～2013 年国防经济学领域的核心期刊论文数据共计 2117 条，略去会议通知、会议综述、编者评论等，最后获得有效数据 1721 条，检索和更新时间为 2013 年 12 月。

（一）国防经济学领域全部期刊论文年度分布

根据图 19－1，国防经济学领域发文量明显分为两个阶段：一是 1985～ 1999 年发文量低水平波动并总体下降，二是 2000 年以后国防经济学领域发文量剧增。总体来说，20 世纪 80 年代以来，我国的国防经济研究从无到有，学科理论体系逐步完善，研究成果不断涌现，呈现出蓬勃发展的态势，尤其是 21 世纪以来国内学者对国防经济学领域关注度的上升趋势明显。

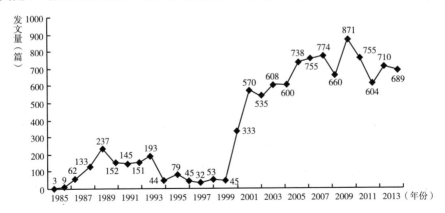

图 19－1　1985～2013 年我国国防经济学领域发文量年度分布[*]

[*] 只显示与本研究主题相关的学术型研究论文（不含书评、会议通知、会议综述、招聘启事、征稿通知等）。

（二）刊发国防经济学论文的中文期刊

文献计量结果显示，1985～2013年国防经济领域各期刊的中文文献载文量分布较为集中。其中载文量最多的是《中国军转民》（2287篇），该期刊是由中华人民共和国国防科学技术工业委员会主管的经济类刊物，服务对象群体主要是军工企业、参与军工建设的地方企业、军队和政府有关主管机构的管理层。发文量居第二位的是《国防科技工业》（1947篇），该刊由国防科技工业局主管、国防科工局新闻宣传中心主办，主要传播与刊登党和国家发展国防科技工业的方针政策，报道国防科技工业的改革发展，研究探讨国防科技工业所面临的新问题，发布国防科技工业行业政策和信息，介绍国内外国防科技动态，传播国防科技知识等。发文量居第三的是《军事经济研究》（1469篇），它是军事经济学术理论刊物，服务对象群体主要是军事经济理论工作者、政策研究人员、军队各级类后勤干部和大专院校生。前述三个期刊的国防经济领域载文量占该领域总发文量的80%以上。载文量居前10位的期刊还有《国防技术基础》《南京政治学院学报》《国防制造技术》《华北民兵》《国防科技》《国防》《装备学院学报》，如表19－1所示。

表19－1　1985～2013年国防经济学领域期刊载文量分布（前10位）

期　　刊	载文量（篇）	期　　刊	载文量（篇）
《中国军转民》	2287	《华北民兵》	154
《国防科技工业》	1947	《国防科技》	129
《军事经济研究》	1469	《装备学院学报》	51
《南京政治学院学报》	493	《国防制造技术》	50
《国防技术基础》	390	《国防》	46

二　实证分析

（一）关键词共现矩阵

通过运用可视化软件CiteSpace（Chen，2006）来生成实证研究所需要的矩阵，该软件主要功能是对输入的文献数据进行可视化分析以及矩阵的生成，我们运用其矩阵生成功能来获得关键词共现矩阵。具体步骤如下：
（1）对国防经济学领域的文献数据进行标准化处理，标准化处理主要是对文献进行筛选，确保数据属于国防经济学领域。（2）对文献数据的关键词进行规范化处理，主要包括无关键词文献的关键词提取，已有关键词的文献的不规范关键词的删除，同义词、缩写词的统一和规范等。（3）对国防经济学领域的文献数据进行格式转换，CiteSpace 对输入的数据有具体格式要求，须在输入软件之前对数据的格式进行转换，转换成软件默认的格式。
（4）对 CiteSpace 软件进行相应的设置，在设置界面主要操作如下：时间切片设为每年一个时段；根据本章的需要将分析的内容设为关键词；阈值分别设定为（3，3，10）、（3，3，10）、（3，3，10）。（5）运行 CiteSpace 软件，在 project 文件夹中生成关键词矩阵。

软件运行结果共获得 371 个高频次关键词，并生成关键词共现网络知识图谱（图 19-2），在图谱中节点的大小代表该关键词出现的频次大小，点越大，频次越高；节点之间的连线表示关键词之间的共现关系，连线越粗，表示共现的强度越大。图 19-2 中，1985～2013 年国防经济学领域文献的关键词中共现频次最高的是"军队"（139 次），其次是"军工企业"和"生产经营"，出现的频次分别为 135 次和 134 次。排名第 4～10 位的分

图 19-2　1985～2013 年国防经济学领域的关键词共现知识图谱

别是：" 部队 " " 国防科技工业 " " 国防工业 " " 经济效益 " " 武器装备 " " 经济体制改革 " " 社会主义市场经济体制 "。这 10 个关键词所表征的研究内容属于该阶段国防经济学的研究热点。

（二）共词聚类分析

本章所采用的聚类分析方法借鉴了卡龙等 (Callon, Courtial & Laville, 1991) 的聚类原则来进行聚类划分，基本原则如下：（1）在 CiteSpace 软件生成的共现方阵（371 × 371）中，通过查找余弦指数最高的一对关键词，作为第一个聚类的主题词。（2）将方阵中的 371 个关键词与该对关键词的任一关键词的余弦指数进行降序排列，由高到低选取 10 个关键词（若余弦指数大于 0 的关键词不足 10 个，只取余弦指数大于 0 的关键词），其中包括作为主题词的一对关键词。即使余弦指数仍大于 0，超过 10 个以上的关键词均拒绝加入该聚类，即该聚类达到了饱和值（10 个关键词）。（3）第一个聚类生成后（或者饱和，或者余弦指数大于 0 的不足 10 个关键词），在方阵中将已加入聚类中的关键词删除掉（需要行、列同时删除），保证已加入聚类中的关键词不会加入下面的其他聚类。（4）反复进行第一步到第三步，就可以一个一个地生成聚类，一直进行到将所有存在共现关系的关键词都加入聚类中为止。若矩阵中虽然还有关键词，但这些关键词之间已经没有共现关系，即所有的关键词间的共现强度为 0（余弦指数等于 0），聚类生成结束，所剩的关键词不再加入任何聚类。

371 个高频关键词中 " 军队 " 的词频最高（Freq = 139），但只根据高频关键词个体无法识别研究内容和方向。因此本研究借鉴卡龙的聚类分析方法，通过聚类分析来识别研究内容和研究方向。按照上述的聚类方法和原则，将 371 个关键词划分出 66 个聚类。其中有些聚类只有两个聚类成员，这类聚类不能准确反映聚类所代表的研究方向和内容，因此这些聚类不作为分析对象，删除这类聚类，最后形成的有效聚类共计 44 个。每个聚类根据所包容的关键词，可以概括出聚类的名称，44 个聚类名称就是其所对应领域的主要研究内容和研究方向（见表 19 - 2）。

表 19－2　聚类名称及构成

聚类号	聚类名称	聚类成员
1	科学发展观	科学发展观、资源节约型、经济社会发展、国防工业、军民结合、制度创新
2	经济人	经营管理"经济人"经济理性主义、经济自由主义、现实意义、科学技术、价值、劳动价值论、财富
3	公有制	公有制为主体、公有制的主体地位、国有经济、资本主义市场经济
4	独立主体	艰苦奋斗、能力型、集团公司、自主创新、任务型
5	解放军	中国人民解放军、研究中心、贯彻落实
6	对外开放	经济发展战略、沿海地区、外向型经济、沿海部队、地区经济发展、生产经营
7	科技发展	总体开发、尖端科学、中国航天、技术发展
8	经营收益	经营收益、收益分配、部队建设、后勤工作、经济实体、综合财务计划
9	工业生产单位	科研事业单位、工程设计、协作单位、国防科技工业
10	全球化	对策、问题、市场机制、全球化、WTO 后勤部、军办企业、金融危机、军民融合
11	财务管理	特种存款、管理办法、专业银行、财务工作、使用效益、军队建设、加强管理、协调发展、必要性、现代化建设
12	农副产品	服务中心、副食品供应、连队、农副业生产、伙食费、新情况、经营项目、管理工作
13	财务管理体制	事业部、事业经费、财务管理体制、双轨制、相结合、财务部门、经济活动、消费水平、财务结算中心、军事经济
14	军队审计	军队审计、审计机关、审计工作、审计监督、审计对象、审计人员、依法审计、审计部门、十四大报告、财务人员、发展趋势
15	军工军品	军品价格、军品生产、军事工业、军工企业、武器装备、经济发展
16	农场生产	农场生产、粮食生产、部队农场、多种经营、农副产品、主办单位、积极发展、副食品、指导思想、战略转变、农场
17	安全与经济	国家安全、国民经济发展、基本建设、国防科研、发展道路
18	国防与经济协调	国防经济、国民经济、良性循环、国防建设、经济体制改革、现代市场经济、正确处理、国营企业、国防经济学、生产能力、上市公司、生产能力、企业、资本主义、经济理论、经济全球化、经济效益
19	审计实践	审计实践、物资管理、固定资产
20	企业	新时期、自我发展、健康发展、集中归口管理、企业家、企业集团、大发展、生产经营单位

聚类号	聚类名称	聚类成员
21	体制改革	计划经济体制、企业经营机制、转换经营机制、劳动者、企业改革
22	工业发展	工业发展、十一届三中全会、国民经济建设、生产效益
23	预算管理	全过程、预算外收入、预算经费、经费管理、计划管理、库存物资、预算外、财务管理、经济工作、军队改革
24	中美对比	美国经济、经济的、社会主义、军费开支、美国国防部、国民生产总值、外向型企业、发展中国家
25	物价上涨	半加、战士、物价上涨
26	商品经济	军人、服务社、商品经济、军队干部
27	经费管理	加强宏观调控、经费分配、军队财务、客观要求、经费保障
28	军费支出	军费支出、国防预算、国防费、美元
29	企业改革	国有企业改革、产业结构、社会主义市场经济体制、现代企业制度
30	住房制度	住房制度改革、军队人员、重要内容、房地产开发、住房商品化
31	改革开放	邓小平、发展生产力、社会主义市场经济、改革开放、马克思恩格斯
32	发动群众	建立健全、发动群众、技术改造、承包经营责任制、新问题、经费收支
33	军队农场	军队农场、高产优质高效农业、面向市场、政策环境
34	军粮	军粮、供应体制、伙食费标准
35	经济效益	提高经济效益、企业经济效益、经营发展、新形势、经营工作、部队、有中国特色
36	蔬菜供应	蔬菜、大力发展、供应
37	物资供应	军队、房地产业、社会主义初级阶段、物资供应、质量建设
38	按劳分配	按劳分配原则、走向、工作人员、军事劳动
39	军费整顿	军费、治理整顿、经费
40	投资生产	投资、生产、生产项目
41	两权分离	两权分离、生产经营管理、经营者
42	后勤管理	后勤管理、军事效益、重要组成部分
43	经营方式改革	经济改革、社会主义商品经济、经营方式
44	工厂科技	工厂、科技成果、空军

（三）战略坐标图

（1）研究领域分区。根据表 19 - 3 中各聚类的关注度和新颖度数值，绘制出 1985 ~ 2013 年国防经济学领域的战略坐标图（见图 19 - 3）。在图 19 - 3 中，44 个聚类有 4 个聚类位于第一象限、10 个聚类位于第二象限、19 个聚类位于第三象限、11 个聚类位于第四象限。

表 19 - 3　聚类的关注度和新颖度

聚类号	新颖度	关注度	聚类号	新颖度	关注度
1	6.980	12.349	23	-1.853	-1.917
2	10.591	-9.040	24	-1.853	-5.067
3	4.147	-11.567	25	-2.853	-10.151
4	17.147	-11.617	26	-0.853	1.683
5	0.147	-10.484	27	-1.053	-4.417
6	-3.853	18.849	28	-2.353	0.183
7	17.147	-11.567	29	3.397	8.433
8	-3.020	-5.984	30	0.547	-7.617
9	12.147	7.933	31	-1.053	4.183
10	3.702	4.738	32	-1.353	-10.317
11	-2.453	0.683	33	0.897	-11.067
12	-1.353	-3.067	34	1.147	-10.817
13	-2.353	6.783	35	-3.139	17.183
14	-1.944	2.819	36	-3.187	-3.484
15	-4.187	34.683	37	-2.453	19.583
16	-2.671	-6.636	38	1.147	-10.567
17	-3.853	-4.617	39	-2.187	-2.817
18	-0.736	9.183	40	-3.853	-9.817
19	-2.853	-11.151	41	-2.853	-9.817
20	-2.978	-1.567	42	-2.187	-3.484
21	0.347	-8.617	43	-3.520	-6.151
22	-2.603	-9.067	44	-2.853	-9.484

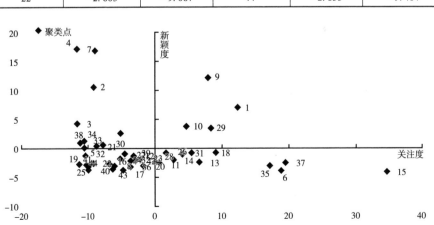

图 19 - 3　1985～2013 年国防经济学领域的战略坐标图

位于第一象限的 1、9、10、29 这些聚类的新颖度和关注度均大于 0，表明这些聚类所代表的内容是 1985 ~ 2013 年国防经济学领域相对比较成熟的研究内容和方向，即属于该领域的学术研究热点，是目前国内国防经济学科的核心内容。它们具体包括"科学发展观""工业生产单位""全球化""企业改革"等内容。

位于第二象限的 2、3、4、5、7、21、30、33、34、38 等聚类的新颖度大于 0，而关注度小于 0。这表明该聚类所代表的研究内容属于 1985 ~ 2013 年国内国防经济学领域新出现的学术研究热点，但是受关注程度还不高。这些学术研究热点或将是以后国防经济领域关注的研究课题，我们称其为国防经济理论的潜在型研究领域。其中一些内容将会随着关注程度的提高，成为未来国防经济领域的重要内容，它们具体包括"经济人""公有制""独立主体""解放军""科技发展""体制改革""住房制度""军队农场""军粮""按劳分配"。

位于第三象限的 8、12、16、17、19、20、22、23、24、25、27、32、36、39、40、41、42、43、44 等聚类的新颖度和关注度都小于 0，这些聚类的关注程度不高，又都是在时间上比较靠前的研究，近些年的研究较少。这表明该聚类所代表的研究内容属于 1985 ~ 2013 年国内国防经济学领域的边缘型研究。这些聚类有两类：一类是以前为国防经济学领域研究比较热的课题，但由于其具有时效性，这些聚类最近已经退出了学术研究的主流；另一类是在 1985 ~ 2013 年国防经济领域一直关注程度不高，近些年又没有更多研究的领域。它们分别是"经营收益""农副产品""农场生产""安全与经济""审计实践""企业""工业发展""预算管理""中美对比""物价上涨""经费管理""发动群众""蔬菜供应""军费整顿""投资生产""两权分离""后勤管理""经营方式改革""工厂科技"等内容。

位于第四象限的 6、11、13、14、15、18、26、28、31、35、37 等聚类的关注度大于 0，新颖度小于 0，表明这些聚类所代表的研究内容属于当前国内国防经济领域的基础性研究内容。这些聚类的构成成员是 1985 ~ 2013 年时间较靠前的研究，多年来一直备受关注程度较高，但是从新颖度来看则不是近几年的新研发热点。它们具体包括"对外开放"

"财务管理""财务管理体制""军队审计""军工军品""国防与经济协调""商品经济""军费支出""改革开放""经济效益""物资供应"等内容。

（2）在以关注度为横轴、新颖度为纵轴的战略坐标图19－3中，依据新颖度和关注度的指标含义，以及战略坐标的象限位置的含义，可以清楚地看到目前具有较大关注度，却缺乏一些新颖性的领域。图19－3中，有15个聚类位于第一、四象限，其中6、15、35、37聚类的关注度较高。聚类15"军工军品"受关注程度最高，其包含的关键词为军品价格、军品生产、军事工业、军工企业、武器装备和经济发展等。由于军工军品的特殊性，国家对其统一管理并颁布了《军品价格管理办法》；军品生产及军工行业经营绩效对军需供应和国防安全有重要影响。从而，军工军品、物资供应成为国防经济学最受关注的研究领域，相关成果主要着眼于军品价格的特点及其决定因素，并以此为基础探讨了当前军品价格管理办法的缺陷和不足。此外，与军工军品和物资供应相关，军工企业、经济效益、国家经济战略等聚类的关注度也较高。国防经济学中新颖度高的领域相对较少，只有不到1/3的聚类位于第一、二象限；按照新颖度来比较，有关科技发展问题的相关研究是近年来的关注热点，主要包括尖端科学、中国航天、技术发展等关键词，这与近些年我国实施科技强军战略、军事科技快速发展有关。另外，有关国防企业经营管理、国防科技工业、国防科研事业单位的研究的新颖度也较高。

三　文献的分类排序特征

（一）国防经济领域发文量居前的作者

设置阈值显示前200位的高产作者，以29年作为1个时间跨度，运行CiteSpace软件，形成高产作者的知识网络图谱（图19－4）。在图19－4中，1985～2013年国防经济领域发文量最多的是解放军南京政治学院经济学教研室主任杜人淮（29篇），主要从事马克思主义理论、国防建设理论的教学和研究；发文量居第二、三位的也都来自解放军南京政治学院，分

别为赵学清（20 篇）、张寿正（15 篇）。发文量居前的作者还有卜海（13
篇）、项飞（12 篇）、张远（11 篇）、张明之（11 篇）等，其具体研究内
容如表 19 - 4 所示。

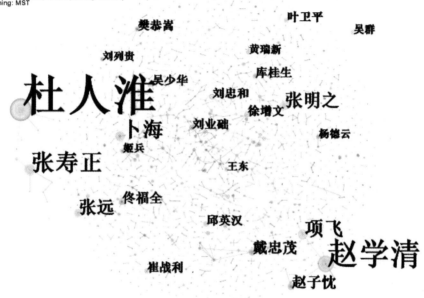

CiteSpace, v. 3.8.R1 (64-bit)
June 25, 2014 1:20:34 PM CST
E:\□□□□□□□□□□□\data
Timespan: 1985-2014 [Slice Length=29]
Selection Criteria: Top 200 per slice
Network: N=2123, E=890 (Density=0.0004)
Pruning: MST

图 19 - 4　1985～2013 年国防经济经济学领域高产作者知识图谱

表 19 - 4　1985～2013 年国防经济学领域发文量居前的作者

作　者	发文量（篇）	主要研究内容和方向
杜人淮	29	马克思主义理论、国防建设理论
赵学清	20	马克思主义经济理论、收入分配理论、劳动价值理论
张寿正	15	马克思主义理论、政治经济学
卜　海	13	宏观经济理论、经济发展与经济增长、国际贸易理论与政策
项　飞	12	军队建设、制度建设
张　远	11	军队建设、军队党建
张明之	11	马克思主义资本逻辑批判、国防与经济发展理论

（二）国防经济领域发文量居前的机构

设置阈值显示前 150 个科研机构，以 29 年作为 1 个时间跨度，运行 CiteSpace 软件，形成高产科研机构知识网络图谱（见图 19－5）。图 19－5 中，1985～2013 年国防经济学领域发文量最高的科研机构是军事经济学院，其发文总量为 184 篇，该机构在 1999 年获得国防经济学博士学位授予权。发文量居第二位的是国防大学（39 篇），2001 年国防大学成立了国防经济研究中心，成为新时期国防经济信息交流、理论创新、政策咨询、人才培养的重要基地。发文量居第三位的是南京政治学院（36 篇）。发文量在 20 篇以上的科研机构如表 19－5 所示。

图 19－5 1985～2013 年国防经济学领域的主要科研机构共现知识图谱

表 19－5 1985～2013 年国防经济学领域发文量 20 篇以上的科研机构

科研机构	发文量（篇）	科研机构	发文量（篇）
军事经济学院	226	南京政治学院	113
国防大学	39	南京军区后勤部	21
济南军区后勤部	21		

四　本章小结

本章以 1985～2013 年中国知网（CNKI）的核心期刊中国防经济学领域期刊论文为研究对象，运用 CiteSpace 可视化软件，通过共词聚类分析法、战略坐标图示法，对其进行分类并具体描述了我国国防经济学领域的研究状况、热点、趋势和动态。分析结果发现，军工军品、物资供应是国防经济学最受关注的研究领域，与此紧密相关的军工企业、经济效益、国家经济战略等聚类的关注度也较高；国防经济学中有关科技发展问题的相关研究是近年来的关注热点，主要包括尖端科学、中国航天、技术发展等关键词，有关国防企业经营管理、国防科技工业、国防科研事业单位的研究的新颖度也较高。此外，我们还进一步归集了这段时期中国国防经济学领域发文量居前的作者、研究机构等信息，希望这些分析结论为今后的相关研究提供参考和借鉴。

结论篇

第二十章　2000年以来中国经济学
研究的脉络与走势

本章中，我们利用前面章节的文献计量结果，对比分析2000～2012年经济学各学科的发文情况与趋势；依据关注度和新颖度两个核心指标，归纳出各学科的研究热点、新颖的研究方向及理论动态；最后，根据各学科的高产作者与研究机构数据，分析出经济学领域跨学科的高产作者与科研机构的研究情况。

一　理论经济学、应用经济学的发文情况与比较

如图20－1所示，2000～2012年CNKI数据库的CSSCI来源期刊中，应用经济学发文总量是理论经济学刊文量的5.7倍。理论经济学在各年度的发文量较为平稳，总体呈小幅下降趋势；应用经济学的发文量总体呈上升趋势，2002年及2007年前后出现了两次较快增长。2000～2012年，理论经济学各年度发文量均在1250篇以上，峰值是2009年的1605篇；应用经济学中除2000年发文6074篇外，各年度发文量均在7000篇以上，2007年以来基本稳定在每年9000篇左右。

如图20－2所示，除世界经济和经济思想史以外，理论经济学其他学科的年度发文量均较为平稳。与主流经济学研究转向有关，政治经济学发文量总体呈下降趋势，但近年来略有回升。经济思想史在2004年以后的发文量整体呈增长趋势，并有所波动。经济史领域在2007～2009年的成果较多，

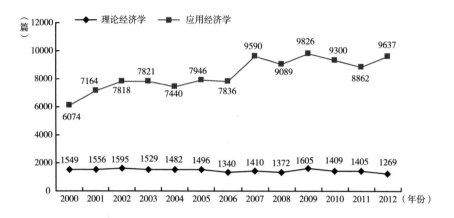

图 20 - 1　2000～2012 年 CSSCI 来源期刊中理论经济学、
应用经济学发文量年度分布

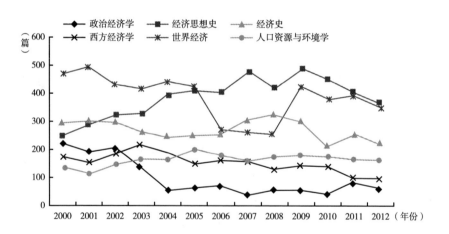

图 20 - 2　2000～2012 年间 CSSCI 来源期刊中理论经济学
各学科的发文量及年度分布

形成了一个小高峰。西方经济学和人口、资源与环境经济学各年度的发文量
非常平稳且比较接近，每年在 150 篇左右。世界经济领域的发文量大致呈 U
形分布，2000～2005 年、2008～2012 年两个时间段的发文量较高且基本稳
定，2006～2008 年发文量较少。

　　从图 20 - 3 中不难看出，金融学（含：保险学）领域的发文量远高于
其他应用经济学科，各年度均在 3000 篇以上，且总体呈上升趋势。财政学

（含：税收学）发文量仅次于金融保险领域，且平稳增长。国民经济学的发文量呈倒 U 形分布（详见图 10 - 1），除 2005 年的发文高峰外，其余年份较为平稳。区域经济学发文量在 2000～2006 年增长较快，2007 年以后基本稳定在每年 350 篇左右（详见图 11 - 1）。2000～2005 年产业经济学发文量有较快提高，2006 年以后波动较大并呈下降趋势（详见图 12 - 1）。2008 年以前国际贸易学的发文量整体呈增长趋势，但在 2008 年以后下降较快，2012 年降到最低（详见图 15 - 1）。劳动经济学的发文量整体呈增长趋势，2003 年以后轻微波动（详见图 16 - 1）。统计学领域的发文量波动频率和幅度都较大，从 2000 年的 69 篇增长到 2004 年的 223 篇，之后又波动回落到 2012 年的 108 篇（详见图 17 - 1）。2000～2012 年数量经济学受重视程度逐步提高，发文量的增长率最高，由 2000 年的 89 篇增加到 2012 年的 560 篇（详见图 18 - 1）。国防经济学领域的发文量整体较少，但自 2000 年以来整体呈增长趋势（详见图 19 - 1）。

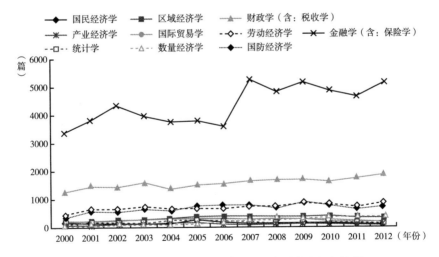

图 20 - 3　2000～2012 年 CSSCI 来源期刊中应用经济学
各学科的发文量及年度分布

二　经济学各学科的研究热点及趋势

本书利用 2000～2012 年 CNKI 数据库的 CSSCI 来源期刊文献数据，根据各关键词的共现频次，计算每个聚类研究主题的平均共现频次，再计算每个技术研究主题的平均共现频次与全部共现关键词的平均共现频次的离均差，以此反映各学科中不同研究领域的受关注程度，称为关注度。若关注度为正数，表明该研究主题的受关注程度较高；若关注度为负数，则表明该研究主题的研发受关注程度较低。另外，根据关键词共现的时间，计算每个聚类的平均共现时间，以此反映该聚类技术研发主题的平均年龄，再计算每个技术研究主题的平均年龄与全部共现关键词的平均共现年龄的离均差，据此分析各学科中不同研究领域的新颖程度，称为新颖度。若新颖度为正数，表明研究的时间比较晚；若新颖度为负数，表明研发的时间较早。据此，我们依据关注度和新颖度两个核心指标归纳出各学科的研究热点和趋势。

政治经济学中关注度居前的领域是资本主义经济、私营经济和社会主义经济等，新颖度居前的研究领域为金融资本、金融危机、资本主义经济等；其中，资本主义经济、私营经济的关注度和新颖度都较高。关于资本主义经济的研究主要围绕资本主义经济在全球化背景下呈现出的新变化、新特征，并较多探讨了技术进步、社会变革中资本主义基本矛盾的演化趋势。改革开放以来，私营经济迅速发展并受到政治经济学领域学者的关注，关于私营经济的存在和发展、私营经济的性质、私营经济的制约因素等问题的探讨较多，是 2000~2012 年政治经济学的研究热点。2008 年金融危机暴露了西方国家经济体制的缺陷，促使经济学家基于政治经济学理论分析金融资本和金融危机，重点探讨了金融资本的本质、金融危机的根源、债务危机的国际传递等问题。金融资本、金融危机是政治经济学研究中较新的研究热点，受关注程度还不高，或将随关注程度的提高成为政治经济学的重要研究领域。社会主义经济的关注度较高而新颖度为负，是政治经济学基础性的研究热点，商品经济、社会主义市场经济和社会主义初级阶段的基本经济制度是该领域中较为持续的关注焦点。

经济思想史中，制度经济学、马克思经济理论、诺贝尔经济学奖、经济体制改革等领域的关注度居于前列，新颖度为负或较小，都是较早以来长期受到重视的基础性研究领域。制度经济学、经济体制改革理论成为广受关注的研究热点与我国市场经济改革实践密切相关；马克思经济理论关注度较高则源于其在我国经济研究中的独特地位；诺贝尔经济学奖获得者的学术思想代表了经济学界的学术前沿，一直以来也是学界关注的热点。按照新颖度来比较，新兴经济学研究领域、收入分配、博弈论与信息经济学是经济思想史中较新的研究领域。一些跨学科的新兴经济学领域（包括行为经济学、实验经济学、信息经济学、虚拟经济理论等）在西方学术界的兴起促进了我国学者对其学术史的关注；博弈论与信息经济学则是继经济计量学之后的又一重要经济学研究方法，近年来其应用范围逐步扩大；我国收入分配矛盾突出也促进学术界较多关注了收入分配理论。其中，新兴经济学研究领域、博弈论与信息经济学位于战略坐标系第二象限的左上方，属于潜在型研究领域。

经济史中，关注度较高的是工农业关系、经济发展简史、国营经济等，其新颖度都为负，是较为稳定的基础性研究领域。其中，工农业关系受关注度最高，该聚类主要包含工业化、工农业关系、技术引进、农业改良等关键词；随着我国工农业体制变迁和工农业结构变化，学术界对我国及国外经济发展过程中工农业关系的研究较多，是经济史中稳定的研究热点。按照新颖度来看，雇佣关系、经济转型和经济全球化是经济史中最新的研究领域，并且其关注度都小于 0，研究前景较为广阔。近年来，我国劳资矛盾突出，兴起了对古代及近代雇佣关系发展史的研究；经济全球化在世界经济学中是较为成熟而新颖度较低的研究领域，但在经济史研究中起步较晚、成果有限，现有研究较多集中于国际贸易发展史。

西方经济学中，关注度最高的领域是就业与经济增长，其新颖度也大于 0，说明该领域是西方经济学研究的核心问题之一；稳增长、扩就业一直以来是我国宏观经济运行的重点目标，对相关问题的关注体现了这一现实背景。随着我国经济市场化、工业化和全球化，学者注重将西方经济理论与中国经济实践紧密结合，探讨了西方经济理论在中国语境下的运用，并对诸多经济理论进行了创新和发展。因此，西方经济学基本理论、应用及其创新也成为关注度较高的领域，而其受关注的时间较早、新颖度为负，故而构成了西方经济学的基础性研究内容。从新颖度角度，创新驱动与创业投资是最新颖的研究领域。依靠科技创新作为集约式增长的驱动力是我国经济发展的战略选择，创业投资在创新驱动与经济发展中的作用越来越重要，我国学者在宏观或产业层面将西方经济学理论引入了创业投资分析框架，较新的方向则是分析创业投资推动经济转型的微观传递机制。此外，基于经济运行的现实背景，近年来围绕公司治理结构、扩大内需、经济危机等方面问题的研究逐渐增多，在西方经济学中新颖度居于前列。西方经济学中这些最新颖的研究领域的关注度都为负，说明都是潜在型研究领域，或将成为未来的重要研究方向。

世界经济研究中，关注度居前的领域是全球化与反全球化、金砖国家、通货膨胀等。其中，关于全球化与经济一体化的研究新颖度为负，是较为稳定的基础性研究领域；反全球化是全球化发展到新历史阶段的产物，有关这一问题研究的新颖度为正，是近年来较新且受关注度较高的研究领域。巴西、俄罗斯、印度等新兴经济体的经济增长吸引了许多学者对金砖国家的关注，但是这一领域的新颖度较低。对通货膨胀及其国际传递的研究则是较为新颖且关注度较高的领域，相关研究侧重于分析美联储、国际金融体系等与通货膨胀国际传递相关的问题。从新颖度角度来看，全球金融危机、东亚一体化、全球气候变化的新颖度居于前列。2007 年以来，次贷危机促使学者关注全球金融危机问题；次贷危机后学界多着眼于世界经济再平衡问题，使这一领域成为世界经济中新颖的研究方向。随着中日韩之间经贸的持续增长，该区域经济一体化进程加快，近年来学者对东亚一体化的前景、路径和对中国的影响等问题展开了讨论。另外，有关气候变化和全球减碳机制的研究新颖度较高，关注度大于 0，是较新的研究热点；而金融全球化、东亚一体化的关注度尚且不高，是较有前景的潜在型研究领域。

人口、资源与环境经济学中，人力资源和组织结构的关注度最高、新颖度小于 0，是基础性的研究领域，相关研究主要围绕企业管理模式、组织结构与人力资源等问题展开。另外，随着我国自西向东的产业转移、西部大开发以及城市化进程加快，城市化、西部城市与人口问题关注度也居于前列，分别排名第二、三位，成为人口、资源与环境经济学较为成熟的研究热点。无独有偶，与城市化紧密相关的城市发展模式转型问题是这一学科新颖度最高的研究领域，其关注度也大于 0；相关研究着眼于探究适合我国的城市发展模式、城市治理理念，实现城市创新转型，以避免传统城市化模式的诸多弊病。此外，从研究的新颖度角度，发展协调度、能源消费是仅次于城市发展模式转型的新颖领域，并且当前这两个方面的研究受关注程度不高，属于潜在型研究领域。

在国民经济学领域，工业化是受关注度最高的聚类，其具体包括工业化进程、制造业、生产力跨越式发展、信息产业、经济增长等关键词，不难看出这些主题是国民经济学的基础性研究内容。此外，有关国民经济宏观、战略层面的一系列研究（其关键词包括现状、对策、产业、问题、资源等）也是国民经济学关注度居前的研究热点。近年来，绿色经济渐受学界关注，以资源与环境、国民经济核算体系、绿色国民经济核算、可持续发展等关键词为代表的一系列研究成为关注度较高的研究领域。与之对照，有关转变经济增长方式的研究新颖度较高，并有潜力成为国民经济学研究的重点。另外，一些事关国计民生的重大现实问题，如农村经济、小康社会建设、社会保障、县域经济等，也是近年来新颖度较高的研究领域；同时学界对这些问题的关注度大于 0，已经成为国民经济学的重点研究对象。源于现实经济运行中物流业的快速发展以及政府政策方面的重视，国民经济学学科中新颖度最高的聚类是物流业发展，这一领域有望成为未来国民经济学的研究重点。

区域经济学中，区域经济增长、区域经济政策、区域协调发展战略是该学科中关注度居前三的聚类，这些聚类的构成成员是 2000 ~ 2012 年间时间较靠前的研究，多年来一直备受关注，但是从新颖度来看则不是近几年的新研发热点，属于区域经济学的基础性理论研究范围。另外，随着对区域协调发展的重视，我国的经济发展政策越来越重视区域差异，继出台西部大开发、中部崛起、振兴东北老工业基地战略以后，政府因地制宜设立了多个国家战略层面的重要经济区。因而从新颖度来看，地区差异、经济区是区域经济学中新颖度最高的两个研究领域，属于新出现的学术研究热点。在相关研究中，区域经济发展的集聚效应近年来也渐受重视，是新颖度居前的潜在型研究领域；围绕这一问题，学者多关注区域内产业和经济活动在空间上集中产生的经济效果、向心力、规模经济以及外部性等问题。

地方税收问题是 2000 ~ 2012 年财政学中关注度最高而新颖度最低的基础性研究领域，具体涵盖地方税收、主体税种、所得税、宏观税负、地方政府、税制结构等关键词。税源管理和税务稽查是关注度次之的研究领域，并且新颖度大于 0，属于核心研究领域。税源管理和税务稽查是税收征管的基础，随着我国经济体制改革加快、市场经济发展、国有企业转制，原有的税源管理体制难以适应新经济环境，2006 年前后有关税源管理新模式的研究增多；2009 年国家税务总局提出探索税源专业化管理新模式，随着相关政策的实施，税源管理、税务稽查成为国内财政税收领域的研究热点。按照新颖度来比较，政府支出、财政风险、税收风险是财政学中最为新颖的研究领域；随着欧债危机爆发以及我国地方政府债务问题凸显，2009 年以来我国学者关于这方面问题的研究开始增多。目前这些领域的受关注程度仍然不高；未来对相关现实问题的理论研究需求可能会提高其关注度，使之成为财政税收领域的研究热点。

在金融学研究中，关注度最高的领域是碳金融，其新颖度为正，是金融学的研究热点；相关研究主要围绕低碳经济投融资、碳权交易、金融配套支持、商业银行碳金融业务等方向展开。上市公司的关注度仅次于碳金融，其成果发表时间较靠前、新颖度小于 0，属于当前我国金融保险领域的基础性研究内容；这类成果的高频关键词包括上市公司、资本市场、证券市场、证券交易所、净投资收益率、主板市场、投资者、市盈率、资产重组、国有股、信息披露等。此外，金融与经济增长问题多年来也备受关注，但并非新颖的研究领域。新颖度居前的领域是债务危机、金融制度环境、美联储等，其关注度都小于 0，属于潜在型研究内容。与财政税收领域关于债务危机的关注点不同，金融学领域有关债务危机的成果多围绕金融监管、风险管理及信用评级问题。近年来，随着我国金融市场的迅速发展，有关金融制度环境的讨论增多，研究对象也不再拘于国有商业银行等大型金融机构，关于城市商业银行、农村信用社、农村金融、影子银行的研究开始增多。

产业经济学中关注度最高的是产业结构优化问题，虽然其新颖度不高，但在刘易斯拐点和经济发展方式转变的宏观背景下，这一问题受到了我国学术界的持续关注，成为产业经济学中的基础性研究热点。与产业升级相关，以国家创新系统、区域创新系统、创新网络等关键词为代表的产业创新问题研究也是产业经济学中关注度居前的领域。按照新颖度来比较，最新颖的领域是产业组织形式及其演变问题；详查其研究主题不难发现，产业组织空间形态、空间性交易成本等都是这一聚类中较新的研究方向。另外，有关产业链治理的成果自 2008 年以来逐渐增多，是新颖度居前的研究领域；早期这一领域的研究主要着眼于产业升级视角下的产业链治理，后来结合了产业集群、产业创新等主题，探讨了生态产业链、资源型产业链、文化旅游产业链等特定类型的产业链治理，并将研究成果应用于食品安全治理等一些现实案例。

国际贸易学领域中关注度最高的是比较优势理论，围绕这一经典理论的研究内容属于国际贸易学的基础性研究。关注度居第二位的研究领域是自由竞争政策，它主要包含竞争政策、竞争规则、限制竞争行为、世界贸易组织、区域贸易协定、国际竞争网络、自由贸易政策等关键词。此外，国际社会与环境有关的贸易争端不断增多，贸易与环境的关系协调成为一项重要议题，因此围绕京都议定书和绿色贸易壁垒的贸易与环境问题研究也是国际贸易学研究的关注热点。但是，以上三个关注度居前的领域不是国际贸易学近几年的新发热点，其新颖度都小于 0。新颖度居前的研究领域是人民币国际化、亚太贸易、新兴经济体等，这与人民币在国际贸易中的日趋重要的地位密不可分，也与 2008 年金融危机后世界经济复苏、亚太地区经贸往来增多有关。围绕这三个研究主题的成果多出现在金融危机后，新颖度很高，但研究数量相对有限，未来或将成为国际贸易学的研究热点。值得一提的是，国际贸易学和国际经济是分属于应用经济和理论经济的有内在联系的学科，国际经济的理论研究是国际贸易学的基础和先导，而国际贸易领域的现实问题也引发和促进国际经济理论研究的深入；文献计量分析结果显示，国际贸易学的研究热点和趋势与国际经济领域的研究动态互为印证。

劳动经济学中，收入分配与劳动力流动的关注度和新颖度都较高；我国在劳动力流动、工资差异、性别歧视、劳务输出、收入分配等方面有许多亟待解决的矛盾，这些问题都是近些年来的研究热点，具有较高关注度，但是新颖度不高的领域是民工荒、就业服务与就业援助。后者是劳动经济学领域关注度最高的聚类，其构成成员包括再就业、优惠政策、富余人员、就业服务、就业援助、就业困难群体等；我国产业升级和产业结构调整中结构性失业问题一直比较突出，从而就业服务与就业援助是 90 年代以来学界不断关注的问题，但近些年这类问题的研究较少。在民工荒方面，2004 年东南沿海初次显现的招工难至今演变成为全国性的民工荒，有关我国劳动力市场转型、刘易斯拐点的诸多问题一直吸引着学者关注。具有较高新颖度但关注度不高的领域主要有就业难的成因研究、社区服务与就业。前者是新颖度最高的聚类，近些年的成果主要围绕就业弹性、大学生失业等。另外，社区已经成为国民经济中不可缺少的重要部门，有巨大的就业吸纳潜力，因此社区就业成为近年来劳动经济学领域新颖的关注点。

统计学领域文献的高频关键词包括 GDP、经济普查、可持续发展、企业统计、经济增长、指标体系、绿色 GDP 核算等，以这 10 个关键词为中心，形成了 2000～2012 年统计学领域的研究热点。统计学中关注度居前的聚类包括财政支出、社会总供求、绿色 GDP 核算、第三产业统计等；其中前三个新颖度为负，是统计学中的基础性研究领域。近些年，随着我国加快调整经济结构、转变经济增长方式，第三产业在国民经济中的比重逐渐提高，对第三产业的统计数据质量更为重视，第三产业统计成为统计学中关注度居前且较为新颖的研究领域。按照新颖度来比较，统计学中最新的研究领域是一些较为前沿的统计、预测方法和模型，比如灰色马尔科夫预测模型、组合预测方法、脉冲响应模型等。

数量经济学中，线性、非线性模型，参数估计、非参数估计，模型预测以及空间计量构成了数量经济学的基础研究内容，其中以模型参数估计、空间计量和非线性模型的受关注程度最高。2000～2012 年数量经济学的研究热点则为动态面板模型、多层线性、聚类分析；其中动态面板模型在第一象限中距离原点最远，关注度、新颖度都较高，为当前最为突出的研究热点。新颖度最高的聚类为知识资本和人力资本计量，随着知识资本、人力资本在经济增长和企业成长方面作用的提升，对其进行指标测算和定量研究尤为重要；值得注意的是，当前这一领域的关注度接近最低，是数量经济学的潜在型研究领域。此外，平滑转换模型、ACD 模型、SCD 模型也是数量经济学领域较为新颖的研究方面。遗传算法、时间序列以及有关生产函数、消费倾向等问题的新颖度和关注度都小于 0，这些聚类的关注程度不高，又都是在时间上比较靠前的研究，近些年的研究较少。

国防经济领域的文献数量有限，本研究选取了 1985～2013 年核心期刊刊发的共计2117篇国防经济学文献作为研究对象。文献计量分析结果显示，军工军品、物资供应是关注度最高聚类，它包含军队、军品价格、军品生产、军事工业、军工企业、武器装备和经济发展等关键词。由于军工军品的特殊性，国家对其统一管理并颁布了《军品价格管理办法》；军品生产及军工行业经营绩效对军需供应和国防安全有重要影响。从而，军工军品、物资供应成为国防经济学最受关注的研究领域，相关成果主要着眼于军品价格的特点及其决定因素，并以此为基础探讨了当前军品价格管理办法的缺陷和不足。此外，与军工军品和物资供应相关，军工企业、经济效益、国家经济战略等聚类的关注度也较高。国防经济学中新颖度高的领域相对较少，只有不到1/3的聚类位于第一、二象限；按照新颖度来比较，有关科技发展问题的相关研究是近年来的关注热点，主要包括尖端科学、中国航天、技术发展等关键词，这与近些年我国实施科技强军战略、军事科技快速发展有关。另外，有关国防企业经营管理、国防科技工业、国防科研事业单位的研究的新颖度也较高。

三　经济学领域高产作者与科研机构的跨学科研究倾向

（一）高产作者的跨学科研究情况

第4至19章中，我们分析了各学科的高产作者及其研究方向；这里我们基于以上结论，进一步分析在两个或两个以上学科中成果数量均排名前10位的高产作者，以此体现高产作者的跨学科研究情况，如表20-1所示。

表20-1　2000~2012年经济学领域跨学科的高产作者及其研究情况

作　者	所属机构	高产成果所属学科	研究方向
程恩富	中国社会科学院	政治经济学,经济思想史,西方经济学	马克思主义经济学、经济学理论比较
颜鹏飞	武汉大学	政治经济学,经济思想史,西方经济学	马克思主义经济学、西方经济学

作　者	所属机构	高产成果所属学科	研究方向
李国平	北京大学	区域经济学,人口、资源与环境经济学	经济地理学
白暴力	北京师范大学	经济思想史,西方经济学	西方经济学、政治经济学
朱富强	中山大学	经济思想史,西方经济学	马克思主义经济学、经济学方法论
郭广迪	中南民族大学	西方经济学,政治经济学	理论经济学、经济学方法论
裴小革	中国社会科学院	政治经济学,经济思想史	政治经济学、西方经济学、发展经济学、劳动经济学、经济学理论比较
钱　津	中国社会科学院	政治经济学,国民经济学	政治经济学、经济思想史
武　力	中国社会科学院	经济史,国民经济学	中国现代经济史
胡　钧	中国人民大学	政治经济学,西方经济学	社会主义经济理论及实践、《资本论》研究
卫兴华	中国人民大学	政治经济学,经济思想史	马克思主义经济学、社会主义经济理论
吴易风	中国人民大学	经济思想史,西方经济学	马克思主义经济学、我国领导人经济思想
张　宇	中国人民大学	政治经济学,经济思想史	马克思主义经济学、社会主义经济理论、中国经济改革与发展
宋玉华	浙江大学	国际贸易学,世界经济	国际贸易、关税问题
冯宗宪	西安交通大学	国际贸易学,金融学	国际贸易、国际金融理论与政策
李具恒	西安交通大学	区域经济学,人口、资源与环境经济学	区域经济学、环境经济学
朱启贵	上海交通大学	国民经济学,统计学	国民经济核算、国民经济理论与政策
王　勤	厦门大学	区域经济学,世界经济	世界经济学
柳　欣	南开大学	经济思想史,西方经济学	理论经济学
洪银兴	南京大学	政治经济学,经济思想史	政治经济学、经济发展、宏观经济的理论与政策
赵曙明	南京大学	人口、资源与环境经济学,劳动经济学	人力资源管理、跨国经营
刘金全	吉林大学	西方经济学,数量经济学	经济计量学、宏观经济学
许涤龙	湖南大学	统计学,数量经济学	金融学、统计学、国民经济学
于金富	河南大学	政治经济学,经济思想史	马克思主义经济学、中国特色社会主义理论
李小建	河南财经政法大学	区域经济学,人口、资源与环境经济学	经济地理学、区域经济发展

续表

作　者	所属机构	高产成果所属学科	研究方向
许宪春	国家统计局	国民经济学,统计学	国民经济核算,宏观经济分析,经济统计
余芳东	国家统计局	世界经济,统计学	国际统计、世界经济
马　涛	复旦大学	经济思想史,西方经济学	经济思想史、经济哲学
何建敏	东南大学	数量经济学,金融学	复杂管理与经济系统分析
刘昌黎	东北财经大学	国际贸易学,世界经济	产业政策的国际比较、日本经济

另外，按照文献的被引频次来看，一些跨学科研究的学者在多个领域均有高频被引文献。比如，北京大学林毅夫在经济思想史、经济史、西方经济学、世界经济、财政学和金融学等多个学科的研究，中国人民大学周业安在经济思想史、区域经济学、财政学等领域的研究，国家统计局许宪春在国民经济学、统计学等领域的研究，浙江大学姚先国在劳动经济学、产业经济学等学科的研究，中国社会科学院程恩富在政治经济学和经济思想史等学科的研究，等等。

（二）高产机构的跨学科研究情况

2000～2012 年，有些机构在多个经济学科的发文量居于前列，这里我们基于第 4 至 19 章关于高产机构的分析数据，进一步分析在两个或两个以上学科中成果数量均排名前 20 的机构，以此体现高产机构的跨学科研究情况，如表 20 - 2 所示。

表 20 - 2　2000～2012 年经济学领域高产机构的跨学科研究情况

机　构	高产学科	发文量居前的研究领域
中国人民大学	16	政治经济学,经济思想史,经济史,西方经济学,世界经济,人口、资源与环境经济学,国民经济学,区域经济学,财政学,金融学,产业经济学,国际贸易学,劳动经济学,统计学,数量经济学,国防经济学
南开大学	14	政治经济学,经济思想史,经济史,西方经济学,世界经济,国民经济学,区域经济学,财政学,金融学,产业经济学,国际贸易学,劳动经济学,统计学,数量经济学
北京大学	14	政治经济学,经济思想史,经济史,西方经济学,世界经济,人口、资源与环境经济学,国民经济学,区域经济学,财政学,金融学,国际贸易学,劳动经济学,统计学,数量经济学

机　构	高产学科	发文量居前的研究领域
中南财经政法大学	13	政治经济学,经济思想史,经济史,西方经济学,人口、资源与环境经济学,国民经济学,区域经济学,财政学,金融学,国际贸易学,劳动经济学,统计学,数量经济学
上海财经大学	13	政治经济学,经济思想史,经济史,西方经济学,世界经济,区域经济学,财政学,金融学,产业经济学,国际贸易学,劳动经济学,统计学,数量经济学
厦门大学	13	政治经济学,经济思想史,经济史,西方经济学,世界经济,国民经济学,区域经济学,财政学,金融学,国际贸易学,劳动经济学,统计学,数量经济学
南京大学	13	政治经济学,经济思想史,经济史,西方经济学,世界经济,人口、资源与环境经济学,国民经济学,区域经济学,金融学,产业经济学,国际贸易学,劳动经济学,数量经济学
武汉大学	12	政治经济学,经济思想史,经济史,西方经济学,世界经济,人口、资源与环境经济学,国民经济学,区域经济学,财政学,金融学,国际贸易学,劳动经济学
东北财经大学	12	西方经济学,世界经济,人口、资源与环境经济学,国民经济学,区域经济学,财政学,金融学,产业经济学,国际贸易学,劳动经济学,统计学,数量经济学
西南财经大学	10	政治经济学,经济思想史,西方经济学,人口、资源与环境经济学,国民经济学,财政学,金融学,劳动经济学,统计学,数量经济学
四川大学	10	政治经济学,经济思想史,经济史,西方经济学,人口、资源与环境经济学,国民经济学,区域经济学,金融学,产业经济学,劳动经济学
吉林大学	10	政治经济学,经济思想史,西方经济学,世界经济,人口、资源与环境经济学,国民经济学,区域经济学,金融学,产业经济学,劳动经济学
复旦大学	10	政治经济学,经济思想史,经济史,西方经济学,世界经济,金融学,产业经济学,国际贸易学,劳动经济学,数量经济学
中国社会科学院	9	政治经济学,经济思想史,经济史,西方经济学,世界经济,国民经济学,财政学,国际贸易学,统计学
西安交通大学	9	西方经济学,人口、资源与环境,区域经济学,财政学(含:税收学),金融学,产业经济学,国际贸易学,劳动经济学,数量经济学
清华大学	9	政治经济学,经济思想史,西方经济学,人口、资源与环境经济学,国民经济学,区域经济学,金融学,统计学,数量经济学
暨南大学	9	经济史,世界经济,国民经济学,区域经济学,财政学,产业经济学,劳动经济学,统计学,数量经济学

续表

机　构	高产学科	发文量居前的研究领域
华中科技大学	8	人口、资源与环境,国民经济学,区域经济学,财政学,产业经济学,国际贸易学,统计学,数量经济学
北京师范大学	8	经济思想史,经济史,世界经济,国民经济学,区域经济学,国际贸易学,劳动经济学,统计学
浙江大学	7	经济思想史,西方经济学,人口、资源与环境经济学,区域经济学,金融学,产业经济学,劳动经济学
湖南大学	6	政治经济学,区域经济学,财政学,金融学,统计学,数量经济学
山东大学	5	政治经济学,经济思想史,经济史,财政学,产业经济学
中山大学	5	经济思想史,西方经济学,国际贸易学,劳动经济学,数量经济学
西北大学	5	政治经济学,经济思想史,西方经济学,人口、资源与环境经济学,区域经济学
中央财经大学	4	财政学,金融学,统计学,数量经济学
江西财经大学	4	国民经济学,财政学,产业经济学,统计学
武汉理工大学	3	人口、资源与环境经济学,国民经济学,产业经济学
上海社会科学院	3	经济史,世界经济,产业经济学
华南师范大学	3	经济思想史,西方经济学,劳动经济学
国家统计局	3	世界经济,国民经济学,统计学
重庆大学	2	金融学,数量经济学
中共中央党校	2	政治经济学,国民经济学
首都经济贸易大学	2	劳动经济学,统计学
上海交通大学	2	金融学,产业经济学
商务部	2	世界经济学,国际贸易学
南京师范大学	2	政治经济学,经济史
南京农业大学	2	经济史,数量经济学
兰州大学	2	人口、资源与环境经济学,区域经济学
对外经济贸易大学	2	世界经济,国际贸易学
东北师范大学	2	世界经济,区域经济学

本书以 CNKI 数据库的经济学文献数据为研究对象,利用文献计量软件 CiteSpace,通过共词分析、聚类分析、战略坐标分析、可视化分析等方法客观揭示了经济学中 16 个分支学科的研究现状、热点和动态趋势,并总结出经济学各领域的主要研究机构、高产作者、主要期刊分布等有价值的信息,为我国经济学研究和学科建设提供科学参考。本书改变了原有的单一依赖资

深学者主观型文献综述方法，采用了文献计量方法对经济学科中的 16 门分支学科进行大规模的数据分析，提高了相关结论的客观性和科学性，有助于避免因为研究者的阅读量不足产生主观概括结论的缺陷。由于本书的这一尝试在国内尚属首例，对于一些细节处理我们还可以在今后的研究中加以完善。比如，在获取文献数据和数据筛选中，可以与专业领域学者共同来设计更为科学合理的检索式；在数据处理中，可以探索运用计算机程序或编程来进行更为便捷的标准化处理等。相信随着相关技术方法的完善，我们可以更为及时、准确、细致地把握经济学各研究领域的基础、核心、前沿等动态数据信息。

参考文献

[1] Bassecoulard E, Zitt M, "Indicators in a Research Institute: A Multi-level Classification of Scientific Journals", *Scientometrics*, 1999, 44 (3): 323 – 345.

[2] Beckmann M J. *Economic Models of Knowledge Networks: in Networks in Action*, New York: Springer-Verlag Berlin Heidelberg, 1995.

[3] Bertin J, *Semiology of Graphics: Diagrams, Networks, Maps*, Madison, Wisconsin: University of Wisconsin Press, 1983.

[4] Börner K, Chen C, Boyack K W., "Visualizing Knowledge Domains", "Annual Review of Informations Bott E. Family and Social Network: Roles", Norms, and External Relationships in Ordinary Urban Families, London: Tavistock Publications, 1957. *Science and Technology*, 2003, 37 (1): 179 – 255.

[5] Bourdieu P., "The forms of capital," *Handbook of Theory and Research for the Sociology of Education*, 1986: 241 – 258.

[6] Boyack K W, Klavans R, Börner K., "Mapping the Backbone of Science," *Scientometrics*, 2005, 64 (3): 351 – 374.

[7] Brookes B C., "The Foundations of Information Science," *Journal of Information Science*, 1981, 3 (1): 3 – 12.

[8] Brown A R R., *Structure and Function in Primitive Society: Essays and Addresses*, New York: Free Press, 1952.

[9] Burt R S. , *Corporate Profits and Cooptation*: *Networks of Market Constraints* and Directorate Ties in the American Economy, New York: Academic Press, 1983.

[10] Burt R S. , "Social Contagion and Innovation: Cohesion Versus Structural Equivalence," *American Journal of Sociology*, 1987: 1287 – 1335.

[11] Burt R S. *Structural Holes*: *The Social Structure of Competition*, Boston: Harvard University Press, 1992.

[12] Callon M, Courtial J P, Laville F. , "Co-word Analysis as a Tool for Describing the Network of Interactions between Basic and Technological Research: The Case of Polymer Chemsitry," *Scientometrics*, 1991, 22 (1): 155 – 205.

[13] Callon M, Courtial J P, Turner W A, et al. , "From Translations to Problematic Networks: An Introduction to Co-word Analysis," *Social Science Information*, 1983, 22 (2): 191 – 235.

[14] Chen C, Kuljis J. , "The Rising Landscape: A Visual Exploration of Superstring Revolutions in Physics," *Journal of the American Society for Information Science and Technology*, 2003, 54 (5): 435 – 446.

[15] Chen C. , "Citespace II: Detecting and Visualizing Emerging Trends and Transient Patterns in Scientific Literature," *Journal of the American Society for Information Science and Technology*, 2005, 57 (3): 359 – 377.

[16] Chen C. , "Visualizing Scientific Paradigms: An Introduction," *Journal of the American Society for Information Science and Technology*, 2003, 54 (5): 392 – 393.

[17] Chen C, Chen, Y. , Horowitz, M. , "Towards an Explanatory and Computational Theory of Scientific Discovery," *Journal of Informetrics*, 2009, 3 (3): 191 – 209.

[18] Chen C, Cribbin T, Macredie R. , "Visualizing and Tracking the Growth of Competing Paradigms: Two Case Studies," *Journal of the American Society for Information Science and Technology*, 2002, 53 (8): 678 – 689.

[19] Chen C, Paul RJ, 0`Keefe B. , "Fitting the Jigsaw of Citation:

Information Visualization in Domain Analysis," *Journal of the American Society for Information Science and Technology*, 2001, 52 (4): 315 – 330.

[20] Chen C., *Information Visualization and Virtual Environments*, London: Springer, 1999.

[21] Chen C., *Information Visualization: Beyond the Horizon*, Springer, 2004.

[22] Chen C., *Mapping Scientific Frontiers: The Quest for Knowledge Visualization*, Springer, 2003.

[23] Coleman J S., "Social Capital in the Creation of Human Capital," *American Journal of Sociology*, 1988, 94 (S1): 95 – 120.

[24] Garfield E., "Citation Indexes in Sociological and Historical Research," *American Documentation*, 1963, 14 (4): 289 – 291.

[25] Granovetter M S., "The Strength of Weak Ties," *American Journal of Sociology*, 1973, 78 (6): 1360 – 1380.

[26] Hansen M T., "The Search-transfer Problem: The Role of Weak Ties in Sharing Knowledge Across Organization Subunits," *Administrative Science Quarterly*, 1999, 44 (1): 82 – 111.

[27] Kamada T. KS., "An Algorithm for Drawing General Undirected Graph," *Information Letters*, 1989, 31 (1): 7 – 15.

[28] Law J, Bauin S, Courtial J P, et al., "Policy and the Mapping of Scientific Change: A Co-word Analysis of Research into Environmental Acidification," *Scientometrics*, 1988, 14 (3): 251 – 264.

[29] Leydesdorff L., "Clusters and Maps of Science Journals Based on Bi-connected Graphs in," *Journal of Documentation*, 2004, 60 (4): 371 – 427.

[30] Leydesdorff L., "Top-down Decomposition of the Journal Citation Reportof the Social Science Citation Index: Graph-and Factor-analytical Approaches," *Scientometrics*, 2004, 60 (2): 159 – 180.

[31] Lorrain F, White H C., "Structural Equivalence of Individuals in Social Networks," *Journal of Mathematical Sociology*, 1971, 1 (1): 49 – 80.

[32] Mane K K, Börner K., "Mapping Topics and Topic Bursts in PNAS,"

Proceedings of the National Academy of Sciences of the United States of America, 2004, 101（1）: 5287 – 5290.

［33］ Marshakova I V. , "System of Connections between Documents Based on References（as the Science Citation Index）," *Nauchno-Tekhnicheskaya Informatsiya*, Seriya, 1973, 6（2）: 3 – 8.

［34］ Nadel S F, Fortes M. *The Theory of Social Structure*, Cohen & West London, 1957.

［35］ Onyancha O B, Ocholla D N. , "Is HIV/AIDS in Africa distinct? What can We Learn from an Analysis of the Literature?" *Scientometrics*, 2009, 79（2）: 277 – 296.

［36］ Price D J. "Networks of Scientific Papers," *Science*, 1965,（149）: 510 – 515.

［37］ Small H. , "Co-citation in the Scientific Literature: A New Measure of the Relationship between Two Documents," *Journal of the American Society for Information Science*, 1973, 24（4）: 265 – 269.

［38］ Tsay M, Xu H, Wu C. , "Journal Co-citation Analysis of Semiconductor Literature," *Scientometrics*, 2003, 57（1）: 7 – 25.

［39］ Tufte ER. *The Visual Display of Quantitative Information*, CT, USA: Graphics Press Cheshire, 1986.

［40］ Wellman B, Berkowitz S D. *Social Structures: A Network Approach*, Cambridge, England: Cambridge University Press, 1988.

［41］ White H C. *An Anatomy of Kinship: Mathematical Models for Structures of Cumulated Roles*, Prentice-Hall Englewood Cliffs, NJ, 1963.

［42］ 陈悦、刘则渊:《悄然兴起的科学知识图谱》,《科学学研究》2005 年第 23（2）期, 第 149 ~ 154 页。

［43］ 丁蔚、倪波:《知识管理思想的起源——从情报学的发展看知识管理》,《图书情报工作》2001 年第 1 期, 第 23 ~ 27 页。

［44］ 顾东蕾:《论学科知识网络的理论基础》,《图书情报工作》2009 年第 52（9）期, 第 32 ~ 35 页。

［45］ 姜春林、刘则渊、姜照华: 《知识群的知识流量计量及其动力学模

型》，《科学学与科学技术管理》2010 年第 2 期，第 82~85 页。

[46] 李喜岷：《论知识场动力学及其定量研究问题》，《科学学与科学技术管理》2002 年第 23（8）期，第 18~20 页。

[47] 梁永霞：《引文分析学的知识计量研究》，大连理工大学，2009。

[48] 刘建国：《复杂网络模型构建及其在知识系统中的应用》，大连理工大学，2006。

[49] 刘则渊：《赵红州与中国科学计量学》，《科学学研究》1999 年第 17（4）期，第 104~109 页。

[50] 刘则渊、刘凤朝：《关于知识计量学研究的方法论思考》，《科学学与科学技术管理》2002 年第 23（8）期，第 5~8 页。

[51] 刘则渊、冷云生：《关于创建知识计量学的初步构想》，王战军、蒋国华主编《科研评价与大学评价：第二届科研绩效定量评价国际学术会议暨第六次全国科学计量学与情报计量学年会论文集》，红旗出版社，2001，第 401~405 页。

[52] 刘则渊、尹丽春：《国际科学学主题共词网络的可视化研究》，《情报学报》2006 年第 25（5）期，第 634~640 页。

[53] 刘植惠：《知识基因理论的由来，基本内容及发展》，《情报理论与实践》1998 年第 21（2）期，第 71~76 页。

[54] 路甬祥：《规律与启示——从诺贝尔自然科学奖与 20 世纪重大科学成就看科技原始创新的规律》，《西安交通大学学报：社会科学版》2000 年第 20（4）期，第 3~11 页。

[55] 马大川、马越：《信息有序的理论框架》，《情报理论与实践》2006 年第 29（6）期，第 677~680 页。

[56] 庞杰：《知识流动理论框架下的科学前沿与技术前沿研究——以太阳能电池领域的计量研究为例》，大连理工大学，2011。

[57] 沈君、王续琨、高继平等：《技术坐标视角下的主题分析：以第三代移动通信技术为例》，《情报学报》2012 年第 6 期。

[58] 陶勇、刘思峰、方志耕等：《高校学科建设网络中知识流动效应的测度》，《统计与决策》2007 年第 17 期，第 37~38 页。

[59] 王晓光：《科学知识网络的形成与演化（Ⅰ）：共词网络方法的提

出》，《情报学报》2009 年第 28（4）期，第 599～605 页。

[60] 王晓光：《基于社会网络的知识转移研究》，武汉大学，2007。

[61] 王晰巍：《知识供应链构建模式及运行机制研究》，吉林大学，2006。

[62] 王续琨、侯剑华：《知识计量学的学科定位和研究框架》，《大连理工大学学报：社会科学版》2008 年第 3 期，第 50～54 页。

[63] 文庭孝：《知识单元的演变及其评价研究》，《图书情报工作》2007 年第 51（10）期，第 72～76 页。

[64] 肖鸿：《试析当代社会网研究的若干进展》，《社会学研究》1999 年第 3 期，第 1～11 页。

[65] 徐荣生：《知识单元初论》，《图书馆杂志》2001 年第 20（7）期，第 2～5 页。

[66] 赵红州、蒋国华：《知识单元与指数规律》，《科学学与科学技术管理》1984 年第 1（9）期，第 39～41 页。

图书在版编目（CIP）数据

中国经济学研究动态报告/罗润东等著.—北京：社会科学
文献出版社，2015.3
ISBN 978 - 7 - 5097 - 7236 - 2

Ⅰ.①中…　Ⅱ.①罗…　Ⅲ.①经济学 - 研究报告 - 中国
Ⅳ.①F120.2

中国版本图书馆 CIP 数据核字（2015）第 052934 号

中国经济学研究动态报告

著　　者／罗润东 等

出 版 人／谢寿光
项目统筹／恽　薇　许秀江
责任编辑／许秀江　刘宇轩

出　　版／社会科学文献出版社·经济与管理出版分社（010）59367226
　　　　　　地址：北京市北三环中路甲 29 号院华龙大厦　邮编：100029
　　　　　　网址：www.ssap.com.cn
发　　行／市场营销中心（010）59367081　59367090
　　　　　　读者服务中心（010）59367028
印　　装／三河市尚艺印装有限公司

规　　格／开 本：787mm × 1092mm　1/16
　　　　　　印 张：18.5　字 数：296 千字
版　　次／2015 年 3 月第 1 版　2015 年 3 月第 1 次印刷
书　　号／ISBN 978 - 7 - 5097 - 7236 - 2
定　　价／78.00 元